__________________ 님의 소중한 미래를 위해

이 책을 드립니다.

나는 사기로 경영을 배웠다

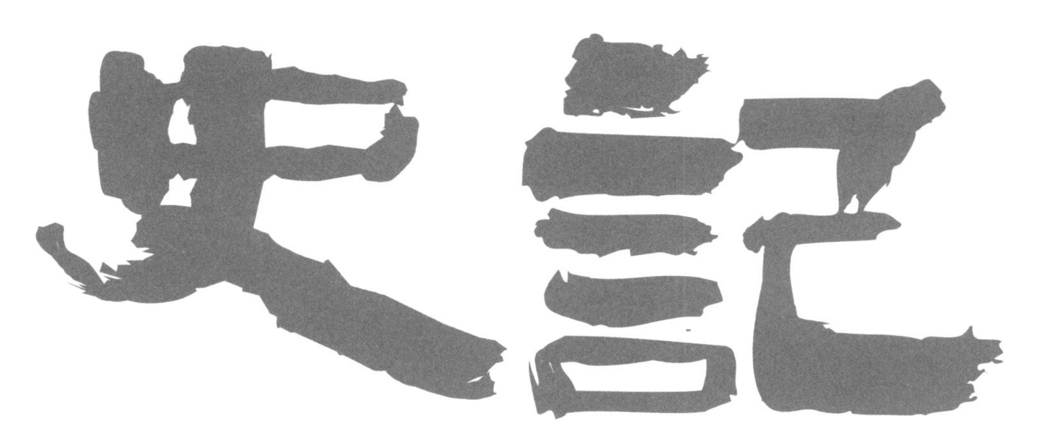

사기는 어떻게 경영의 무기가 될 수 있을까?

나는 사기로 경영을 배웠다

김영수 지음

메이트북스

메이트북스 우리는 책이 독자를 위한 것임을 잊지 않는다.
우리는 독자의 꿈을 사랑하고,
그 꿈이 실현될 수 있는 도구를 세상에 내놓는다.

나는 사기로 경영을 배웠다

초판 1쇄 발행 2019년 4월 5일 | **지은이** 김영수
펴낸곳 ㈜원앤원콘텐츠그룹 | **펴낸이** 강현규 · 정영훈
책임편집 안미성 | **편집** 김하나 · 이수민 · 김슬미 · 최유진
디자인 최정아 | **마케팅** 한성호 · 김윤성 | **홍보** 이선미 · 정채훈 · 정선호
등록번호 제301-2006-001호 | **등록일자** 2013년 5월 24일
주소 04778 서울시 성동구 뚝섬로1길 서울숲 한라에코벨리 303호 | **전화** (02)2234-7117
팩스 (02)2234-1086 | **홈페이지** www.matebooks.co.kr | **이메일** khg0109@hanmail.net
값 16,000원 | ISBN 979-11-6002-220-9 03320

이 도서의 국립중앙도서관 출판시도서목록(CIP)은 e-CIP홈페이지(http://www.nl.go.kr/ecip)에서 이용하실 수 있습니다.(CIP제어번호 : CIP2019007494)

저는 하늘과 인간의 관계를 탐구하고,
과거와 현재의 변화를 꿰뚫어 일가의 말을 이루고자 했습니다.

· 사마천이 친구 임안에게 보낸 편지 중 ·

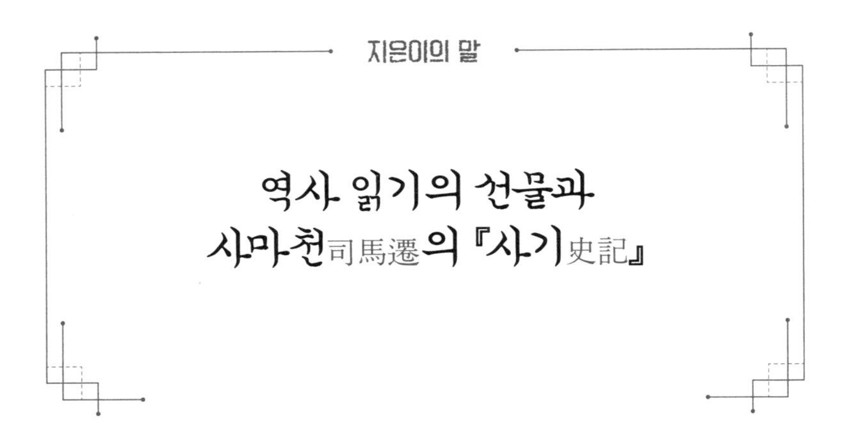

지은이의 말

역사 읽기의 선물과 사마천司馬遷의 『사기史記』

"역사는 과거와 현재의 끊임없는 대화다"라는 영국 역사학자 에드워드 카Edward Hallett Carr의 말을 빌지 않더라도 인간에게는 본능적으로 과거에 있었던 일들을 알고 싶어하는 욕구가 있다. 인간의 행적에 관심이 많은 사람은 이런 지적 호기심에서 한 걸음 더 나아가 과거사에서 현재 삶에 필요한 교훈을 얻고자 한다.

이러한 역사의 교훈성은 동서양을 막론하고 오랫동안 강조되어 왔다. 역사를 연구하는 역사학자 또한 이 범주를 크게 벗어나지 않는다. 다만 역사학자들은 기록으로 남은 과거 사실을 좀더 깊게 파고들어 진실을 찾으려 하고, 그것이 현재에 어떤 의미를 갖는지에 대해 심사숙고한다.

역사학자의 연구가 연구실을 벗어나 학생과 대중들에게 호소력을 가지려면 역사의 효용성이라 할 수 있는 이런 부분들을 잘 버무려 가능한 쉬운 말과 글로 전달할 수 있어야 한다. 그래야 역사의 효용성이 현재적 의미를 확보하는 것이다. 이른바 역사의 대중화는 단순히 역사에 호기심이 많은 대중뿐만 아니라 조직 관리자, 기업 경영인, 정치 지도자 등 사회 거의 모든 방면에 응용되어 이루어질 수 있다. 동서양의 역사학자들이 역사와 경영, 역사와 리더십에 대해 강연하고 책을 써내는 까닭도 이 때문이다. 요컨대 역사의 효용성이 뜻밖에 넓고 깊을 수 있다는 말이다.

역사의 효용성이란 문제는 좀더 넓혀볼 수 있는데 필자는 이를 '역사가 주는 선물' 또는 '역사 읽기의 선물'이란 말로 표현한다. 그 선물은 두 가지인데, 첫째는 상황대처 능력이고 둘째는 미래예견 능력이다. 대중 역사서를 즐겨 읽고 많이 생각하면 이 두 가지 능력을 키울 수 있다는 것이다.

먼저 상황대처 능력을 이야기해보자. 역사는 수많은 경우의 수를 보여준다. 수천 년에 걸친 인간의 경험과 지혜가 한데 모여 있는 보물창고나 마찬가지다. 우리는 이 많은 경우의 수를 읽으면서 각자의 상황에 맞게 시뮬레이션을 해볼 수 있다. 당시 리더가 갑이 아니라 을이었더라면, 조직과 제도를 이렇게 바꾸었더라면, 그때 그 인재가 아닌 다른 인재를 중용했더라면 등 다수의 가정을 통해 다른 결과를 이끌어 내보는 것이다.

이런 과정을 반복하다 보면 각종 상황에 맞는 대처능력이 생길 수밖에 없지 않겠는가. 따라서 역사를 읽는 사람은 늘 '만약if' '왜why'를 염두에 두고 가정과 질문을 던져야 한다. 이런 훈련이 몸에 익으면 어느새 '어떻게how'라는 방법이 따라 나온다. 바로 그것이 상황대처 능력이다. 조직과 기업을 이끄는 리더는 일반인에 비해 많은 상황에 직면하기 때문에 역사는 더 좋은 선물이 될 것이다.

다음으로 미래예견 능력이다. 동양의 전통사상에 따르면 모든 일에는 '조짐兆朕'이 있다고 한다. 우리말로는 '낌새'다. 조짐은 지나간 과거의 어떤 일이 현재의 일과 상황에 일정한 영향을 주기 때문에 나타난다. 이를 불교식으로 표현하자면 인과因果가 되겠다. 현재 일어나고 있는 일이나 상황이 결국 과거의 영향을 받지 않을 수 없다는 것이고, 이것이 나아가 미래에도 영향을 미치게 되는 것이다.

요컨대 과거의 일이자 상황을 기록한 역사를 읽으면 현재 일과 상황에 대한 보다 정확한 인식을 가질 수 있을 뿐만 아니라 다가올 미래를 어느 정도 볼 수 있는 힘, 즉 미래예견 능력이 생길 수 있다. 역사와 역사 읽기가 주는 또 하나의 귀한 선물이다.

『사기』「은본기」에 나오는 은(상)나라 말기 때의 일이다. 현자 기자箕子는 폭군 주紂 임금이 식사 때 저 멀리 남방에서만 나는 귀한 상아 젓가락을 아무렇지 않게 사용하는 것을 보고는 은나라의 멸망을 이렇게 예견했다.

그가 상아로 만든 젓가락을 사용했으니 틀림없이 옥으로 만든 잔을 사용할 것이고, 옥으로 만든 잔을 쓴다면 틀림없이 먼 곳의 진기하고 괴이한 물건을 차지하고자 할 것이다. 수레와 말 그리고 궁실도 점점 이렇게 되어 돌이킬 수 없을 것이다.

여기서 나온 고사성어가 '견미지저見微知著'다. 『사기』「오태백세가」에는 '견미이지청탁見微而知淸濁'으로 약간 다르게 나오지만 뜻은 한 가지다. '미세한 것을 보고 장차 드러날 것을 안다' 또는 '미세한 것을 보고 맑고 흐린 것을 안다'는 뜻이다.

직관은 이렇게 미래에 대한 정확한 예측으로까지 발전할 수 있다. 하나를 보면 열을 알고, 바닷물이 짠지는 한 점만 찍어 맛보면 된다. 바닷물을 다 마시고도 어떤 맛인지 모르는 사람들이 생각보다 많다. 이 성어는 한나라 원강袁康이 지은 『월절서越絶書』에도 나온다. "그러므로 성인은 미세한 것이 드러날 것을 알고, 처음을 보고 끝을 안다고 했다"라고 후반부에 '도시지종睹始知終'이란 네 글자가 첨가되었다. '도시지종'은 흔히 '견시지종見始知終'으로 많이 쓴다. 모두 미래를 예견하는 능력에 대한 언

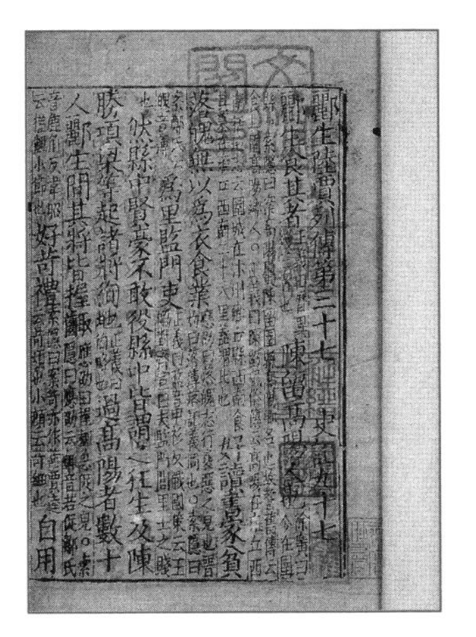

사마천의 『사기』는 수천 년에 걸쳐 축적된 다양한 상황을 생생한 기록으로 남김으로써 조직과 기업을 이끄는 리더들이 상황대처 능력은 물론 미래예견 능력을 키우는 데 통찰력을 제공한다. 사진은 『사기』 판본으로 가장 오래된 송나라 때의 판본으로 권97 「역생육고열전」의 첫 부분이다.

급들이다.

역사의 효용성과 관련해 사마천은 친구 임안任安에게 보낸 편지인 〈보임안서報任安書〉에서 '술왕사述往事, 사래자思來者'라는 유명한 말을 남겼다. '지난 일을 기술해 다가올 일을 생각한다'는 뜻이다. '사래자'는 '지래자知來者'라고도 한다. 과거사를 기록해 미래를 생각하고 안다는 것이다. 기자의 '견미지저'와 같은 맥락이다. 사마천은 이미 2천여 년 전에 역사의 미래 예견력에 대해 정확하게 인식하고 있었을 뿐만 아니라 다양한 사례들을 『사기』에 아로새겼다. 절대 역사서 『사기』는 사마천이 우리에게 선사한 소중한 선물이다.

이 책은 주로 사마천의 『사기』에 기록된 다양한 역사적 사실과 사례 및 고사들을 통해 전략, 인재, 조직관리, 리더와 리더십을 여러 각도에서 분석한 대중 역사서다. 총 5장의 큰 주제들은 다음과 같다.

1장 경쟁에서 승리하기 위해서는 전략이 중요하다
2장 조직의 성장과 발전을 위해 인재는 필수요소다
3장 조직관리가 기업의 흥망성쇠를 결정한다
4장 조직의 꽃은 리더와 리더십이다
5장 중국 역사 속 제왕의 리더십

모든 주제와 내용은 기본적으로 조직에 몸담고 있는 모든 사람들을 염두에 두었지만 이와 동시에 각 장의 주제는 특별히 조직 관리자와 기업 경영인에 초점을 맞추어 선정했다. 모두 별도의 다양한 사례와 고사가 딸려 있어서 순서대로 읽지 않아도 무방하다. 관심이 가는 부분이나 상황에 따라 원하는 부분을 골라 읽을 수 있다. 또 각 부분에 딸린 사례와 고사들도 그 나름 독립성을 가지므로 사례와 고사들을 따로 골라가며 읽을 수 있다. 독자들을 위해 가능한 많은 사례와 고사들을 추리다 보니 그와 같은 읽기가 가능해졌다.

(조직이나 나라의) 안정과 위기는 어떤 정책을 쓰느냐에 달려 있고, 발전과 쇠퇴는 어떤 인재를 쓰느냐에 달려 있다.

누가 한 말일까? 사마천의 명언이다. 좋은 정책과 인재가 조직이나 나라의 안정과 위기 및 흥망성쇠를 결정한다는 서늘한 진단이다. 이어 다른 명언들도 함께 살펴보자.

- 사람이 최대의 자산이며, 기업이나 사업의 유일하고 진정한 자산은 사람이다.
- 기업은 사람이 주관하고 기업의 성공 비결은 사람이다.
- 내가 가진 공장, 설비, 시장, 자금을 전부 가져간다 해도 내게 조직과 사람만 남아 있다면 4년이면 나는 여전히 철강왕일 것이다.
- 인재 = 자본 + 지식 = 재부

첫 번째는 현대 경영학의 아버지로 불리는 피터 드러커Peter F. Drucker, 두 번째는 미국 IBMInternational Business Machines Corporation의 CEO 오퍼Oper, 세 번째는 미국의 철강왕 카네기Andrew Carnegie의 명언이다. 마지막은 휴렛팩커드Hewlett-Packard의 발전과 성공 공식이다. 모두 기업 경영에 있어서 인재의 중요성을 강조한 명언들이다.

2천 년 전 역사가인 사마천의 인식과 하등 다를 바가 없다. 애플Apple의 스티브 잡스Steve Jobs가 인문학을 강조한 것도 같은 맥락이며, 제4차 산업혁명 시대에 인간의 역할과 인문정신humanism이 더욱 강조되는 이유이기도 하다.

인문학은 시공을 초월해 기업과 경영에 깊은 영감과 통찰력을 선사한다. 역사를 전공하는 필자가 경영인들에게 이 책의 일독을 권하는 까닭도 여기에 있다. 이 책의 내용은 역사적 사례에 대한 소개를 줄거리로 삼아 그것이 오늘날 조직과 경영에 던지는 교훈 그리고 통찰로 구성되어 있다. 경영자들은 자신이 경영하는 조직과 기업의 상황과 역사적 사례를 대비해가며 읽으면 좋을뿐더러 앞에서 언급한 바 있는 역사 읽기가 선사하는 두 가지 선물을 염두에 두고 읽는다면 더욱 효과적일 것이다.

스마트폰을 통해 대부분의 정보를 얻을 수 있는 시대가 되어 독서 인구가 갈수록 줄어들고 있는 현실이다. 하지만 독서는 다른 매체와는 질감質感이 다르다. 과장해서 말하자면 차원이 다른 지적 활동이다. 생각이 따르고, 감상이 따르고, 때로는 논쟁과 글쓰기까지 따르는 상당히 입체적인 활동이기 때문이다. 아무쪼록 이 책이 독자들의 입체적인 지적 활동에 조금이나마 도움이 되었으면 하는 바람이다.

김 영 수

차례

1장　경쟁에서 승리하기 위해서는 전략이 중요하다

2장 조직의 성장과 발전을 위해 인재는 필수요소다

3장 조직관리가 기업의 흥망성쇠를 결정한다

4장 조직의 꽃은 리더와 리더십이다

5장 중국 역사 속 제왕의 리더십

1장

경쟁에서 승리하기 위해서는 전략이 중요하다

군사는 물론 모든 기업 경영에서 경쟁은 불가피하다. 모든 경쟁은 승리를 최종 목표로 삼는다. 과거의 전쟁과 경쟁은 어느 한 쪽이 다른 한 쪽을 완전 굴복시키는 것을 목표로 했다면, 현대 경영에서는 일방적 승리와 패배가 아닌 서로에게 이익이 돌아가는 윈윈Winwin을 추구하는 경향이 갈수록 강해지면서 전략의 질적 변화가 이루어지고 있다.

현대 경영의 경쟁이 윈윈을 추구한다고 해서 전략이 필요 없다거나 전략의 기본이 달라지는 것은 결코 아니다. 오히려 더 정교한 전략이 요구된다. 특히 자신과 경쟁 상대뿐만 아니라 주변 환경, 나아가 세계가 돌아가는 메가 트렌드mega-trend까지를 전반적으로 파악해야만 경쟁에서 살아남아 지속적인 발전을 이룰 수 있는 상황이다. 이런 점에서 전략 수립과 활용에 관한 리더의 전략 능력이 리더십의 중요한 항목이 되고 있는 것이다.

1장에서는 경쟁에서 승리할 수 있는 절대 요소로서 '전략'이란 주제에 주목해 중국 역사에 보이는 관련 사례들을 모았다. 먼저 '대세 파악이 전략의 질을 결정한다'에서는 지금으로부터 약 2,300년 전 전국시대 유세가를 대표하는 소진蘇秦과 장의張儀가 그린 큰 전략을 소개했다. 다음으로 전국시대 말기 거대 상인으로서 어마어마한 정치적 투자에 대박을 낸 여불위呂不韋의 승부수를 전략이란 차원에서 상세히 분석해보았다. 두 사례 모두 당시 천하대세를 얼마나 정확하게 파악하느냐에 따라 전략의 질과 성공 여부를 결정한다는 점을 잘 입증하고 있다.

다음으로 전략 수립의 나침반이라 할 수 있는 민심과 세태의 중요성을 짚어 보았다. 경영에서 리더는 조직원의 마음이 어디로 어떻게 움직이고 있는지를 잘 살펴야 한다. 기업의 경쟁에서 장수는 리더지만 실제 전투에 나서는 사람은 조직원이기 때문이다.

기업 경영이 마냥 좋을 수만은 없다. 여러 조건이나 원인 때문에 수시로 크고 작은 위기와 부딪치기 마련이다. 특히 대세를 만회하기 불가능한 상황에서 리더는 어떤 전략으로 대응할 것인가에 대한 논의를 회피해서는 안 된다. 1장에서 상황에 따른 리더의 결정 문제를 함께 짚어보았고, 끝으로 물러서야 할 때와 물러설 때조차 전략이 필요하다는 인식에서 물러섬의 전략을 다루어보았다.

전략은 단적으로 말해 승부수다. 막연한 요행을 바라고 아무렇게나 될 대로 되라는 식으로 던지는 승부수가 아니라 마지막 수까지 내다보고 던지는 승부수다. 따라서 큰 전략부터 아주 작은 전략까지 모든 전략이 따로 떨어져서는 안 된다. 리더는 전략들 간의 인과관계를 철저하게 고려해야 한다. 이 때문에 역사적 통찰과 인문적 성찰이 더욱 필요한 것이다. 1장에서 소개되는 역사 사례들이 리더십을 다듬는 데 도움이 되었으면 한다.

대세를 파악하는 힘이 전략의 질을 결정한다

전국시대 유세가들이 이해관계와 힘의 논리에 의해 상대의 소멸을 최종 목표로 했다면, 지금은 윈윈전략이 더 요구된다. 어느 쪽이든 멀리 내다봐야 한다는 점에서는 인식을 함께하고 있다.

모든 전략은 형세와 상대에 대한 파악이 얼마나 정확하고 치밀한가에 따라 그 질이 달라진다. 특히 전체 형세를 제대로 파악하는 능력은 그 자체로 전략의 질과 직결되기 때문에 대단히 중요하다. 역사상 뛰어난 전략들은 경쟁이 치열했던 혼란기에 많이 나타난다. 중국사에 있어서 기원전 770년부터 진시황이 천하를 통일하는 기원전 221년까지 약 550년, 이른바 춘추전국 시대라는 대혼란기는 수많은 큰 전략과 전략가들이 출몰했던 시기였다.

춘추전국 시대의 전략가로는 군사 방면의 전문가인 병가兵家와 외교 방면의 전문가인 유세가遊說家의 양대 산맥이 있었다. 특히 유세가는 단순히 한 나라가 아닌 당시 존재했던 모든 나라를 염두에 두고 큰 전략grand strategy을 짠 전문가들이었다는 점에서 오늘날 경영과 경영전략에 참고가 될 만한 유용한 사례와 통찰력을 선사하고 있다. 이에 통일로 가는 길목이었던 전국시대 말기를 주름잡았던 소진蘇秦과 장의張儀라는 두 전략가의 천하 전략을 소개한다.

천하대세의 큰 그림을 그린 전략가들

춘추전국 시대는 최대의 혼란기인 동시에 최고의 황금기였다. 기원전 770년에서 기원전 221년 진시황이 천하를 통일하기까지 약 550년에 걸친 이 시대는 인류 역사상 유례가 없는 인재 유동의 시대였고, 또 기회의 시대였다. 백 수십 개에 이르는 나라들이 치열하고 살벌한 생존경쟁의 와중에 사라졌다.

이 과정에서 국적과 종족을 초월해 누구든 자신의 능력을 인정받아 중용되어 큰 성취를 이루면 국제적 명성과 함께 부귀영화를 누렸다. 이런 인재들 중에서 천하대세의 흐름을 읽고 각국을 돌며 원대한 국제 외교의 틀을 설정해 각국의 외교정책을 좌우했던 초대형 전략가인 유세가(또는 종횡가縱橫家)와 그들의 외교전략은 오늘날 세계 외교에서 여전히 통용되고 있을 정도다.

유세가들의 전성기는 전국시대(기원전 475~기원전 222년)였다. 특히 천하가 본격적인 통일의 길로 방향을 잡기 시작한 기원전 4세기 말에서 진秦나라가 천하를 통일한 기원전 221년에 이르는 약 1세기는 그야말로 유세가들의 시대라 해도 과언이 아닐 정도였다. 이들은 자기만의 외교이론과 독창적인 전략을 들고 나와 국제 외교의 흐름을 주도하려 했다. 7강으로 압축된 전국시대 각국의 왕들은 국제사회에서 군사력은 물론 정치, 외교에서도 주도권을 쥐기 위해 유세가들을 적극 영입해 우대했다. 다음 페이지는 『사기』에 기록된 당시의 유명한 유세가들에 대한 대략적인 정보를 표로 만들어 본 것이다.

이들 유세가들의 공통된 특징은 7국으로 압축된 당시 국제정세를 철두철미 각국의 이해利害 관계에 입각해 파악하려 한 점이다. 이는 나라의 생사존망이 걸린 실제 상황에서 비롯된 지극히 당연한 결과였고, 생사존망이 걸린 만큼 그 논리가 적나라할 수밖에 없었다. 바꾸어 말하자면, 약육강식으로 대변되는 살벌한 상황에 놓인 인간의 심리상태에 대한 철저한 분석과 연구가 병행되었다. 어느 정도였는가 하면 '책사(유세가)와의 한 차례 대화가 10년 독서보다 유익하다'는 말까지 나올 정도로 이들의 대세 분석과 그 대세를 움직이는 인간의 심리적 작용에 대한 통찰은 현실적이고 노골적이었다.

당시 유세가들은 한결같이 공리주의功利主義 인생철학의 실천자들이었다. 인仁·의義·예禮·지智·신信을 강조하고 인생에 있어서 보다 완전한 도덕을 추구하는 것을 큰 뜻으로 삼는 유가儒家와는 철저하게 상반되는 인생관이었다. 공리주의는 현실의 공명과 이익을 인생의 핵심이자 가치의 근본으로 삼는다. 이런 인생철학은 실천력이 대단히 강한 행동파의 실천철학이기도 하다. 도의를 담론하는 이론가들과는 현실에서의 적극적 행동과 이론의 실천을 지극히 중시한다는

전국시대 주요 유세가 일람표

유세가	시기 (생몰연도)	국적 및 활동국	주요 활동	비고
장의	?~ 310 기원전	위魏, 진秦	• 연횡론 창시. 각국을 돌며 6국 연합론인 합종을 깨뜨림 • 특히 제·초 동맹을 와해시킴	간첩 활용
공손연	기원전 4세기	위→진 →위→진	• 5국 연합의 합종론을 제창해 5국 연합군으로 진을 정벌함 • 장의와 반목함 • 합종론의 원조임	장의 사후 진의 재상
진진	기원전 4세기	?→진→초	• 장의와 반목함 • 뚜렷한 외교책략 없이 이해관계를 중시함	사족蛇足 이야기
범수	?~ 255 기원전	초→진	• 진의 외교정책의 근간을 이룬 원교근공遠交近攻 정책의 창시자임	명장 백기 살해
채택	기원전 3세기	연→진	• 범수의 추천으로 유세를 폄 • 주 왕실의 편입을 건의했으며, 모함을 받아 자진 은퇴함	진시황까지 네 왕을 섬김
소진	?~ 284 기원전	동주→연→진→제→조	• 강국 진에 6국이 연합해 맞서자는 합종책의 완성자로 6국 공동 재상을 지냄	유세가의 대표적 인물
소대	기원전 3세기	동주→연	• 소진의 동생으로 소진이 죽은 뒤 연으로 가서 부분적 합종론을 유세함	소진의 후손이란 설
노중련	기원전 3세기	제	• 분규 해결의 전문가로 보수를 받지 않기로 유명했으며, 바닷가로 은퇴함	『노중련자』
우경	기원전 3세기	?→조→위	• 위와 연합해 진에 맞설 것을 주장함	『우씨춘추』
황헐 (춘신군)	기원전 3세기	초 대신	• 진에 사신으로 가서 진의 군대를 철수시킴 • 인질로 잡혀 있던 태자 완을 탈출시킴 • 식객 3천 명을 모음	전국시대 4공자의 1인
감라	기원전 3세기	진 대신	• 여불위를 모시며 12세 때부터 각국 사절로 파견되어 큰 공을 세움	천재 소년 외교가

점에서 확연하게 구별된다.

이들은 한나라의 정부를 상대로 유세하는 것은 물론 대국과 소국 사이를 분주히 오갔다. 그러면서 천하정세를 자기들 나름의 정보로 진단하고 그것을 이론(전략)으로 정립했다. 그리고 그 이론을 실행하는 다양한 정치·외교적 행위가 펼쳐졌다. 이들이 있음으로 해서 그 시대는 보다 생동감이 넘쳤고, 인재들은 활기에 찼다.

이제 본격적으로 소진과 장의의 외교전략을 소개하고, 이를 통해 오늘날 경영전략에 영감을 줄 만한 요소는 없는지 생각해보고자 한다. 외교의 득실이 나라의 흥망까지 좌우한 역사적 사례는 결코 드물지 않다. 우리 역사만 보더라도 삼국시대 가장 약체였던 신라가 다각외교를 성공적으로 펼침으로써 결국은 경쟁에서 살아남은 것은 물론 삼국까지 통합하지 않았던가?

강자에 맞서는 전략 – 소진의 '합종'

기원전 4세기 말에서 3세기 초로 접어들면서 전국 7웅의 판세는 확연히 서방 강자 진나라로 기울기 시작했다. 기원전 4세기 초반 의욕에 넘치는 군주 효공孝公과 중국 역사상 최고의 개혁가 상앙商鞅이 역사적인 악수를 함으로써 진나라는 비약적인 발전을 이룰 수 있었다. 국정 전반에 대한 대대적인 개혁이 단행되었고, 천하 통일을 위한 기본 시스템(군현제, 호구와 조세 정책 완비, 화폐 정비, 군사력 강화 등)이 대부

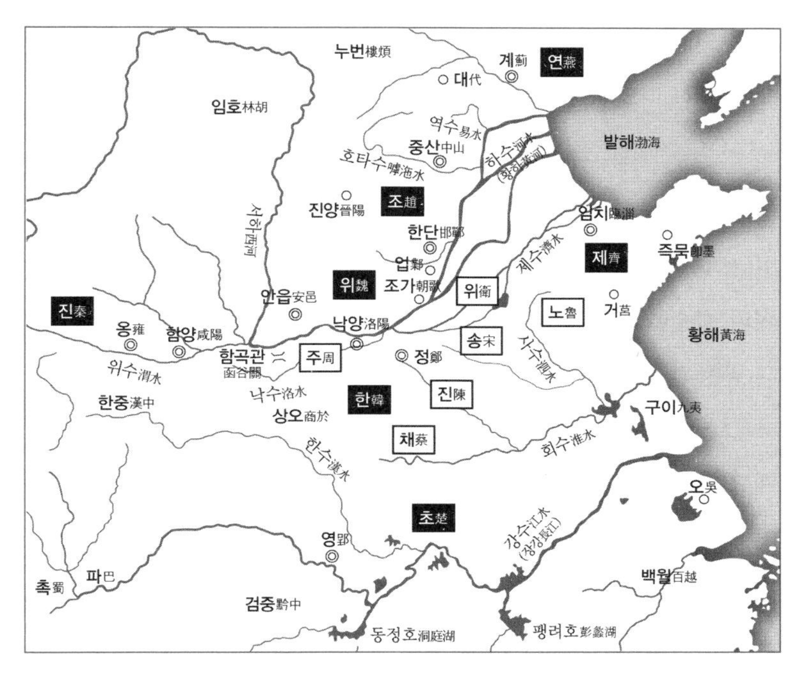

전국시대 초기의 지도(검은색은 전국 7웅)

분 이 개혁을 통해 갖추어졌다. 천하는 바야흐로 1강 6약(6약은 또 2중 4약으로 세분되기도 했다)으로 재편되었고, 진에 의한 천하통일은 시간 문제처럼 보였다.*

소진은 이런 시대적 배경하에서 국제 외교무대에 등장했다. 껍데기만 남은 종주국인 동주東周의 낙양洛陽 출신인 그는 당대 최고의 기인으로 꼽히는 귀곡자鬼谷子 문하에서 친구이자 영원한 라이벌이 되

* 2중은 동방의 제나라와 남방의 초나라를, 4약은 한·조·위·연을 가리킨다. 1강은 당연히 진나라다.

는 장의와 함께 언변술을 비롯해 국제정치, 병법, 인간심리 등 당시에 필요한 다양한 공부를 연마했다.*

공부를 마친 소진은 다시 한 번 천하정세를 면밀히 검토했고, 그 결과 가장 강한 진나라로 가서 자신의 능력을 펼치기로 결정했다. 야심만만했던 소진으로서는 당연한 선택이었다. 이왕이면 큰물에서 자신의 재능을 인정받아 부귀공명을 누리겠다는 목표는 당시 유세가들의 공통된 목표이기도 했다.

그러나 소진은 뜻밖의 장애물에 부딪쳤다. 집으로 돌아온 소진에게 집안 식구들이 기왕에 유세를 하려면 조국인 주 왕실에 가서 하라며 이구동성으로 소진을 압박했다. 소진은 하는 수 없이 주나라 현왕顯王을 찾았다. 그러나 소진을 평소부터 잘 알고 있던 현왕의 측근들은 일언지하에 소진의 면담조차 거부했다. 소진이란 존재 자체를 아예 무시한 것이다. 소진의 야심에 찬 유세는 시작도 하기 전에 좌절을 맛보았다.

그렇다고 주저앉을 소진이 아니었다. 그의 애당초 목적지가 진나라였기에 오히려 더 고무되어 진나라로 발길을 옮겼다. 당시 진나라는 개혁 군주인 효공과 상앙이 모두 세상을 떠나고 젊은 혜왕惠王이 즉위해 있었다. 소진은 혜왕을 만나 요새와 같은 진나라의 지세와 막강한 군대 그리고 선왕의 개혁으로 탄탄하게 갖추어진 국가 체제 등

* 최근 고고학 자료의 출토에 따라 두 사람이 동문이 아닐 뿐만 아니라 소진의 활동 시기도 기록과는 상당히 차이가 난다는 설이 제기되고 있으나, 아직 연구가 계속되고 있고 또 이 책의 주제와는 큰 관계가 없으므로 『사기』의 기록에 따라 서술했다.

을 거론하며, 진나라가 장차 천하를 아우르고 제왕으로 군림할 것이라며 자신의 원대한 전략을 피력했다.

이때 소진이 혜왕에게 피력한 전략은 그의 트레이드마크인 '합종'이 아닌 장의의 트레이드마크인 '연횡連橫'이었다. 이는 유세의 상대가 진나라였기 때문이었다. 합종은 서방의 진나라를 제외한 나머지 6국이 종으로, 즉 남북으로 연합해 공동으로 진나라에 대항한다는 전략이다. 반면 연횡은 진나라의 동방에 횡으로 늘어서있는 6국을 각개격파해 최종적으로 천하를 통일한다는 전략이다. 말하자면 장의의 트레이드마크인 연횡이 사실은 소진에게서 나온 것이다.

사실 당시 어느 정도 식견을 가진 유세가라면 대체로 합종과 연횡을 자기 전략의 기조로 삼고 있었다.* 소진과 장의는 이 두 가지 기본 전략을 가장 완벽하고 정교하게 다듬어 유세에 성공했기 때문에 훗날 마치 합종과 연횡의 원조처럼 평가받게 된 것일 뿐이다.

소진의 전략은 방향도 옳았고 대상도 정확했다. 그러나 상대의 내부 여건이 소진을 받쳐주지 못했다. 당시 진나라는 풍운의 개혁가 상앙이 피살된 직후라 정국이 어수선했고, 무리한 개혁으로 인한 피로가 진나라를 어둡게 만들고 있었다. 특히 외국 출신에 대한 혐오 분위기가 조정에 만연해 있었다.** 그러다보니 소진의 유세는 진나라 내부의 이런 분위기로 인해 용납되지 못했다. 여기에 혜왕까지 아직은

* 합종만 해도 5국 연합을 성사시켜 진나라를 공격한 바 있는 공손연公孫衍의 합종이 소진에 앞선다.

** 상앙이 바로 외국 출신으로 수십 년 동안 진나라 국정을 좌우했다. 그는 소국 위衛나라 출신이었다.

소진은 당시 천하정세를 누구보다 정확하게 파악한 최고의 전략가였다. 하지만 그의 유세는 여러 차례 좌절을 겪었다. 이 그림은 귀곡자에게서 공부를 마치고 산을 내려오기에 앞서 귀곡자에게 작별인사를 올리는 소진의 모습을 담았다.

때가 아니라며 소진을 물리쳤다.

소진은 혜왕과 3차례 면담을 가졌고 10여 차례의 글을 올려 자신의 전략을 강력하게 주장했으나 끝내 받아들여지지 못했다. 식구들이 마련해준 유세 자금을 모두 탕진한 소진은 하는 수 없이 발길을 고향으로 돌릴 수밖에 없었다. 소진의 두 번째 유세가 좌절되었다.

집안 식구들의 야유와 멸시를 뒤로 한 채 소진은 자신의 공부를 다시 점검했다. 시세와 정세는 물론 각국이 처한 내외적 환경까지 철저하게 파악했고, 여기에 더해 그 모든 것을 움직이는 것은 '인간'과 '인간의 작용'이라는 사실을 소진은 절감했다. 이에 소진은 가장 본질적이면서 가장 어려운 대상, 하지만 한번 제대로 움켜쥐기만 하면 결정적인 대상, 그 중에서도 권력을 쥔 대상의 심기를 파악하는 췌마술揣摩術을 터득하는 데 혼신의 힘을 기울였다.

중국 전략가의 대부로서 '전략가의 성인' '모성謀聖'이라는 별칭으로 불리는 기원전 11세기의 강태공姜太公이 지은 것으로 전하는 『음부陰符』가 주요 텍스트였다. 소진은 공부를 하다가 졸리거나 잠이 오면 송곳으로 허벅지를 찔러 그 피가 발을 적셔도 모를 정도로 연구에 몰입했다. 여기서 유명한 '추자고錐刺股'라는 고사가 탄생했다.*

자신의 전략을 전반적으로 점검한 소진은 식구들의 만류를 뒤로 한 채 다시 유세길에 올랐다. 이번 유세길에 소진은 큰 결정을 내렸다. 야심을 가진 유세가라면 누구나 택할 진나라를 포기한 것이다. 그렇다면 그의 기본 전략은 연횡이 아니라 합종이 될 수밖에 없었다. 진나라를 포기한 것은 대단한 결심이자 큰 모험이었다. 합종은 무엇보다 먼저 여섯 개 나라 모두를 설득하지 않으면 성공하기 어려운 최고 난이도의 전략이었기 때문이다.

소진은 동쪽의 조나라를 거쳐 북방의 연나라로 가서 1년 넘게 기다린 끝에 문후文侯를 만나 합종의 전략을 받아들이게 하는 데 성공했다. 연나라는 소진에게 말과 수레 그리고 로비 자금을 전폭 지원했고, 소진은 자신이 거쳐 온 조나라를 시작으로 한-위-제-초를 차례로 유세해 최종적으로 6국 동맹이라는 합종의 마지막 수순을 완성

* 이 고사는 소진이 공부를 하다 졸리면 '머리카락을 대들보에 매달아 잠을 쫓았다'는 '두현량頭懸梁'과 함께 쓰인다.

했다. 소진 자신은 6국 공동재상이 되어 각국을 돌며 강대국 진에 공동으로 맞서는 전략을 설파하고 다듬어나갔다. 이로써 소진은 부귀영화와 공명을 한 몸에 누리게 되었다.

소진의 합종은 1강 6약(또는 1강 2중 4약)이란 천하 정세에 맞추어 6약(또는 2중 4약)이 1강 진나라에 맞서 독립성을 유지한 채 생존하려면 서로 연합하는 수밖에 없다는 전략이다. 이를 설득하는 과정에서 소진은 국가의 대사를 놓고 단순히 전략적 논리만이 아닌 인정人情과 세태世態의 이치를 이용해 소통을 꾀하는 절묘한 말솜씨와 논리를 보여주었다. 즉 지리적으로 서로 가까운 6국이 이웃보다는 가장 먼 진나라와의 관계를 중시하는 것은 어리석고 위험한 일이라는 것을 '먼 친척보다 가까운 이웃이 낫다'는 식으로 설득하는 식이었다.

사람에게는 가까이 있는 사람을 그다지 귀하게 여기지 않는 대신 멀리 떨어져 있는 사람에 대해서는 칭찬을 아끼지 않는 경향이 있다. 관계가 가까우면 상대방의 단점이 그만큼 잘 보이기 때문에 그에게 완벽을 요구한다. 자기와 멀리 떨어져 있는 사람이라 해서 결점이 없는 것이 아닌데 물리적 거리가 그것을 덮어버리고 장점만 보게 만들기 쉽기 때문이다. 소진은 이 보편적 이치가 국가 대사를 이해하는 데 보다 심각하게 작용할 수 있음을 상기시킨 것이다.

여기서 소진 유세의 기본적인 방법이자 특징을 다섯 가지로 요약해보겠다. 소진의 유세법은 오늘날 경영에 있어서 거대 기업에 맞서 다자간 협약이나 컨소시엄consortium 등을 체결하려 할 때 필요한 전략 수립에 시사점을 줄 수 있을 것이다.

첫째, 소진은 모든 유세 대상국에 대해 표면적으로는 그 나라의 이익에서 출발해서 그 나라를 위해 관련 문제를 고려하고 유세하되 다른 나라와 소진 자신이 얻게 될 수익에 대해서는 언급하지 않음으로써 합종을 쉽게 받아들이게 했다. 다음은 연나라 유세의 한 대목이다.

> 편하고 일이 없어 군대가 무너지고 장수가 목숨을 잃는 꼴을 당하지 않는 것으로 말하자면 연나라보다 나은 나라는 없습니다. 왜 그런지 아십니까? 연나라가 다른 군대의 침략을 당하지 않았기 때문인데, 이는 조나라가 남쪽을 막고 있기 때문입니다. (중략) 진나라가 연나라를 치려면 운중과 구원을 넘고 대와 상곡을 지나 육지로만 수천 리를 진군해야 합니다. 이렇게 해서 연나라 성을 얻는다 해도 그 성을 지킬 방법이 없습니다. 그러니 무슨 수로 진나라가 연나라를 치겠습니까? (중략) 하오니 대왕께서 조나라와 종(남북)으로 친교를 맺어 천하를 하나로 하신다면 연나라의 근심은 없어질 것입니다.

둘째, 자신의 관점을 진술할 때마다 진나라와의 적대관계를 전제로 해 이해충돌을 과장함으로써 자기주장의 설득력을 강화시켰다. 사실 7국이 서로 다투는 상황에서 각국 사이의 이해관계는 대단히 복잡하고 변수가 많을 수밖에 없었다. 진나라와의 갈등뿐만 아니라 나머지 6국간의 갈등도 적지 않았다. 그럼에도 불구하고 소진은 유독 6국과 진의 모순과 갈등만을 강조하고 6국간의 모순과 갈등은 상대적으로 기피하거나 감춤으로써 공동의 적 진나라를 부각시켰다. 다음은 조나라 유세의 한 대목이다.

진나라가 한과 위를 치려 할 때는 사정이 다릅니다. 이 두 나라는 산과 하천이라는 천연 장애물이 없기 때문에 누에가 뽕잎을 먹어 들어가듯 야금야금 먹어 들어가 어느 한순간 그들 나라의 수도에 들이닥칠 것입니다. 두 나라가 버티지 못하면 진의 신하가 될 수밖에 없습니다. 진의 후방을 교란할 수 있는 한과 위가 없어지면 그 화는 고스란히 조나라에 집중될 것이 뻔합니다.

셋째, 각국을 설득할 때마다 소진은 자신의 주장을 받아들일 경우와 그렇지 않을 경우에 따르는 결과를 언급하되 이익과 피해를 과장함으로써 그 차이를 더욱 크게 느끼게 만들었다. 이를 위해 소진은 자기주장의 실현 가능성 여부와 전제를 정확하게 연결시키는 수법으로, 자기주장을 받아들이지 않을 경우 입게 될 피해의 정도가 훨씬 더 크게 느껴지도록 만들었다. 한나라를 유세할 때의 한 대목이다.

대왕이 진나라를 섬기게 되면 진은 틀림없이 의양과 성고의 땅을 달라고 할 것입니다. 그래서 그 땅을 진에 바치고 나면 다음 해에는 또다시 다른 곳을 떼어 달라고 할 것이 뻔합니다. 주고 싶어도 줄 땅이 없고, 주지 않으면 전에 땅을 바친 공은 잊고 당장 당한 거절 때문에 화를 당할 것입니다. 대왕의 땅은 다해 가는데 진의 요구는 끝이 없을 것입니다. 더이상 줄 것도 없는 국토를 가지고 그칠 줄 모르는 저들의 요구를 받아들이는 일은 이른바 원한을 사고 화를 초래하는 것이며, 싸워보지도 못하고 땅만 모조리 축내는 일입니다.

넷째, 필요할 때는 지리, 경제, 사회 등 객관적 여건을 강조해 상대에 대한 설득력을 높였다. 제나라에서 유세한 대목의 하나다.

제나라의 수도인 임치에만 7만 호가 있습니다. 신이 따져보니 한 집에 평균 남자 셋만 계산해도 21만 명이 됩니다. 먼 고을에서 징발하지 않고 임치의 군사만 징발해도 21만 명입니다. 게다가 임치는 넉넉하고 알찹니다. 백성들은 피리 등 각종 악기를 연주하며 놉니다. 닭싸움과 개 경주를 즐깁니다. 주사위 놀이와 축구 경기를 하지 않는 사람이 없을 정도입니다. 임치 저잣거리는 수레바퀴가 서로 부딪치고 사람들이 어깨를 비벼야 할 만큼 복잡합니다. 옷자락 자락이 이어져 휘장을 이루고 소매를 치켜들면 천막이 되고, 땀을 뿌리면 비가 됩니다. 집들은 많고 사람들은 넘쳐납니다. 뜻은 고상하고 기운은 상승세를 타고 있습니다.

다섯째, 주로 상대(군주)의 지도력이나 국력 따위를 칭찬해 분위기를 띄우되 사이사이에 심리를 자극하는 이른바 '격장술激將術'을 배합함으로써 상대를 흥분시켜 합종을 쉽게 받아들이게 했다. 한나라를 설득하면서 '닭대가리가 될지언정 소꼬리는 되지 말라(영위계구寧爲鷄口, 무위우후無爲牛後)'는 속담을 인용해 한나라의 왕을 자극한 경우가 가장 유명한 장면으로 꼽힌다.

이처럼 소진의 유세는 복잡한 사물간의 모순들 속에서 나머지는 버리고 한 부분만을 강조한다. 그다음 이를 기초로 가설과 함의를 전제로 내세우고 이를 정당화하고 합리화하기 위해 기민하게 여러 가지 심리적 자극술 등을 운용하는 것을 특징으로 한다. 그리고는 아주 상반된 두 행위와 그 결과를 비교함으로써 소진은 자기주장의 설득력을 더욱 높였다.

이런 소진의 유세법은 얼핏 보기에는 단순하고 천박한 것 같지만 자세히 살피면 결코 그렇지 않다. 열국의 정치형세에 대한 소진의 이해와 분석, 천하 정국 및 그 변화추세에 대한 인식의 정도는 각국 군주들로서는 도저히 따를 수 없는 경지였다. 소진의 합종은 오랜 시간 천하를 주유하면서 체득한 실질적인 경험에서 도출된 것이다. 특히 몇 차례 쓰라린 실패를 겪으면서 더욱 정교하게 다듬어진 논리였기 때문에 받아들이기는 쉬워도 그 핵심을 제대로 이해하기란 결코 쉽지 않다.

1강 독주체제를 막기 위한 '합종'은 나머지 6국이 기본적으로 내포하고 있는 예측불허의 다양한 변수를 충분히 고려하지 않으면 언제든지 와해될 수 있는 심각한 취약점을 가진 전략이었다. 소진은 가장 북쪽의 연나라에서 시작해 가장 남쪽의 초나라에서 유세를 마무리했다.

그 두 나라 사이에 위치한 4국은 서로 서로 국경을 접하고 있고, 이해관계에 따라 얼마든지 변수가 발생할 수 있었다. 소진도 스스로 이 점을 잘 알고 있었기 때문에 자신의 동문이자 친구인 장의에게 고의로 모욕을 주어 장의의 승부욕을 자극한 다음 은밀히 그를 도와 다른 나라가 아닌 진나라로 가서 연횡을 유세하게 했다. 이는 정말이지 고도의 책략이었다.

소진의 막후 도움으로 진나라 유세에 성공해 객경客卿*이 된 장의

* 외국인으로서 정치를 자문하는 고위직으로 외국 출신에게 주는 최고 대우다.

낙양 근교 소진의 고향 모습이다. 옥수수 밭 속에 보이는 비석이 서 있는 곳이 그의 무덤이다. 사진은 1999년 필자가 찍은 것이다.

도 결국 소진에게 속은 것을 알고는 "아! 이는 내 술책에 있는 것인데도 내가 눈치를 채지 못했다. 내가 소진보다 못한 것이 분명하구나. 소진이 살아 있는 한 내가 무슨 말을 할 수 있겠으며, 소진이 자리에 있는 한 내가 무슨 일을 할 수 있겠는가!"라며 소진의 책략에 탄복을 금치 못했다. 즉 소진의 의도는 1강인 진나라가 장의의 연횡을 수용하게 되면 그에 대한 반작용으로서 합종에 대한 6국의 결집력이 높아질 것이고, 그런 만큼 소진 자신과 합종의 생명력이 그만큼 연장될 수 있기 때문이었다.

요컨대 소진의 합종론은 연횡의 등장에 따른 자의적 타의적 와해까지도 예측하고, 만약을 대비해 동문 장의를 자극해 진나라에서의

유세를 성공시켜 합종의 한 축을 최대한 연장시킨 치밀하고 참으로 원대한 전략이었다. 이 두 사람의 관계를 현대 경영에서 나오는 용어를 빌자면 프레너미frenemy*라 할 수 있겠다.

연합을 와해시키는 전략 – 장의의 '연횡'

장의는 소진이 있음으로 해서 자기 존재의 의미와 가치를 담보할 수 있었던 유세가다. 물론 그 역도 성립할 수 있겠지만, 소진은 합종과 연횡을 모두 염두에 두고 자신의 전략을 끊임없이 수정해 합종의 수명을 최대한 연장시켰고, 적어도 소진이 죽기 전까지 장의는 자신의 말 그대로 조연에 지나지 않았다. 그러나 소진이 죽자 장의는 소진이 깔아놓은 징검다리를 밟고 합종의 강을 건너 연횡이란 대척점에 도달한다. 이렇게 해서 연횡은 말 그대로 호랑이에게 날개를 단 듯 7국을 종횡으로 누비며 천하통일에 성큼 다가가는 주어진 시대적 소명을 다했다.

당시 거의 모든 유세가가 그렇듯 장의 역시 출세를 지상 최고의 목표로 삼았다. 다만 장의는 유세에 있어서 '말', 즉 '언변言辯'을 극단적으로 중시했다는 점에서 남다르다. 젊은 날 초나라 재상의 집에서 술을 마시다 도둑으로 몰려 죽도록 맞고는 집에 돌아온 그를 보고 아

* 프레너미는 친구friend와 적enemy의 합성어로 협력관계임과 동시에 경쟁적인 기업 관계를 말한다.

내가 "그렇게 공부를 많이 해서 유세하지 않았던들 이런 수모는 당하지 않았을 것 아닙니까?"라고 안타까워하자 장의는 느닷없이 아내 눈앞에 혀를 쑥 내밀며 "혓바닥은 아직 붙어 있지 않은가!"라며 능청을 떨었다는 일화는 그가 언변을 얼마나 중시했는지를 잘 보여준다.

'혓바닥은 아직 그대로 있다'는 뜻의 '설상재舌尙在'라는 성어가 바로 여기서 나왔다. 심하게 말해 오늘날 살았더라면 장의는 혓바닥에 거액의 보험을 들고도 남았을 그런 위인이었다.

그런데 이 일화는 유세에 실패한 다음 집으로 돌아와 공부방에 틀어박혀 졸음이 오면 자신의 허벅지를 찔러가며 분발했던 소진의 일화와 묘한 대비를 이룬다. 마치 소진과 장의 두 사람의 기질이나 전략상의 근본적인 차이를 상징하는 것은 아닌지?

사마천도 훗날 소진에 대한 세간의 평가가 너무 가혹하다는 사실에 주목해 소진 혼자만 악평을 받지 않도록 소진의 경력과 사적을 시간의 순서에 따라 나열했다고 하면서 "소진이 평민의 신분에서 입신해 6국을 연결하고 합종을 맺게 한 것은 그의 뜻과 재능이 보통을 뛰어넘는다는 것을 말한다"며 소진에게 비교적 후한 점수를 주고 있는데 이는 여러모로 타당한 평가다.

연횡은 철두철미 합종에 대응하는 전략으로, 6국의 동맹을 와해시키는 것을 최종 목표로 삼았다. 다만 그 세부 전략을 보면, 주요 목표와 부차적인 목표가 혼재되어 있었다. 주요 목표는 6약 중에서 상대적으로 강해 2중으로 분류할 수 있는 제와 초의 동맹을 와해시키는 것이었다. 이것이 성공하면 나머지 4국의 동맹은 도미노 현상을

소진의 합종에 맞서 연횡을 내세우며 진나라 혜왕을 설득하는 장의의 유세도를 그린 그림이다.

일으켜 절로 무너지기 때문이다. 따라서 장의의 연횡은 초와 제의 동맹을 막고 이간시키는 데 집중되었다.

소진의 의도된 도움으로 진나라에 입성하는 데 성공한 장의는 얼마 뒤 촉 지역을 공략하는 문제를 놓고 자신의 식견을 뽐낼 기회를 가졌으나 장군 사마조司馬錯와의 설전에서 혜왕을 설득하는 데 실패했다. 그러나 그 후 승승장구해 진나라 재상에 오르는 데 성공했다.

진의 재상이 된 장의는 소진이 죽자 본격적으로 자신의 원대한 전략인 연횡을 설파하는 데 총력을 기울였다.

장의가 6국을 돌며 연횡을 설득하는 과정은 『사기』 권70 「장의열전」에 상세히 기록되어 있는데, 무엇보다 그의 화려한 언변과 소진의 합종에 맞서 소진의 논리를 사사건건 역이용하고 있는 점이 돋보인다. 이는 합종과 연횡의 입지점이 근본적으로 다르기 때문이다. 소진의 합종은 현실과는 다소 거리가 있는 이상적인 요소가 적지 않은 데 비해 장의의 연횡은 철저하게 현실의 이해관계만을 고려한다.

달리 말해 소진의 합종은 제대로 성사만 된다면 큰 효과를 발휘할 수 있는 반면 변수가 워낙 많다는 치명적인 취약점을 내포하고 있었고, 장의의 연횡은 지극히 현실적인 전략이지만 궁극적으로는 6국의 소멸을 전제로 한 '힘의 논리' 그 자체였다.

이를 위해 장의는 소진이 긍정적으로 평가했던 6국의 장점을 비롯해 지리적 형세나 국력을 소진과는 반대로 철저히 부정적으로 평가하고, 진나라의 힘을 과장함으로써 6국의 공포심을 자극하는 수법을 동원한다. 진나라에 1 대 1로 맞설 정도의 전력을 보유한 초나라에서조차 장의의 유세는 살벌 그 자체였다. 다음 대목을 보자.

> 진나라에는 호랑이와 같이 용맹한 군대가 100여 만, 전차가 1천 승, 군마가 1만 필에 곡식은 산더미처럼 쌓여 있는데다, 법령은 분명해 병사들은 어떤 어려움도 감수하고 죽을 각오로 맞섭니다. 군주는 현명하면서 엄하고, 장수들은 지략과 용기를 겸비하고 있습니다. 진이 굳이 출병하지 않아도 상산의 험준한 지형을 손에 넣기만 하면 천하의 척추가 꺾이고 말 것입니다. 그러니 진에 빨리 항복하지 않으면 않을수록 멸망은 빨리 닥칠 것입니다.

> 이른바 합종이란 것은 '양떼를 몰아 맹호를 공격(구양공호驅羊攻虎)'하자는 것과 다를 바 없는 논리입니다. 호랑이와 양이 적수가 된다고 생각하십니까? 지금 왕께서 맹호와 동맹하지 않고 양떼와 동맹을 맺고 있으니, 이는 왕의 정책이 잘못된 것이 아니고 무엇이란 말입니까? (중략) 천하의 강국은 진이지 초가 아닙니다. 두 나라가 서로 다투면 그 세력은 양립할 수 없습니다.

이처럼 장의는 소진의 합종책을 노골적으로 비판함으로써 증폭

된 공포심을 누그러뜨리고, 불안해하는 각국 군주의 심기를 달랜 다음 연횡을 받아들일 수밖에 없는 상황을 강조한다. 다음은 조나라에 대한 유세의 한 장면이다.

> 대왕께서 합종을 믿은 것은 소진의 말을 믿었기 때문일 것입니다. 소진은 제후를 꼬드겨 옳은 것을 그른 것으로, 그른 것을 옳은 것으로 주장하였으며, 제나라를 배반하려다 저잣거리에서 몸이 찢기는 최후를 자초했습니다.
> (이제 소진의 죽음으로) 천하가 하나로 뭉칠 수 없음이 분명해졌습니다. 지금 초와 진은 형제의 나라가 되었으며, 한과 위는 진의 동쪽 울타리를 지키는 신하가 된 것이나 마찬가지이며, 제는 물고기와 소금이 나는 땅을 바쳤습니다. 이는 조나라의 오른 팔을 자른 것이나 마찬가지입니다. 오른팔이 잘리고도 싸우려하고, 동지를 잃고 고립되어 있으면서도 안전하기를 바라는 것이 가능합니까?

장의는 자신의 논리를 합리화하고 보다 강한 인상을 심기 위해 죽은 친구 소진마저 가차없이 비난했다. 이 때문에 사마천은 "장의가 한 일은 소진보다 더 심했다. 그런데도 사람들이 소진을 미워한 것은 그가 먼저 죽었기 때문에 장의가 그의 단점을 들춰내어 그것으로 자신의 주장을 유리하게 만들고 연횡론을 완성했기 때문이다"라며 장의를 비판했는데 정곡을 찌른 지적이 아닐 수 없다.

앞서 언급한 대로 장의는 진나라의 재상이 된 다음 첫 수순으로 6국 중 2중에 속하는 초와 제의 동맹을 와해시켜 배후의 위협을 없앴다. 장의의 연횡이 성공할 수 있었던 것은 6국의 동맹이 결국은 이해관계를 바탕으로 한 것이었기 때문이다.

따라서 장의는 동맹의 가장 취약한 고리이자 관건이 되는 초와 제의 동맹을 물고 늘어져 이를 와해시킨 다음, 그 탄성을 이용해 동맹 전체를 연쇄적으로 와해시켰다. 장의의 연횡은 궁극적으로 장의 다음으로 진나라의 주요 외교 전략이 되는 범수范雎의 '원교근공遠交近攻'을 위한 기초가 되었다는 점에서 큰 의미를 가진다.

합종, 연횡과 오늘날의 경영 전략

소진의 합종론이 개별 국가가 연합을 통해 독립적으로 생존해야 한다는 점을 강조한 반면, 장의의 연횡론은 현격한 국력 차이 같은 현실적 여건에 입각한 종속적 생존에 무게를 두고 있다. 이는 두 사람이 당시 대세를 어떻게 파악하고 분석했느냐의 차이에서 비롯된 것이긴 하지만, 그보다는 당시 대세를 어떤 방향으로 끌고 가야 자신들의 입신출세에 유리할 것인가를 철저하게 고려한 전략이기도 했다. 요컨대 전국시대 말기 7국의 정치 외교의 전체적인 방향은 좀 심하게 말해 소진과 장의라는 두 사람의 전략에 따라 좌우되었다고 할 수 있다.

두 사람은 천하대세를 정확하게 읽은 다음, 그 대세를 거스를 수는 없어도 대세의 흐름을 주도할 수 있다는 자신감에서 각자 합종과 연횡이란 상반된 전략을 앞세워 경쟁했다. 그러면서도 두 사람은 암묵적으로 서로의 전략을 인정 및 이용하고, 나아가서는 철저하게 무너뜨림으로써 결국 통일이라는 대세를 창출했던 것이다.

즉 두 사람은 큰 틀에서의 통합이 대세인 것만은 분명하지만 7국이 모두 대통합의 대세를 인정하기란 불가능하다는 것을 잘 알고 있었다. 7국에게 있어서 통합은 통합이고 생존은 생존이었다. 이는 소진·장의 두 사람과 각국 군주의 천하 정세를 보는 안목 차이이기도 했다.

외교와 경영은 예나 지금이나 상대의 이해관계에 따라 언제든 변할 수 있는 변수가 무궁무진한 분야다. 합종과 연횡은 그런 전략의 고전일 뿐이다. 소진과 장의는 이런 불변의 전략적 속성을 2천 수백 년 전에 통찰하고, 이를 자신들의 출세와 영달에 한껏 이용했다. 다만 이들의 외교 논리와 전략이 단순히 개인적 부귀영화를 가져다준 것에만 머무르지 않고 천하의 대세를 좌우했다는 점에서 역사적 의의가 있는 것이다.

통일이 대세라고 했을 때 그 대세는 그에 저항하는 반작용이 있음으로 해서 그 의미를 갖는다. 역사는 대세를 거스르지는 않지만 왕왕 그 흐름의 완급을 조절하곤 하는데, 그것은 저항이나 반작용이 발휘하는 힘의 크기 정도에 따라 결정되거나 대세를 주도하는 세력의 한순간 방심 내지 속도 조절 때문에 일어난다. 소진이 진나라의 동방진출을 15년 동안 저지할 수 있었던 것도 대세였던 연횡에 대한 합종론이 발휘한 저항 또는 반작용의 정도가 그만큼 컸다는 의미다. 그리고 장의는 그 반작용을 최대한 활용해 자신의 전략인 연횡의 효과를 극대화시켰다. 별도로 설명하지 않더라도 조직관리나 기업 경영 역시 이 원리에서 크게 벗어나지 않을 것이다.

소진과 장의의 합종과 연횡에서 보았다시피 정치·외교 분야에서뿐만 아니라 기업 경영에서도 약자의 생존방식에는 크게 두 가지가 있을 수 있다. 약자들끼리의 연합을 통한 독자 생존의 방식과 강자에 의존하는 종속적 생존 방식이 그것이다. 그런데 수천 년 역사는 거의 예외없이 강자에 의한 약자의 소멸로 귀착되었음을 보여준다. 그만큼 약자의 생존이 어려웠기 때문이다. 기업 경영에서도 예외는 아닌 것 같으나 그렇다고 그것이 100% 정확하다는 말은 아니다.

2천 수백 년 전 전국시대 말기 7국의 정세는 말 그대로 이합집산과 조변석개가 난무하는 어수선한 분위기 그 자체였다. 그럼에도 불구하고 외교의 큰 전략은 합종과 연횡이란 두 개의 큰 틀 안에서 진행되었다. 천하대세의 흐름은 상대적이다. 그 대세를 주도하는 큰 전략 역시 마찬가지다. 늘 상대가 있어야 전략이 값어치를 발휘하는 법이고, 정확한 전략일수록 더 큰 부가가치와 제3의 전략을 창출할 수 있다. 즉 상대적으로 뒤떨어지지만 비교적 강력하게 맞서는 다른 전략들이 함께 존재할 때 그 가치와 영향력은 더욱 커진다. 즉 소진의 합종이 있음으로 해서 장의의 연횡이 있었고, 나아가 범수의 원교근공이 나올 수 있었던 것이다.

경영도 크게 다를 바 없다. 경쟁 기업의 경영전략을 분석하는 일은 경영의 필수가 아닌가? 이때 경영 리더가 선택하고 결정해야 할 일은 흐름을 주도할 수 있는 전략을 선도적으로 만들어낼 것이냐, 아니면 경쟁 기업의 전략이 나온 다음 그에 대응하는 전략을 개발할 것이냐다. 물론 두 가지 선택을 혼합해 절충하는 전략도 가능할 것이다. 문제는 경제 전반을 리드할 수 있는 경영전략을 수립할 수 있느냐다. 몇 년 지나지 않아 폐기될 단기적 안목의 전략으로는 기업이 존립할 수 없다. 소진이나 장의처럼 적어도 수십 년 가까이 대세의 흐름을 주도할 수 있는 원대한 밑그림을 그릴 수 있어야 한다는 말이다. 그것이 궁극적으로는 그 기업의 문화이자 철학이 된다.

다만 전국시대 유세가들이 철저하게 이해관계와 힘의 논리에 입각해 상대의 소멸을 최종 목표로 했던 피도 눈물도 없는 살벌한 논리를 폈다면, 지금은 공생共生과 대동大同이라는 보다 차원 높은 가치관으로의 전환을 염두에 둔 상부상조 전략, 즉 윈윈전략이 더 요구된다는 점이 다를 뿐이다. 어느 쪽이든 멀리 내다봐야 한다는 점에서는 이해관계를 떠나 인식을 함께하고 있다.

장사꾼 여불위의 천하를 건 담대한 승부수

여불위의 전략은 누가 뭐라 해도 치밀하기 짝이 없었다. 안목이 뛰어난 경영자라면 여불위처럼 다양한 변수까지 염두에 두어야 한다. 이래저래 여불위의 사례는 많은 것을 생각하게 만든다.

전국시대 막바지인 기원전 239년 무렵, 서방의 강대국 진秦나라의 수도 함양성咸陽城 저잣거리 대문에 20만 자가 넘는 목간과 함께 이런 방이 걸렸다.

이 책을 읽고 한 글자라도 빼거나 보탤 수 있는 사람이 있다면 천금을 주겠다.

사람들은 모두 놀라지 않을 수 없었다. 20만 자에 이르는 엄청난 책도 책이려니와 거기에 걸린 상금 때문이었다. 도대체 누구의 책이며 어떤 책이길래, 또 얼마나 그 내용에 자신이 있길래 한 글자라도

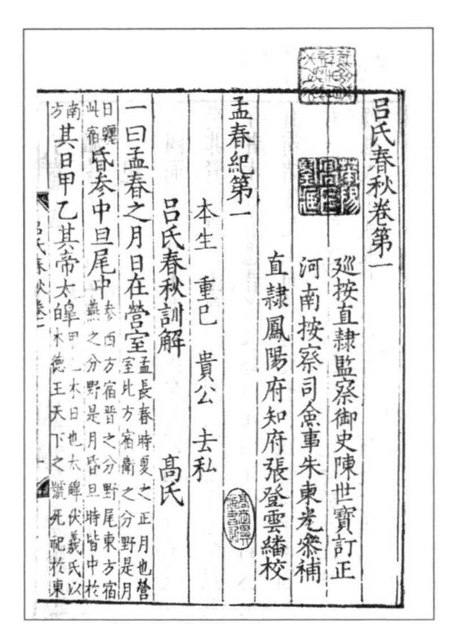
呂氏春秋卷第一

巡按直隸監察御史陳世寶訂正

河南按察司僉事朱東光參補

直隸鳳陽府知府張登雲繙校

孟春紀第一

本生 重己 貴公 去私

呂氏春秋訓解 高氏

一曰孟春之月日在營室 孟長春時夏之正月也營室北方宿衛之分野是月

日躔此宿 昏參中旦尾中 參西方宿晉之分野尾東方宿燕之分野是月昏旦時皆中於

南方 其日甲乙其帝太皞 甲乙木日也太皞伏羲氏以木德王天下之號死祀於東

'일자천금'이라는 특별한 고사성어를 남긴 『여씨춘추』는 상인 여불위가 편찬을 주도한 잡가 계통의 백과전서라 할 수 있다.

빼거나 보탠다면 천금을 상으로 주겠다고 할까.*

이 방대한 책의 편찬을 주도한 사람은 당시 진나라의 승상 여불위呂不韋(?~기원전 235년)였다. 그는 3천 명에 이르는 자신의 문객들 중 뛰어난 학자들을 동원해 이 책을 완성했고, 책의 이름은 자신의 성을 따서 『여씨춘추呂氏春秋』라 했다. 그는 자신이 편찬한 이 책에 엄청난 자부심을 가졌고, 그래서 한 글자를 빼거나 더하면 천금을 주겠다고 큰소리를 친 것이다.

여불위는 상인으로 당시 가장 강했던 진나라의 승상이 되어 실권을 휘두른 인물이다. 상인 출신인 그가 진나라의 최고 권력자가 된 까닭은 그의 남다른 투자 안목 때문이었다. 여불위는 한 사람에게 집중 투자해 그 사람을 진나라의 왕으로 만들고, 자신은 진나라의 실권을 장악했다. 도대체 여불위는 누구에게 투자했으며, 어떤 전략으로 투자를 성공으로 이끌었는지 지금부터 상세히 분석해보고자 한다.

* 여기서 '일자천금一字千金'이라는 유명한 고사성어가 탄생했다. 자신의 글이나 문장에 대한 큰 자부심을 비유한다.

투자대상을 고르는 상인의 안목

다음은 지금으로부터 2,200여 년 전에 있었던 아버지와 아들의 대화다.

아들 아버지, 땅에다 농사를 지어 많이 남으면 얼마나 이윤이 남겠습니까?

아버지 잘하면 10배쯤 되겠지.

아들 보석 따위를 팔면 어떻겠습니까?

아버지 100배 쯤 남지 않겠니.

아들 누군가를 왕으로 세우면요?

아버지 그야 따질 수가 없지.

아버지의 마지막 대답과 함께 아들은 회심의 미소를 지었다. 전국시대 각국의 역사와 고사를 기록한 『전국책戰國策』에 실린 이 유명한 대화는 상인 출신으로 '일인지하一人之下, 만인지상萬人之上'의 자리라는 재상에까지 오른 야심가 여불위와 그 아버지 사이에 오간 이야기다. 당시 여불위는 사업차 조趙나라 수도 한단邯鄲을 찾았다가 우연히 진나라의 인질 자초子楚*를 발견한다. 자초의 신분을 확인한 순간 여불위는 엄청난 사업을 구상한 다음 집으로 돌아와 아버지에게 가르침을 청한 것이다. 이 대화를 통해 여불위의 아버지 역시 상인이었던

* 처음 이름은 이인異人이다.

것으로 추정하고 있다.

여불위가 자초를 발견하고 어떤 원대한 계획을 세웠는지는 기록에 없다. 다만 그가 자초를 '미리 차지해 둘만한 기이한 물건'이란 뜻의 '기화가거奇貨可居'로 간주했다고 한다. 다시 말해 지금 사두거나 투자하면 언젠가는 큰돈이 되거나 큰 역할을 해낼 투자대상으로 본 것이다. 그렇다면 여불위가 아버지와 나눈 대화는 결국 투자대상을 고르는 자신의 안목과 구상을 재확인하는 절차였던 셈이다.

자초는 진나라 다음 왕위 계승자인 태자 안국군安國君의 20여 명에 이르는 아들 중 하나로, 진나라와 조나라의 인질교환에 따라 조나라 수도 한단에 와 있었다. 아들 중 자초의 서열은 중간 정도였고, 어머니는 하희夏姬로 안국군의 총애와는 거리가 먼 여자였다. 자초가 인질로 잡혀있는 동안에도 진나라는 여러 차례 조나라를 침범했고, 이에 조왕은 몇 차례 자초를 죽이려 했지만 그때마다 간신히 죽음을 면했다. 이렇듯 자초는 엄연한 진나라 왕실의 핏줄이었음에도 불구하고 이런저런 사정 때문에 조나라는 물론 자기 나라에서조차 외면당한 채 조나라 수도 한단을 여기저기 떠도는 신세로 전락해 있었다.

자초의 기본적인 내력을 확인한 여불위는 자초에게 투자하기로 결심했다. 여불위는 먼저 자초를 둘러싼 보다 상세한 정보를 수집하기 시작했다. 그 결과 투자를 담보할 만한 유력한 정보가 입수되었다. 다음 왕위 계승자인 태자 안국군, 즉 자초의 아버지가 가장 총애하는 초나라 출신의 태자비인 화양華陽 부인에게 아들이 없다는 정보였다. 여불위는 이 정보가 갖는 중요성을 직감했다. 화양 부인이 장차 여불위의 천하경영에 어떤 역할을 어느 정도 하게 될지 그 누구도 상상하지 못했을 것이다. 여불위를 제외하고는 말이다.

예지력과 치밀한 기획력

자신의 안목과 상품 가능성에 확신을 가진 이상, 제대로 된 장사꾼이라면 구체적인 경영전략을 세우는 것이 당연하다. 전략을 세운 여불위는 자초를 찾았다.

여불위 내가 당신을 키워주겠소.

자초 먼저 당신이 커야 내가 크지 않겠소?

여불위 잘 모르시는군요. 저는 당신이 커짐에 따라 커진답니다.

자초는 여불위의 말뜻을 알아듣고는 자리를 권해 밀담을 나누었다. 여불위는 안국군과 화양부인을 거론하며, 현재 안국군의 20여 명에 이르는 아들 중 안국군이 후계자로 점찍은 사람은 없기 때문에 자초에게도 얼마든지 기회가 있다며 자초에게 희망을 주었다. 뜻하지 않은 후원자를 만난 자초는 반신반의했지만 밑져야 본전이라는 생각에 계획이 성공하면 여불위와 진나라를 함께 나누겠노라 약속했다.

여불위는 차기 왕위 계승자인 안국군이 가장 총애하는 화양 부인을 최대한 이용하는 전략에 따라 진나라의 수도 함양으로 향했다. 여불위는 그 전에 자초의 몸값을 올려놓는 작업에 들어갔다. 자초에게 500금에 이르는 활동비를 넉넉하게 제공해 조나라의 유력한 인사들과 두루 교제하도록 했다. 조나라 수도 한단에 와 있는 국내외 주요 인사들이 자초의 존재감을 실제로 확인할 수 있게 하자는 의도였다. 그렇게 함으로써 자초란 이름이 두루 여러 사람의 귀에 들어갈 수 있게 하려는 안배였다.

귀한 패물 등을 갖고 함양에 들어온 여불위는 화양 부인을 직접 찾지 않고 사람을 넣어 화양 부인의 언니를 먼저 찾았다. 화양 부인의 언니를 만난 여불위는 진귀한 패물을 화양 부인에게 전해줄 것을 부탁하며 자초의 근황을 알렸다. 그러면서 자초가 아버지 안국군과 화양 부인을 늘 그리워하면서 눈물을 흘린다며 인정에 호소했다. 또 현재 자초는 조나라의 유력자들은 물론 각 제후국들에서 온 빈객들과 두루 사귀며 명성을 높이고 있다는 근황까지 덧붙였다.

여불위는 화양 부인의 언니에게 "미모로 (남자를) 섬기던 사람은 그 미모가 시들면 (남자의) 사랑도 시드는 법(이색사인자以色事人者, 색쇠이애이色衰而愛弛)"이라는 절묘한 언변으로 화양 부인의 마음을 흔들어놓았다. 그러면서 안국군의 사랑이 아직 건재한 지금 훗날을 위해 듬직한 양자를 들이는 것이 필요하다는 말로 화양 부인을 설득케 했다.

이어 여불위는 화양 부인의 또 다른 형제들을 찾아가 지금 네가 누리고 있는 부귀영화는 결국 화양 부인 덕분 아니겠냐, 그러니 화양 부인이 안국군의 총애를 잃으면 너희들도 끝장이라는 협박조로 마음을 흔들었다. 그런 다음 화양 부인에게 자식이 생겨 그가 안국군의 뒤를 이으면 너희들의 부귀영화도 계속될 것이니 화양 부인이 자초를 양자로 삼을 수 있게 적극 나서라고 설득했다. 그 결과 화양 부인의 형제들이 총출동해 화양 부인을 설득했다. 화양 부인의 언니는 여불위의 패물과 말을 전했고, 화양 부인은 전적으로 여불위의 말에 공감하지 않을 수 없었다.

화양 부인은 안국군이 한가한 틈을 타서 눈물을 흘리며 자식없는 자신의 신세를 한탄하다가 자초 이야기를 꺼냈다. 화양 부인을 총애하는 안국군인지라 자초를 양자로 삼겠다는 화양 부인의 청을 들어주었고, 그 징표로 옥을 쪼개 한 쪽씩 나누어 가졌다. 징표를 받아든 화양 부인은 기쁨과 동시에 양아들 자초를 어떻게 하면 귀국시킬 수 있을까 하는 근심에 쌓였다. 안국군과 화양 부인은 여불위에게 자초를 잘 보살피라고 당부하는 한편 넉넉하게 물품까지 딸려 보냈다. 이로써 자초의 명성은 더욱 올라갔다.

자초라는 상품을 알리기 위해 여불위는 직접 함양을 찾았지만 핵심 목표물인 화양 부인을 직접 만나지는 않았다. 대신 화양 부인의 언니를 중간에 넣었다. 이는 상인 여불위의 고도의 상술에 따른 수순이었다. 때로는 자신이 직접 물건을 갖고 가거나 소개하는 것보다 구매자가 믿을 수 있는 가까운 사람에게 물건 소개를 맡기는 쪽이 물건의 가치를 더 높이는 것은 물론, 그 물건에 대해 신비감을 갖게 만들 수 있다. 물건이 중간 상인을 거치면서 값이 올라가는 것과 비슷한 이치라 하겠다. 더욱이 당시의 현실에서 상인이란 존재는 그다지 존중받는 신분이 아니었다. 그래서 여불위는 혹 있을지도 모르는 상인에 대한 선입견을 피해가는 노련한 수도 함께 구사한 것이다.

첫 단계에 불과했지만 여불위가 구사한 상술 내지 전략의 핵심을 찬찬히 분석해보면 놀랍기 그지없다. 그는 무엇보다 지금까지 찬밥 신세나 다름없던 자초, 그래서 죽일 가치조차 없었던 자초라는 존재와 그의 현실을 180도 탈바꿈시키는 반전을 보여주었다. 자초가 진나라와 조나라의 편치 못한 관계에도 불구하고 여태까지 살아남은 것은 그가 뛰어난 인재라는 사실을 증명하는 것이라는 식으로 바꾸어 놓았던 것이다. 물론 여기에는 여불위의 부가 결정적으로 작용했다.

자초 한 사람의 문제와 관심사를 자초와 화양 부인 두 사람의 문제로 확대시키는 데 성공했고, 이어 화양 부인의 형제들, 나아가 안국군의 문제로까지 넓혔다. 여기에 화양 부인은 안국군을 설득하면서 지금까지 자초에 대한 관심 부족을 과장함으로써 자초의 존재감을 더욱 부각시켰다. 이렇게 해서 자초는 진나라와 조나라는 물론 제후국 전체가 주목하는 주요 인물로 떠올랐다.

과단성과 기민함

화양 부인을 이용해 왕위 계승자인 안국군으로 하여금 자초라는 존재를 확실하게 각인시킨 것은 절반의 성공이나 마찬가지였다. 이제 다음 수순은 현재의 왕인 소양왕昭襄王에게 자초라는 상품을 선보이고 눈도장을 받는 것이다. 그래야만 자초를 진나라로 귀국시킬 수 있는 가능성이 커지기 때문이다. 이 일은 말할 것도 없이 다음 왕위 계승자인 안국군이 맡게 되었다.

사실 이 일은 그다지 어려워 보이지 않았다. 그런데 뜻밖에 소양왕의 반응은 냉랭했다. 안국군은 낙담했다. 여불위 역시 실망하지 않을 수 없었다. 하지만 여불위는 이런 큰 거래는 최선을 다하는 투자가 필요할 뿐만 아니라 시간과 인내심이 필요하다고 보고, 새로운 상황이 출현한 만큼 전략과 수단의 변화를 꾀해야겠다고 판단했다.

'안국군으로 안 된다면 누굴 내세워 소양왕을 설득하나?' 여불위는 이번에도 여성을 선택했다. 다름 아닌 왕후였다. 그리고 화양 부인 때와 마찬가지로 직접 왕후를 찾아가지 않고 중간에 사람을 넣었다. 여불위가 찾은 중개인은 왕후의 동생 양천군楊泉君이었다. 목적 또한 화양 부인 때와 같았다. 한 사람의 일과 걱정거리를 다수의 일과 걱정거리로 바꾸고 확대시키는 것이었다. 여불위는 양천군을 찾아가 단도직입으로 말했다. 두 사람의 대화를 살펴보자.

여불위 양천군께서는 죽을죄를 지으셨는데 알고 계십니까?

양천군 (멍한 표정을 지으며) 내가 죽을죄를 지었다니 무슨 말인가?

여불위 양천군께서는 왕후의 동생으로 높은 자리에 넘치는 녹봉 그리고 구름같이 몰려 있는 미인들…. 원 없이 누리고 계십니다. 그런데 태자 안국군께서는 정말 암담한 신세라 차마 눈뜨고 볼 수 없을 지경입니다. 양천군께서는 대체 누구의 복을 누리고 계시며, 누구의 이익을 얻고 계시며, 누구의 권세에 의지하고 계시며, 누구의 돈을 쓰고 계시며, 누구의 권위로 뻐기고 다니십니까? 바로 지금 왕과 누이이신 왕후가 아닙니까? 모름지기 일이란 예측하면 성사되지만, 예측하지 못하면 쓸모없게 됩니다. 이는 아주 간단한 이치입니다. 지금 왕께서는 연로하십니다. 조만간 태자께서 왕이 되시면 양천군께서 지금처럼 하고 싶은 대로 하시도록 놔두시지 않을 겁니다, 절대! 하루 살기도 힘들 뿐만 아니라 자칫하면 목숨까지 걱정하셔야 할 겁니다.

양천군 (여불위의 말에 잔뜩 겁을 먹고는) 선생께서 제때 잘 이야기하셨소. 그럼 내가 어떻게 해야 하오?

여불위가 듣고 싶은 말이 바로 이것이었다. 여불위는 조나라에 인질로 가 있는 자초를 화양 부인이 양아들로 삼은 사실과 안국군의 심경을 전했다. 그리고 지금 자초가 제후국들 사이에서 어떤 명성을 얻고 있는지 조나라 사람들은 다 알고 있는데 정작 진나라는 모르고 있는 것 같다면서, 훗날을 위해 소양왕 앞에서 자초에 대한 칭찬과 그의 귀국을 요청하라고 일렀다. 그 일이 성사되면 나라도 없이 떠돌던 자초에게 나라가 생기고, 자식이 없던 안국군 부부에게 자식이 생기게 되니 모두가 양천군 당신에게 감사하게 될 것이며, 나아가 죽을 때까지 지금과 같은 복을 누리게 될 것이라고 못을 박았다.

여불위의 설득은 절묘했다. 어디 하나 흠잡을 곳 없이 치밀했다. 기득권에 안주하고 있던 양천군에게 가장 두려운 미래는 가진 것을 잃는 것이었다. 따라서 양천군에게는 선택의 여지가 없었다. 여불위는 이 점을 정확하게 간파했다. 장사꾼의 생명은 누구에게 물건을 팔아야 할지를 정확하게 아는 데 있다. 장사꾼 여불위의 탁월한 감각이 공략해야 할 상대를 정확하게 고른 것이다.

여불위는 훗날 '상업의 성인'이란 뜻의 '상성商聖'으로 추앙되었다. 사진은 '상성' 여불위의 상이다.

여불위의 협박성 설득에 넋이 나간 양천군은 누이인 태후에게 달려가 공작을 벌였고, 태후는 다시 소양왕에게 공작을 벌였다. 소양왕은 이번에도 별다른 반응을 보이지 않았지만, 전보다는 훨씬 더 태도가 부드러워져 조나라 사신이 오면 자초의 귀국을 요구하겠다고 했다. 하지만 일은 여전히 어렵고 번거롭기는 마찬가지였다.

여불위는 소양왕에 대한 로비는 그 정도로 되었다고 판단하고, 목표를 조나라 왕으로 돌렸다. 이를 위해 여불위는 조왕 측근의 실세들에 대한 로비 활동을 펼치기로 했다. 또 한 번 거금이 필요한 시점이었다. 그런데 이 순간 그간 여불위가 들인 공이 효과를 나타내기 시작했다. 여불위의 생각을 전해들은 안국군과 화양 부인은 물론 왕후까지 나서 여불위의 로비 자금을 마련해주었다. 자초의 일이 이미 다수의 공동 관심사가 되었기 때문이다. 이들은 이제 자초의 미래에 따라 자신들의 이해관계도 달라질 수밖에 없는 관계로 확실하게 엮였다. 여불위는 이렇듯 한 사람의 관심사를 공동의 관심사로 만들어 관계로 엮는 일에 있어서는 타의추종을 불허하는 고수였다.

자신의 여자까지도 투자하다

진나라와 조나라 조정에 대한 로비를 성공적으로 마친 여불위는 잠시 한가한 틈을 이용해 자신의 상품을 재점검했다. 자초를 보다 확실하게 장악하기 위한 방법을 고민하기 시작한 것이다.

상인으로서 여불위의 예민한 후각은 단 한시도 쉬지 않고 작동하고 있었다. 그래서 '장사꾼치고 간사한 장사꾼, 즉 간상奸商 아닌 자가 없다'는 말이 나온 것은 아닐까? 하지만 이 말에는 정치에서 말하는 간신과는 달리 진짜 장사꾼의 면모를 반영하는 뉘앙스를 풍긴다. 간사하지 않은 장사꾼이라는 말은 셈이 흐리거나 적시에 거래를 성사시키는 능력이 부족하다는 감을 주기 때문이다.

어쨌거나 여불위는 거상이었다. 자신이 세운 투자 전략과 전체 계획을 점검하면서 여불위는 이왕에 시작한 모험이라면 좀더 크게 해야겠다는 생각을 했다. 그래서 자기 상품의 함량을 높이고 이윤 획득을 위한 공간을 극대화하는 새로운 전략을 수립했다. 쉽게 말해 자초의 몸집을 더 불리되 여불위가 더욱더 쉽게 조종할 수 있게 만들자는 것이었다.

이를 위해 여불위는 놀랍게도 임신한 상태에 있는 애첩 조희趙姬를 자초에게 넘기는 기상천외한 모험을 감행했다. 물론 자초가 여불위의 첩에게 눈독을 들인 탓이 크긴 했지만, 자기 씨를 잉태한 첩을 다른 남자에게 넘긴다는 것은 누가 봐도 인륜은 물론 일반 상식과도 크게 어긋나는 행동이 아닐 수 없었다. 여불위는 천하를 놓고 도박을 한 것이다. 조희의 배 안에 든 아이까지 고려한 어마어마한 도박이었다. 조희를 자초에게 보낸 이 투자는 결과적으로 엄청난 대박을 냈지만 동시에 여불위의 마지막 발목을 잡기도 했다.

마음에 두고 있던 조희를 얻은 자초의 심정이 어떠했을지는 독자의 상상에 맡긴다. 여불위의 보살핌을 받으며 그나마 겨우 한 나라의 공자로 행세하기 시작한 자초가 아리따운 여자까지 얻었으니 여불위이야말로 정말이지 둘도 없는 은인이자 스승처럼 보였을 법하다. 자초는 여불위에게 모든 것을 다 줄 것처럼 감격해했다.

자초에게 간 조희는 한 달 뒤 자초에게 임신을 알렸고, 그로부터 1년 뒤 사내아이가 태어났다.* 이 사내아이가 누구던가? 바로 장차 진시황으로 불리게 될 그 아이, 영정嬴政이었다. 천하를 건 여불위의 도박 제2단계가 성공하는 순간이었다. 하지만 여불위 자신도 이 아이가 자신에게 얼마나 큰 이익을 가져다줄지는 전혀 예상하지 못했다. 이 아이가 어떤 인물이 되고 여불위의 인생에 어떤 의미를 가질지는 더더욱 알 수 없었다. 지금 상황에서 이 아이는 만약을 위해 들

* 생물학적으로 여불위의 아들이다.

어둔 보험과도 같은 존재일 뿐이었다. 어쨌거나 지금 급한 것은 자초를 진나라로 귀국시키는 일이었다. 그리고 이 모든 일은 안국군이 왕좌에 올라야만 가시권에 들어오는 것이었다.

이 단계까지 여불위가 보여준 치밀한 전략과 실행력은 정말 감탄을 금치 못하게 한다. 가장 돋보이는 부분은 자초 한 사람의 관심사와 문제를 다수의 공동 관심사로 확대 심화시키면서 이들을 공동의 이해관계로 엮는 수법이었다. 그리고 그 사이사이에 절묘하게 중개인을 개입시켜 자초의 상품 가치를 교묘하게 키우는 수단도 대단했다. 자초를 화양 부인과 연계시키기 위해 화양 부인의 언니를 개입시켰고, 소양왕에게 자초의 존재를 알리기 위해 태후의 남동생인 양천군을 개입시킨 것이 바로 그것이다. 여불위는 이들에게 자초의 미래에 따라 그들의 이해관계도 달라진다는 점을 확실하게 주입해 자발적으로 자초와 여불위를 돕도록 만들었다.

이런 물샐 틈 없는 관계엮기와 자초의 신변을 치장하는 데 성공했기 때문에 여불위는 천하를 건 도박을 감행할 수 있었던 것이다. 이런 점에서 여불위에게는 전국시대 유세가의 풍모가 함께 풍긴다.

과감한 결단으로 위기를 돌파하다

세월은 빠르게 흘렀다. 영정이 벌써 3세가 되었고, 천하를 건 여불위의 도박은 별다른 진전을 보지 못하고 있었다. 오히려 위기가 여기저기서 감지되었다. 진나라가 조나라에 대한 공세를 늦추지 않았기 때문에 자초의 신변이 더욱 불안해진 것이다. 자초가 죽는 날에는 모든 것이 다 허사다. 여기에 한껏 높아진 자초의 명성과 비중이 오히려 위험도를 높이고 있었다. 상품을 시장에 내보내기 전에 시장에 변화가 발생하고 있으니 여간 큰일이 아니었다. 어쩌면 여불위가 세운 전략 전체가 흔들릴 수 있는 위기상황이었다.

여기서 여불위는 또 한 번 모험을 결심했다. 거금을 들여 성을 지키는 조나라 장수를 매수해 조나라를 탈출하기로 한 것이다. 여불위는 장사를 위해 조나라에 왔는데 진나라가 조나라를 공격하는 통에 신변이 불안해서 장사를 할 수 없으니 고향으로 돌아가게 해달라며 거액의 뇌물을 준 다음, 자초를 자기를 수행하는 시종으로 분장시켜 조나라 수도 한단을 빠져나왔다. 뇌물을 먹은 장수는 별다른 의심없이 여불위와 자초를 보내주었다.

여불위는 진나라 국경에 들어서자 국경을 지키고 있던 진나라 장수 왕흘王齕의 군영으로 가서 몸을 맡겼다. 왕흘은 어제 군영에 합류한 소양왕에게 여불위와 자초를 안내했다. 마침내 자초가 고국의 품에 안기는 순간이었다. 자초의 느닷없는 출현에 소양왕은 다소 당황했지만 반갑게 자초를 맞이한 다음, 수레를 마련해 함양으로 보냈다.

자초가 마침내 귀국했다. 천하의 '기화' 자초의 등장으로 시장은 요동쳤다. 여불위는 먼저 자초에게 초나라 복장을 입혀 화양 부인을 만나게 했다. 초나라 출신인 화양 부인의 심기를 고려한 세심한 안배였다.* 고향의 복장을 하고 나타난 자초를 본 화양 부인은 격한 감정을 참지 못하고 "내 아들아!"를 외쳤다. 화양 부인이 자초를 아들이라고 부른 순간이 바로 '기화' 자초가 팔리는 순간이었고, 동시에 여불위의 투자가 엄청난 수익을 낸다는 신호이기도 했다. 하지만 그 수익은 앞으로 여불위가 회수할 총이윤의 첫 자리에 불과했다.

기원전 251년 가을, 연로한 소양왕이 세상을 떠나고 안국군이 뒤를 이었다. 이가 효문왕孝文王이다. 화양 부인은 왕후가 되었고, 자초는 태자로 책봉되었다. 상황이 이렇게 되자 조나라는 한단에 남아 있던 조희와 영정(진시황)을 돌려보냈다. 가족이 모두 함양에서 상봉했고, 자초는 평생에 가장 행복한 시간을 누렸다.

그런데 일이 어떻게 되려는지 효문왕이 소양왕의 상을 마치기도 전에 갑자기 세상을 뜨는 돌발상황이 터졌다. 이 사건에 대해서는 여불위가 독살했다는 등 역대로 말들이 많았지만, 결과적으로 여불위는 투자에 대한 수익을 앞당겨 회수할 수 있게 되었다. 자초가 즉위하니 바로 장양왕莊襄王이다. 이 기가 막힌 현실 앞에 자초는 자신의 눈을 의심할 수밖에 없었다. 타향에서 거지꼴이 되어 전전하던 자신이 불과 몇 년 만에 초강국 진나라의 국왕이 되다니!

여불위는 승상이 되어 문신후文信侯에 봉해졌다. 낙양 땅 10만 호가 봉지로 따라왔다. 일생 최대의 투자가 계산이 불가능할 정도로 엄청난 수익을 거두는 순간이었다. 이제 여불위의 사업은 더이상 따질

* '초나라 아들'이란 뜻의 자초란 이름도 실은 여불위가 바꿔준 이름이었다. 자초의 본래 이름은 이인異人이었다.

필요도 없고 따질 수도 없는 지경으로 커져버렸다. 여기에 장양왕 자초가 3년 만에 죽고 조희의 뱃속에 들어있던 여불위 자신의 씨인 영정이 13세의 나이로 왕이 된 것은 덤이었다.

투자의 성공은 전략적 안목이 결정한다

장사꾼이 상술을 운용해 정치경영에 나선 것 자체부터가 여불위가 보통 상인이 아니었음을 말해준다. 그리고 여불위는 천하를 상대로 도박을 감행해 대성공을 거두는 전무후무한 사례를 남겼다. 이 과정에서 그는 천부적인 상인의 감각을 비롯해 안목, 수단 그리고 지혜를 종합적으로 보여주었다.

그는 투자의 대상을 고를 줄 알았고, 투자 시기도 정확하게 예측했다. 변수가 발생하면 문제의 핵심이 어디에 있는지를 고려해 제2, 제3의 투자 대상도 정확하게 골랐다. 만약을 위한 대비책에도 소홀하지 않았으며, 위기가 닥치면 과감하게 돌파했다. 그리고 이 모든 것이 철저한 준비의 결과였고, 그 준비의 원천은 여불위의 남다른 안목이었음은 말할 것도 없다. 위기는 준비된 사람에게는 기회로 전환되어 성공을 앞당기는 원동력으로 작용하며, 행운도 준비된 사람만이 감지할 수 있다. 천하를 건 여불위의 전략은 안목과 준비에서 판가름이 난 것이다.

여불위의 투자는 초강국의 승상이란 벼슬과 문신후라는 작위, 낙양 10만 호라는 어마어마한 이윤을 남겼다. 그리고 진시황이 성인이 될 때까지 여불위는 자기 휘하에 기라성 같은 인재들 3천 명을 거느리며 약 10년 동안 천하를 자신의 손으로 주물렀다. 이것은 사실 덤이었다. 하지만 그 덤이란 것이 다른 것이 아닌 천하경영이었고, 여불위는 진시황이 성인이 될 때까지 천하를 잘 경영하는 수완을 보여주었다.

어쩌면 여불위는 여기까지 예측하고 자초에게 투자했는지 모른다. 그는 또 자신의 안목과 경영술이 어디까지 적용가능한지 스스로를 시험해보고 싶었는지 모른다. 누군가를 왕으로 세우면 얼마나 이익이 남겠냐고 아버지에게 물었을 때부터 그는 이토록 큰 그림을 미리 그리고 있었던 것은 아닐까. 요컨대 여불위의 뛰어난 전략적 안목이 천하경영이라는 큰 그림을 가능케 했다는 말이다. 이런 점에서 여불위의 투자와 성공 사례는 오늘날 경제경영에 그 나름 영감을 선사할 수 있지 않을까.

의외의 변수까지 생각해야 뛰어난 경영자다

지금까지의 분석에서 보았다시피 여불위의 투자는 어마어마한 성공이었다. 그러나 여불위의 최후는 그 투자의 성공에 비하면 비참했다. 진왕(진시황)이 22세 때 직접 정치에 간여하면서 여불위는 2선으로 밀려났고, 진왕 나이 25세 때 촉으로 유배가던 중 진왕의 편지를 받고는 독약을 먹고 자결했다. 그때가 기원전 235년이었다.

여불위는 왜 자살했는가? 여불위의 몰락은 무엇 때문이었나? 그 원인을 따지고 올라가면 뜻밖에 한 여인이 등장한다. 바로 진시황의 생모이자 여불위의 첩이었던 조희가 그 주인공이다. 진시황이 왕으로 즉위한 것은 13세 때였다. 아버지 자초가 즉위한 지 불과 3년 만에 죽었기 때문이었다. 이로써 천하 권력은 여불위에게로 넘어갔다. 그리고 당시 궁중의 어른은 젊은 과부 진시황의 생모인 조 태후였다.

젊은 궁중 어른이자 과부 조 태후는 욕정을 참지 못해 과거 자신의 주인이었던 승상 여불위를 침실로 끌어들여 부적절한 관계를 가졌다. 정치적 부담을 느낀 여불위는 조 태후의 욕정을 채워주기 위해

낙양 동쪽 20km 지점의 하남성 언사시에 남아 있는 여불위의 무덤은 거상의 무덤답지 않게 간소하다. 이는 장례에 있어서 소박한 장례를 주장한 그의 사상과 관련이 있을 것이다.

정력 넘치는 노애嫪毐라는 자를 태후에게 보냈다. 태후와 노애는 눈이 맞아 아들을 2명이나 낳았다. 진시황이 성인식을 치르고 정치를 돌보기 시작하자 태후와 노애는 자신들의 아들을 왕으로 세우기 위해 반란을 일으켰다. 진시황은 이들의 반란을 신속하고 잔인하게 진압했다. 이때까지만 해도 여불위의 권력은 여전했다.

그러나 점차 권력을 회수하기 시작한 진시황은 노애의 반란에 빌미를 제공한 여불위를 그냥 두지 않았고, 결국 촉으로의 유배를 명령했다. 도중에 진시황은 여불위에게 당신이 진나라에 무슨 공을 세웠길래 그 많은 권력과 부를 누리고 있으며, 또 당신이 진나라 왕실과 무슨 혈연관계이길래 내가 당신을 큰아버지라 불러야 하냐며 여불위의 존재 자체를 부정하는 편지를 보냈다. 여불위는 더이상 살아날 가망이 없다고 판단하고 독약을 마셨던 것이다.

여불위의 전략은 누가 뭐라 해도 치밀하기 짝이 없었다. 그러나 그 많은 변수를 일일이 다 점검하고 고려했지만 정작 자초에게 투자하기 위해 주었던 자신의 첩 조희가 변수로 작용하리라고는 전혀 예상치 못했던 것 같다. 의외의 변수이자 복선이 다름 아닌 조희였던 것이다. 여불위의 투자와 전략의 결과가 남기는 묘한 여운이다. 안목이 뛰어난 경영자라면 이런 의외의 변수까지 염두에 두어야 할까? 이래저래 여불위의 사례는 많은 것을 생각하게 만든다.

민심과 세태를 읽는 것만큼 중요한 전략도 없다

백성들을 힘들게 하는 리더는 백성들로부터 벌을 받는 세상이다. 경영도 마찬가지다. 인심과 세태를 읽지 못하면 살아남을 수 없다. 민심과 세태를 제대로 파악하는 것이야말로 전략 중의 전략이다.

전략은 상대를 겨냥한 것이다. 상대란 경쟁상대일 수도 있고, 불특정 다수의 사람들일 수도 있다. 경쟁자를 상대하기 위한 전략은 이론이 있고 분석이 가능하다. 하지만 불특정 다수를 대상으로 한 전략은 추상적이고 때로는 막연하다. 특히 정치에서 다수의 백성을 염두에 둔 전략, 즉 통치전략은 민심과 세태를 얼마나 읽어내느냐가 관건이다.

중국 역사에 있어서 최초의 통치방략서이자 병법서의 원조로 꼽히는 『육도六韜』의 원작자로 알려진 강태공姜太公은 통치전략에서 민심과 세태가 얼마나 중요한가를 가장 먼저 인식한 전략가였다. 이에 강태공의 정치 생애와 그 과정에서 그가 보여준 통치전략을 살펴볼까 한다.

나를 낚아줄 사람을 기다린다

강태공 하면 흔히들 할 일 없이 한가하게 낚시나 하는 한량을 가리키는 말의 대명사처럼 사용한다. 또 이 단어에는 부러움과 비꼬는 투가 적당히 섞여 있는 것 같다. 그러나 정작 진짜 '강태공'은 풍류나 한량과는 거리가 먼 인물이다. 강태공은 중국 역사에서 기원전 12세기 무렵 주周 왕조라는 나라를 세우는 데 절대적인 역할을 했던 지략가이자 걸출한 정치가이자 군사 전문가였다.

강태공은 여러 개의 이름으로 불린다. 선조가 여呂라는 지역에 봉해졌기 때문에 여상呂尙이라고 불리며, 강상姜尙이라는 이름도 보인다('상'은 존칭이다). 또 강자아姜子牙란 기록도 남아 있다. 그런데 강태공을 가리키는 여러 이름 중에서 흥미로운 유래를 가진 이름이라면 역시 '태공망太公望'이다. 강태공이란 이름 역시 태공망의 태공과 강을 합성한 이름이다.

태공은 주 문왕文王의 할아버지인 고공단보古公亶父를 말하는데, 일찍이 고공단보는 성인이 우리를 찾아오는 날이면 우리 주나라가 크게 흥성할 것이라며 강자아 같은 현인을 기다렸다고 한다. 그래서 강자아를 '태공 고공단보가 바라던' 현인이란 뜻의 '태공망'이라 부르게 되었다.

사마천은 『사기』 권32 「제태공세가」에서 강태공의 행적을 비교적 상세히 소개한다. 전설에 따르면 강태공은 칠순이 넘은(기록마다 약간씩 차이가 난다) 고령으로 위수渭水 가에서 바늘 없는 낚싯대를 드리운 채 자신을 낚아줄 주군을 기다려 마침내 주 문왕을 만나 최고 군사 참모가 된 인물이다. 이후 강태공은 문왕의 아들 무왕武王을 도와 포악한 정치를 일삼던 상商나라의 주紂 임금을 몰아내고 주 왕조를 수립했다.

강태공은 이 공을 인정받아 지금의 산동성 동부에 해당하는 제齊를 봉지로 받아 제후국의 1대 제후가 되었다.* 제나라는 춘추시대에 들어서 관중管仲과 포숙鮑叔이라는 걸출한 정치가의 보좌를 받은 환공이 첫 패주로 등장하는 등 기원전 11세기 건국해 기원전 3세기 멸망할 때까지 800년 이상 크고 작은 부침은 있었지만 오랫동안 강국으로 군림했다. 여기에는 강태공의 초기 통치 방략이 큰 작용을 했는데, 이와 관련해 강태공에게 적지 않은 자극을 준 여관 주인과의 흥미로우면서 의미심장한 일화가 『사기』 권32 「제태공세가」에 전한다.

기회란 얻기는 어려워도 잃기는 쉽다

개국의 공을 인정받아 제 지역의 땅을 봉지로 받은 강태공은 봉지로 부임하기 위해 길을 떠났다. 그런데 부임지로 가는 강태공의 여정이 느릿느릿 마냥 거북이 걸음이었다. 큰일을 완수했다는 안도감 때문인지, 아니면 제후가 되었다는 자만심 때문인지는 몰라도 강태공은

* 강태공은 동시에 강씨의 시조가 되었다.

서두를 것 없다는 듯 들르는 고을마다 묵었다. 그런데 한 지방의 여관에서 묵고 있을 때 여관 주인이 강태공의 행차를 보고는 이렇게 비꼬는 것이 아닌가?

> 기회란 얻기는 어려워도 잃기는 쉽다(시난득이이실時難得而易失)고 들었습니다. 손님의 주무시는 모습을 보니 마냥 편안한 것이 봉국으로 부임하는 사람이 맞나 싶습니다 그려!

이 말에 깜짝 놀란 강태공은 그 밤으로 입고 있던 옷 그대로 길을 재촉해 새벽 무렵 봉지에 도착했다. 봉국에 도착한 강태공은 그 지역의 풍속에 따라 의례를 간소하게 하는 등 정치를 가다듬었다. 또 상공업을 장려하고 어업 생산을 높이기 위해 많은 편의를 제공했다. 제나라가 농업 중심에서 벗어나 상공업은 물론 어업까지 모든 산업 분야에 걸쳐 고른 발전을 추구하는 전통은 이렇게 해서 마련되었다.

보잘 것 없는 여관 주인의 따끔한 충고에 정신이 번쩍 든 강태공은 바로 정신 자세를 가다듬어 초심으로 돌아갔다. 보통 사람이 되었건, 최고 리더가 되었건 한 인간으로서 불가항력의 본질적 약점을 피할 수는 없다. 힘들 때 쉬고 싶고 일을 성사시키고 나면 마음이 풀리는 것은 인지상정이다. 그러나 리더에게는 한순간 풀렸던 마음과 자세를 바로 다시 다잡는 탄력성이 필수적이다. 그에게 기대고 있는 많은 사람이 있기 때문이다. 이를 굳이 표현하자면 '탄력성의 리더십'이라 할 수도 있겠다.

간소하고 쉬운 강태공의 통치전략

강태공의 통치전략은 간소하고 쉬운 것으로 정평이 나있다. 주나라 초기 강태공이 제 지역을 봉지로 받을 당시 강태공과 함께 주나라 건국에 절대적인 역할을 한 주공周公(무왕의 동생)은 노魯 땅을 봉지로 받아 노나라의 제후가 되었다. 그러나 주공은 중앙 왕실의 중요한 업무를 맡다보니 자신이 직접 봉지로 가지 못하고 아들 백금伯禽을 대신 보냈다.

백금은 봉지로 간 뒤 3년이 지나서야 주공에게 그간에 노나라를 다스린 상황을 보고하러 중앙으로 올라왔다. 주공이 이렇게 늦은 이유를 묻자 백금은 "그곳의 풍속과 예의를 바꾸고, 3년 상을 치르느라 늦었습니다"라고 답했다.

반면 제나라로 간 강태공은 이보다 앞서 불과 다섯 달 만에 돌아와 보고를 올렸다. 주공은 왜 이렇게 빨리 왔냐고 물었다. 이에 강태공은 "소신은 그저 군신의 예의를 간소화하고 그곳의 풍속과 일처리 방식을 따랐을 뿐입니다"라고 대답했다. 이에 주공은 "어허! 훗날 노나라가 제나라를 섬기게 되겠구나. 무릇 정치란 간소하고 쉽지 않으면 백성들이 가까이하지 않는다. 정치가 쉽고 백성에게 친근하면 백성들이 절로 모여드는 법이다"며 한숨을 내쉬었다.

주공은 강태공과 아들 백금의 통치 방식의 차이로부터 두 나라의 미래를 예견한 것이다. 주공은 간소하고 쉬워 백성들이 가까이 할 수 있는 정치야말로 백성의 마음을 얻는 지름길이라는 점을 정확하게

강태공은 통치전략의 핵심으로 민심을 지목했다. 그는 훗날 '모략(전략)의 성인'이란 뜻의 '모성謀聖'이란 별칭으로 추앙받았다. 이 그림은 강태공의 초상화다.

인식하고 있었다. 여기서 '평이근인平易近人'이란 유명한 고사가 탄생했다. '쉽고 백성에게 친근한' 정치를 가리킨다. 말하자면 주공은 강태공의 정치를 이 네 글자를 써서 간명하게 평가한 것인데 극찬에 가깝다고 할 것이다.

강태공은 앞서 언급했다시피 중국 역사상 최초의 병법서이자 통치 방략서로 꼽히는 『육도』를 저술한 것으로도 유명하다. 이 책에는 군사 방면의 책략뿐만 아니라 정치의 요체나 리더의 자질 등에 관한 논의도 적지 않아 21세기인 지금 보아도 새로운 대목들이 적지 않다는 평가다.

강태공은 『육도』를 통해 인심의 향배가 통치의 성패와 전쟁의 승부를 결정하는 요소로 보았다. 국가로 보자면 국론의 통일과 국력 발전의 기초가 인심의 향배인 셈이다. 그런데 강태공은 백성들의 인심을 좌우하는 결정적 요인으로 이해득실이라는 물질적 기초를 제시하고 있다. 추상적인 인의도덕이 아닌 백성들의 물질적 생활이 얼마나 넉넉하냐를 거론한 것이다. 무려 3천 년 전에 이 같은 현대적인 인식을 보였다는 것이 놀라울 따름이다. 이제 『육도』에 나오는 강태공의 통치 방략과 리더십에 관한 논의와 주장 몇 대목을 들어보자.

천하를 얻으려는 것은 마치 들짐승을 쫓는 것과 같아 천하가 모두 고기를 나눌 마음을 가지는 것이며, 또 배를 타고 물을 건너는 것과 같아 물을 건너고 나면 모두 그 이익을 고루 나누고 패하면 모두 피해를 입는 것이다.

백성들과 더불어 같이 아파하고, 같은 마음으로 일을 이루고, 좋지 않은 일은 서로 돕고, 좋아하는 일에 서로 모이면 군대가 없어도 이기고, 무기가 없어도 공격하고, 참호가 없어도 지킬 수 있다.

천하는 한 사람의 천하가 아니라 천하의 천하다. 천하의 이익을 함께 나누는 자는 천하를 얻고, 천하의 이익을 혼자 차지하려는 자는 천하를 잃는다.

특히 세 번째 구절의 '천하비일인지천하天下非一人之天下, 내천하지천하乃天下之天下'는 역대로 수많은 사람이 인용해오는 명구 중의 명구다. 요컨대 정치·군사를 비롯한 모든 방면에서 강태공이 제시하고 있는 큰 전략은 모두 '민심'에 바탕을 두고 있다고 하겠다.

백성을 힘들게 하는 리더는 벌을 받아야 한다

『여씨춘추』에 따르면 강태공은 "한 시대를 다스리고자 했으나 주인을 못 만나고 있다가 문왕이 어질다는 소리를 듣고는 일부러 위수에 낚싯줄을 드리워놓고 기다렸다"고 한다. 강태공이 살던 시대는 상나라 마지막 임금의 잔인한 통치로 백성들이 고통받던 시대였다. 상나라의 마지막 왕인 주紂는 포락炮烙*으로 대변되는 온갖 혹형으로 바른 말 하는 신하들과 자신에 반대하는 사람들을 죽이거나 내쳤고, 세상에서 자기만이 최고라고 여기는 과대망상증의 통치자였다. 이에 대해 강태공은 그 당시를 다음과 같이 진단했다.

> 지금 상나라 왕은 자신이 살아남을 것만 알았지 망할 것은 생각하지도 않는다. 쾌락만 알았지 재앙은 모르고 있다.

이런 통치자에 대해 강태공은 가망이 없다고 보고 바로 자리를 버리고 떠나 자신을 알아줄 사람을 기다렸다고 한다. 그리해 문왕을 만난 강태공은 천하의 형세와 대세의 흐름을 설파해 민심이 주나라로 기울었음을 확인시켰다. 이어 문왕의 아들 무왕 때는 주위 제후국들을 끌어 모아 마침내 상을 토벌하고 새로운 주 왕국을 건설했던 것이다. 이때 강태공은 천하를 향해 분명하게 외쳤다.

> 백성을 힘들게 하는 통치자는 누가 되었건 벌을 받아야 한다!

사마천은 『사기』 곳곳에서 못난 정치와 그것이 초래하는 수많은 폐단을 날카롭게 지적하고 있는데, 그는 정치 중에서 '가장 못난 정

* 포락이란 불로 달구어진 쇠기둥 위를 맨발로 걷게 하는 형벌로, 뜨거움을 견디지 못하고 쇠기둥 밑 활활 타오르는 불구덩이로 떨어져 타죽는다.

치란 백성과 다투는 정치'라는 천하의 명언을 남겼다. 강태공의 일갈 역시 사마천과 같은 의미일 것이다.

못난 정치와 못난 정치가들이 넘쳐나는 현실이다. 경영에서도 비슷한 현상이 적지 않다. 이 뿐만 아니라 우리 사회 각계각층에서 못나고 못된 리더들이 백성들을 힘들게 하고 있다. 모두들 자기만 잘났다고 설친다. 가질 것 다 가지고 있으면서 정작 가지고 있어야 하고 알아야 할 부끄러움은 전혀 모른다. 사마천은 '먹고 입는 것이 넉넉하면 명예와 부끄러움을 안다'고 설파했는데, 지금 우리 지도층의 모습은 이마저 상실한 것 같아 안타깝기 짝이 없다.

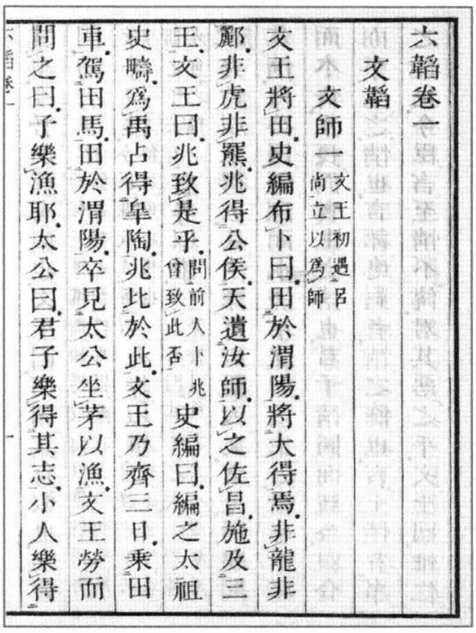
六韜卷一
文韜
文師一 文王初遇呂尚立以爲師
文王將田史編布卜曰田於渭陽將大得焉非龍非
彲非虎非羆兆得公侯天遺汝師以之佐昌施及三
王文王曰兆致是乎 問前人卜兆曾致此否 史編曰編之太祖
史疇爲禹占得皐陶兆比於此文王乃齋三日乘田
車駕田馬田於渭陽卒見太公坐茅以漁文王勞而
問之曰子樂漁耶太公曰君子樂得其志小人樂得

리더의 필수 요건 중에서 가장 중요한 것은 상황 판단력과 자신의 행태를 되돌아 볼 줄 아는 자성自省의 자세이며, 이 역시 큰 차원의 전략이다. 강태공은 이 둘을 겸비했던 보기 드문 리더였다. 최초의 병법서이자 강태공의 저서로 전하는 『육도』 판본이다.

백성들을 힘들게 하는 리더는 백성들로부터 벌을 받는 세상이라는 사실을 모든 리더들이 명심해야 할 때다. 경영도 마찬가지다. 인심과 세태를 읽지 못하면 살아남을 수 없기 때문이다. 민심과 세태를 제대로 파악하는 것이야말로 전략 중의 전략이다. 하잘 것 없는 여관집 주인의 따끔한 충고에 얼른 마음을 가다듬은 강태공의 자성과 탄력의 리더십이 우리 현실과 겹치면서 묘한 여운을 남긴다.

대세를 돌이킬 수 없을 때는 쇠퇴기의 전략이 필요하다

쇠퇴 내지 쇠락에 접어든 조직을 리더는 어떻게 이끌 것인가? 춘추시대 후기 동방의 강국 제나라를 이끌었던 명재상 안영晏嬰의 행적을 통해 '쇠퇴기의 전략'에 대해 살펴보자.

동양의 전통적 정치사상에 순환론循環論이란 것이 있는데, 흥망성쇠가 돌고 돈다는 주장이다. 그 주기週期에 대해서는 많은 논의가 있지만 대체로 200~250년을 한 주기로 본다. 물론 이 사상에는 천명天命이라고 하는 미신적 요소가 존재한다. 그런데 한 인간의 삶을 전체적으로 회고해보면 그 나름 흥망성쇠의 흔적을 어렵지 않게 발견할 수 있다. 그렇다면 인간활동의 총화總和라는 역사에도 주기의 차이는 있겠지만 분명 흥망성쇠의 고리가 존재할 것이다. 수천 년에 걸친 왕조체제에는 이 고리의 흔적이 더욱 뚜렷하다. 동양에서는 이런 흔적이 뚜렷할 때는 무엇으로도 막을 수 없다며 이를 '대세大勢'라 불렀다.

조직이나 나라에 나타나는 흥망성쇠의 조짐은 여러 방면에서 나타난다. 이 때문에 선지자들은 그 조짐에서 번영과 위기를 예견했다. 상나라 말기의 현자인 기자는 주 임금이 식사 때 저 먼 남방에서 수입해온 상아 젓가락을 아무렇지 않게 사용하는 것을 보고는 상나라라 곧 망할 것이라고 예견했다.*

번영과 쇠락의 조짐이 보일 때 리더는 무엇을 어떻게 해야 할까? 특히 쇠퇴 조짐에 대해서는 어떻게 대처하는 것이 현명할까? 리더의 힘으로는 도저히 막을 수 없는 쇠퇴의 조짐과 기세에 정면으로 맞서는 것이 옳은가? 아니면 뒤로 물러나 조직이 완전히 쇠망하지 않게 보전하는 것이 맞을까?

쇠퇴 내지 쇠락에 접어든 조직을 리더는 어떻게 이끌 것인가? 어떤 전략으로 대응해야 할까? 이제 이런 문제점들을 춘추시대 후기 동방의 강국 제나라를 이끌었던 명재상 안영晏嬰의 행적을 통해 생각해볼까 한다. 대세를 돌이킬 수 없을 때 필요한 경영전략, 즉 '쇠퇴기의 전략'이라고 할 수 있겠다.

중국 역사상 가장 현명한 재상인 안영

49세의 나이로 치욕스럽기 그지없는 궁형을 자청한 후 50세 때 감옥에서 풀려난 사마천은 친구 임안任安이 보낸 편지에 답장을 하면서

* 여기서 '미미한 것을 보고 드러날 것을 안다'는 뜻의 '견미지저見微知著'라는 고사성어가 나왔다. 현자의 미래 예견력 또는 역사의 미래 예견 기능을 비유하고 있다.

자신의 착잡한 심경을 솔직하게 토로한 바 있다. 다음은 그 편지의 한 대목이다.*

> 사람은 누구나 어차피 한 번은 죽습니다(인고유일사人固有一死). 하지만 어떤 죽음은 태산보다 무겁고(혹중우태산或重于泰山), 어떤 죽음은 새털만큼이나 가볍습니다(혹경우홍모或輕于鴻毛). 죽음을 사용하는 방향이 다르기 때문입니다(용지소추이야用之所趨異也). 사람으로서 최상은 조상을 욕되게 하지 않는 것이며, 그 다음은 자기 몸을 욕되게 하지 않는 것이며, 그 다음은 자신의 도리와 체면을 욕되게 하지 않는 것이며, 그 다음이 자신의 언행을 욕되게 하지 않는 것입니다.

사마천은 자신이 처한 상황에 비추어 자신의 삶을 얼마나 의미있게 마무리하느냐에 따라 스스로에 대한 평가는 물론 후대의 평가도 달라질 수밖에 없다고 보았다. 아무리 고고한 인품과 깊은 안목을 갖고 있더라도 시대적 상황과 한계가 그것을 뒷받침하지 못하면 그 자질과 능력의 반도 발휘할 수 없을 뿐더러, 때로는 실망과 좌절을 이기지 못하고 씁쓸하게 퇴장하거나 비참한 죽음으로 끝을 맺는다. 그래서 한 인간의 삶에 있어서 어떤 시대를 타고 나느냐가 한 인간의 자질이나 능력 못지않게 중요한 요인이 된다.

하지만 시대가 돕지 않는다 해서 포기하거나 좌절하는 것 또한 바른 삶은 아니다. 대세를 인정하고 가능한 부정적인 상황이 발생하지 않도록, 또는 예상되는 피해를 최선을 다해 피하거나 줄일 수 있도록

* 이 편지가 수천 년 중국 역사상 최고 명문의 하나로 꼽히는 〈보임안서報任安書〉다.

노력하는 자세가 훨씬 가치 있기 때문이다.

말하자면 '성세盛世의 처세'와 '난세亂世의 처세'가 다를 수밖에 없으며, 어떤 면에서는 난세에 발휘되는 처세가 더욱 값질 수 있다는 것이다. 리더도 마찬가지로 '성세의 리더십'과 '난세의 리더십'을 달리할 수 있어야 한다. 어려울 때 그 난관과 위기를 어떻게 극복했는가, 쇠락의 대세에 어떻게 대처했는가…, 이런 것들이 난세의 리더십을 구성하는 요소가 된다. 역사는 왕왕 이를 통해 놀라운 기적을 보여주기도 한다.

여기 쇠퇴기에 접어든 나라를 어떻게 경영해야 하는지를 잘 보여준 정치가가 있다. 사마천은 이 사람을 두고 다음과 같이 논평했다.

> 그가 장공의 시체에 엎드려 곡을 하는 것으로 예를 마친 뒤 그대로 떠난 것을 두고 '의롭게 행동하지 않은 비겁한' 짓이라고 할 수 있을까? 그는 임금에게 충고할 때는 임금의 얼굴빛에는 조금도 개의치 않았다. 이것이 이른바 '조정에서는 충성을 다할 생각을 하고 물러나서는 잘못을 보충할 생각을 한다'는 것이다. 그가 지금 살아 있다면 그를 위해 마부가 되어 채찍을 드는 일이라도 마다하지 않을 정도로 나는 그를 흠모한다.
>
> — 권62 「관안열전」

사마천은 '그를 위해서라면 마부가 되어 채찍 드는 일도 마다하지 않겠다'고 했다. 이 사람은 기원전 6세기 춘추시대 제나라를 이끌었던 안영(?~기원전 500년)이란 정치가였다. 그는 쇠퇴기에 접어든 제나라의 정국을 약 반세기 가까이 이끌면서 나라가 어려울 때 지도자가 어떤 모범을 보여야 되는지를 행동으로 보여주었다. 특히 임금이 신하에게 시해당하는 등 극심한 혼란 속에서도 세 임금을 모시면서 확고한 원칙과 고결한 인품으로 모두의 존경을 받았다. 이 때문에 안영은 기원전 7세기 제나라를 부국강병으로 이끌어 춘추시대 최초의 패자로 만들었던 관중管仲과 함께 제나라 역사상 양대 재상으로 꼽힌다. 또 세 임금을 모시며 재상을 지냈기 때문에 '삼상공(또는 삼대재상)'이란 별명으로도 불리면서 중국 역사상 가장 현명하고 지혜로운 재상의 대명사로 평가받고 있다.

백성을 아끼는 정치전략

안영은 지금의 산동성 고밀高密에 해당하는 이유夷維 출신으로 상대부를 지낸 안약晏弱의 아들이었다. 말하자면 명문가의 자손이었다. 기원전 556년 아버지가 죽자 아버지 뒤를 이어 상대부가 되었다. 영공靈公을 시작으로 장공莊公과 경공景公에 이르기까지 3대의 국군을 보필하며 제나라의 정국을 실질적으로 이끌었다. 장공 때는 권신 최저崔杼가 장공을 살해하고 쿠데타를 일으켜 안영도 목숨을 잃을 뻔했으나 조정과 백성들 사이에 명망이 높은 그를 죽이는 데 따른 여론의 부담을 느낀 최저의 만류로 위기를 넘겼다. 그 후 경공을 40년 넘게 보좌해 제나라 국정을 안정적으로 이끌었다.

제나라는 기원전 6세기 들어와 쇠퇴의 징후가 뚜렷해지면서 전田씨 집안을 비롯한 권문세가들의 발호가 갈수록 심해져 국정이 난맥상에 빠졌다. 이런 시대를 배경으로 정계에 입문한 안영은 근검절약과 청렴결백으로 대변되는 철저한 자기수양과 원칙과 지혜, 균형 잡힌 정치적 감각으로 자칫 큰 혼란에 빠지기 쉬운 제나라 조정을 반세기 가까이 안정적으로 이끌었다. 특히 내정과 관련해서는 백성들에게 가능한 부담을 주지 않는 정치를 추구해 큰 호응을 얻었다. 안영이 조정에 들어오기 전 동아東阿라는 지역을 다스릴 때 있었던 다음 일화는 정치가 안영의 면모와 식견을 가장 잘 보여준다.

춘추시대 제나라의 재상 안영은 쇠퇴기에 필요한 리더십 사례를 잘 보여주고 있다. 사진은 제나라 수도 임치臨淄(지금의 산동성 치박시 임치구)에 조성되어 있는 제나라 박물관 입구의 안영 상이다.

동아로 부임한 안영은 3년 동안 민정을 잘 헤아려 백성들에게 필요한 일들을 중심으로 정말 의욕적으로 일했다. 동아 지역은 빠르게 안정을 찾았고, 경제가 발전하면서 백성들의 생활이 크게 부유해졌다. 3년이 지난 어느 날, 경공이 안영을 조정으로 불러들였다. 누구나 안영이 경공으로부터 큰 상을 받을 것이라 예상했다. 그러나 예상과는 달리 경공은 "내가 그대의 재능을 믿고 동아를 다스리게 했는데 정말 실망했소이다!"라며 안영을 크게 나무랐다. 안영은 경공의 어이없는 문책에 아무런 변명도 하지 않고 동아를 3년만 더 다스리게 해달라고 간청했다. 그때 가서도 같은 결과가 나오면 목숨을 내놓겠다고 했다. 안영의 단호한 요청에 경공은 한 번 더 기회를 주었다.

그로부터 3년 동안 안영은 지난번과는 정반대로 일을 했다. 기득권층과 특권층만 보호하고, 백성들에게 가혹한 세금을 물렸다. 백성들이 조금만 잘못해도 엄한 벌을 내렸다. 다시 안영을 만난 경공은 "동아를 그렇게 잘 다스리다니, 역시 내가 사람을 잘 보았소!"라며 침이 마르도록 안영을 칭찬했다. 그러면서 큰 상을 내렸다. 이에 안영은 상을 거절하면서 관직을 그만두겠다고 했다. 깜짝 놀란 경공은 안영에게 자초지종을 물었다.

안영은 임금의 눈과 귀가 측근 간신배들에 의해 차단당해 있기 때문에 아무리 노력해도 결과는 늘 마찬가지일 것이라고 직언했다. 즉 처음 3년은 정말 조정의 권신들 눈치 보지 않고 정직하게 백성들을 위해 전심전력했음에도 불구하고 욕을 먹었고, 다음 3년은 조정의 권신들에게 뇌물이나 바치고 맡은 바 일은 거의 내팽개쳤음에도 칭찬을 받았으니, 정말이지 임금에게 제대로 된 눈과 귀가 있는 것인지 의심하지 않을 수 없다는 것이었다. 자신의 잘못을 깨달은 경공은 안영을 더욱 신임하게 되었고, 더 큰 직권을 그에게 완전 위임했다.

안영은 당시 제나라 조정의 문제점이 무엇인지 잘 알고 있었다. 하지만 그 문제를 해결하기 위해 정면돌파는 불가능하다는 것도 잘 알았다. 그래서 두 가지 상반된 현상과 결과를 놓고 경공 스스로가 비교해 충분히 받아들이도록 충고한 것이다. 그러면서 안영은 경공에게 이렇게 말했다.

나라에 이로움을 주는 자는 아끼고, 해로움을 주는 자는 미워하면 천하가 다스려지고 백성이 화기애애 모여들 것입니다.

안영은 백성을 다스리는 것은 군주와 그 신하들이지만 이들을 먹여 살리는 것은 백성이라는 이치를 너무나 잘 알았다. 맹자가 통치자는 백성들을 먹여 살리고, 백성들은 통치자를 먹여 살린다고 한 것과 같은 맥락이다. 안영은 백성들에 대한 통치자의 자세에 대해 다음과 같이 말한다.

과거 훌륭한 임금들은 자신의 배부름을 통해 백성들의 배고픔을 알았고, 자신의 따듯함을 통해 백성들의 추위를 알았으며, 자신의 편안함을 통해 백성들의 수고로움을 알았습니다.

—『안자춘추』

백성들을 아끼는 안영의 마음은 다음 일화가 잘 보여준다. 한번은 경공이 안영에게 나라를 안정시키는 법을 물었다. 안영은 바로 대답하지 않았다. 대신 경공에게 권유해 함께 미복을 하고는 백성들이 사는 모습을 살폈다. 신발 가게를 구경하게 된 경공은 의족을 사는 사람은 많은데 신발을 사는 사람은 아주 드문 것을 보고는 영문을 몰라 가게 주인에게 물었다. 그러자 신발 가게 주인은 우리 임금이 툭 하면 백성들의 발을 자르는 형벌을 가하니 의족이 많이 필요할 수밖에 없다고 대답했다.

길거리에는 다 허물어진 집들과 누렇게 뜬 얼굴의 백성들이 구걸을 하면서 다녔다. 경공의 표정이 어둡게 변했다. 안영은 이때를 놓치지 않고 "백성을 아끼는 덕보다 큰 덕은 없으며, 백성을 즐겁게 하는 행동보다 좋은 행동은 없습니다"라고 충고했다.

조직과 나라가 쇠퇴기에 접어들면 이를 만회하기 위해 강경한 정책을 쓰기 쉽다. 즉 상보다는 벌이 많아진다. 세금도 많이 물린다. 기업의 경우는 임금을 깎거나 직원을 내보내는 일이 잦아진다. 안영은 그럴 때일수록 백성들을 더 아껴야 한다고 보았다. 그래야 백성의 불만을 덜 사고 생산활동을 장려할 수 있기 때문이었다.

어려울 때는 조직원의 적극성이 위기탈출의 돌파구를 만들 수 있다. 그러려면 조직원을 더 적극적으로 보호해야 한다. 안영은 쇠락기의 제나라 정치를 맡으면서 백성들을 아끼는 큰 전략으로 나라와 백성을 이끌었다.

치욕을 모면하는 외교전략

안영은 제나라 재상으로서 국정 전반을 이끈 현명한 정치가인 동시에 탁월한 외교가이기도 했다. 강대국에 여러 차례 사절로 파견되어 제나라의 국권을 당당하게 지켜낸 사례들이 적지 않게 전해질 정도로 외교가로서의 자질과 면모는 대단했다. 특히 5척 단신의 작은 키와 못생긴 외모 때문에 적지 않은 멸시를 당했지만 조금도 꿀리지 않고 상대를 따끔하게 혼내준 일화는 통쾌하기까지 하다.

당시 제나라는 남쪽으로 오·초와 국경을 접하고 있었고, 초나라는 장강 이남의 초강국으로 늘 중원을 위협하는 존재였다. 제나라에 대한 견제와 공격도 여간 아니었다. 이 때문에 제나라는 초나라와의 외교관계에 각별히 신경을 쓰지 않을 수 없었다. 안영은 그때마다 외교 사절의 대표로서 초나라에 파견되어 제나라의 주권을 당당히 지켜내는 역할을 훌륭하게 해냈다.

한번은 안영이 초나라를 방문했을 때의 일이다. 초나라 왕과 신하들이 사전에 짜고 안영을 골탕 먹이기로 했다. 그런 식으로 초나라의 위세를 과시하려 했던 것이다. 이들은 안영의 키가 작다는 사실을 알고는 대문 옆으로 개구멍을 하나 뚫어 키 작은 안영으로 하여금 대문이 아닌 개구멍으로 들어오게 했다. 초나라의 의도를 단번에 간파한 안영은 정중한 목소리로 거절한 다음 이렇게 통렬하게 반격했다.

> 이것은 개구멍이지 성문이 아니지 않은가? 개의 나라에 사신으로 온 사람이라면 이 구멍으로 들어가겠지만, 나는 엄연히 개의 나라가 아닌 초나라에 사신으로 온 사람이다. 어디 한 번 묻자. 내가 지금 개의 나라에 온 것인가, 아니면 초나라에 온 것인가?

안영의 통렬한 반박에 초나라 왕은 안자를 대문으로 모시지 않을 수 없었다. 개의 나라가 될 수는 없는 노릇이었으니 말이다. 안영이 초왕에게 인사를 올리자 초왕은 일부러 "대체 제나라에 사람이 얼마나 없길래 당신 같은 사람을 보냈단 말이오?"라고 안영을 희롱했다.

안영의 외모를 보고 비웃는 말이었다. 안영은 조금도 당황하지 않고 이렇게 대답했다.

무슨 말씀을 그렇게 하십니까? 우리 제나라는 도성만 해도 수만 호가 넘습니다. 길을 다니는 사람들이 옷자락을 펼치면 해를 가릴 정도고, 흘리는 땀을 모으면 비가 될 정도이며, 서로 어깨를 부딪치고 발을 밟을 정도로 많답니다. 그런데 어찌 해 제나라에 사람이 없다고 하십니까?

이 말에 초왕은 꼬투리라도 잡은 듯이 "그렇게 사람이 많다면서 어째 당신 같은 사람을 외국에 보냈단 말이오?"라고 반문했다. 그러자 안영은 기다렸다는 듯이 다음과 같이 반박했다.

우리 제나라는 다른 나라에 사신을 보낼 때 아주 신경을 많이 씁니다. 능력 있고 잘생긴 사람은 덕 있고 고상한 나라로 보내고, 어리석고 무능한 사람은 수준이 낮고 질이 떨어지는 나라로 보냅니다. 저는 사신들 중에서 가장 어리석고 무능하고 못났기 때문에 이곳 초나라로 보내진 것입니다.

초왕과 그 신하들은 모두 꿀 먹은 벙어리가 되어 한참을 멍하니 서로의 얼굴만 쳐다 볼 뿐이었다. '되로 주고 말로 받는다'는 속담이 이런 경우를 두고 한 말일 것이다.

그 후 안영이 또 초나라에 사신으로 오게 되었다. 초왕과 그 신하들은 이번에야말로 안영을 제대로 혼내주리라 단단히 마음을 먹고는 치밀한 준비를 해두었다. 회담이 한참 진행되고 있는데 갑자기 회담장 주위가 시끄러워졌다. 초왕이 사람을 시켜 무슨 일인지 알아보게 했더니 병사 2명이 웬 사내 하나를 묶어 끌고 오는 것이 아닌가? 초왕은 짐짓 근엄한 목소리로 "귀빈이 오셔서 회담중인데 웬 소란이냐?"며 야단을 쳤다. 이에 한 병사가 "이 자가 당돌하게도 궁궐의 물건을 훔치고 있길래 이렇게 잡아 왔습니다"라고 대답했다. 초왕은 "그런 일이야 알아서 처리하면 될 터인데 무엇 하러 여기까지 끌고 왔느냐?"며 더욱 근엄을 떨었다. 그러자 다른 병사 하나가 "글쎄 이 자의 내력을 알아봤더니 제나라 출신이라지 뭡니까?"라고 대답했다.

초왕은 야릇한 미소를 지으면서 안영을 향해 "제나라 사람들은 도둑질을 잘 하는 모양이요?"라며 신경을 건드렸다. 안영은 자리에서 일어나 초왕을 향해 정중하게 절을 올린 다음 이렇게 말했다.

듣자하니 제나라의 귤이 회수를 건너 초나라에 오면 탱자로 변하다고 하더군요. 저 사람이 제나라에 있을 때는 도둑질이란 것을 몰랐는데 초나라에 와서 도둑질을 배우다니 귤이 탱자로 변한 것처럼 초나라 풍토가 원래 그런 것 아닙니까?

안영은 '귤이 탱자로 바뀐다'는 '귤화위지橘化爲枳'라는 절묘한 언변으로 맞섰고, 초왕과 그 신하들은 또 한번 안영에게 호되게 당했다.

모든 사물과 인간관계는 상대적이다. 길이 막혔을 때는 돌아갈 줄 알아야 하고, 전진하기 위해서는 물러날 줄도 알아야 한다. 안영은 특정한 상황이 닥쳤을 때 바로 대응하거나 반응을 보이지 않고 늘 한 걸음 물러서 그 상황의 본질과 문제점을 먼저 고려했다. 옛날 속담에 '한 걸음 물러서면 바다는 넓고 하늘은 비어있다'는 말도 있듯이 사유의 공간을 남들보다 한결 많이 확보해 그 속에서 최선의 방법을 강구했던 것이다. 안영은 이런 인식을 바탕으로 상대방이 내게 준 것을 되돌려주는 절묘한 기지를 발휘할 수 있었다.

외교가로서 안영은 어떤 경우든 먼저 나서 상대방을 압도하거나 모욕을 주는 언행은 하지 않았다. 그렇다고 상대에게 압도당하거나 모욕당하는 일도 결코 없었다. 늘 유머와 기지로 상대의 수와 반응을 보고 상대를 기분 나쁘지 않게 하면서 상대를 압도했다. 경영에서 강한 상대를 대상으로 중요한 협상이나 큰 담판을 앞두고 있다면 안영의 외교전략을 사전에 배우고 가면 큰 도움이 될 것이다.

쇠락을 늦추는 전략 – 충고와 자기수양

통치자에 대한 충고는 여간 예민한 문제가 아니다. 허심탄회하게 충고를 받아들일 줄 아는 리더라면 별 문제 없지만, 역사상 리더들 대부분이 직언이나 충고를 달가워하지 않았다. 특히 충고나 직언이 꼭 필요한 쇠퇴기나 위기 때 이를 거부하는 리더가 더 많은데, 오늘날에도 사정은 별반 달라지지 않았다.

안영은 통치자와 그를 보필하는 신하들 사이에 있어서 소통을 대단히 중시했다. 그것이 궁극적으로는 백성들과의 소통으로 이어진다는 것을 잘 알고 있었기 때문이다. 이를 위해 그는 늘 통치자에게 바른 말과 충고를 마다하지 않았다,

하루는 안영이 조정에서 경공에게 정무를 보고하면서 조정의 분위기를 왜 그렇게 엄하게 만드냐고 물었다. 그러자 경공은 그것이 나라를 다스리는 데 해로움이라도 주냐고 쏘아붙였다. 이에 안영은 다음과 같이 말했다.

> 조정이 엄하면 아랫사람은 입을 다물게 됩니다. 아랫사람이 입을 다물면 윗사람은 들을 수 없습니다. 아랫사람이 입을 다무는 것은 벙어리나 마찬가지며, 윗사람이 듣지 못하는 것은 귀머거리나 마찬가지입니다. 벙어리와 귀머거리가 모여 나라를 다스리는 데 해가 되지 않겠습니까?

안영은 무조건 대놓고 충고하지는 않았다. 시기와 통치자의 기분을 잘 살펴 기분 상하지 않게 비유와 유머를 동원해 스스로 깨우치게 했다. 강직하기만 하면 부러지기 쉬운 법이다. 통치자의 기분을 일단 상하게 하면 그 나머지는 아무리 좋은 말이라도 쉽게 전달되지 않는다. 통치자의 생각을 깨우고 자연스럽게 대화하면서 잘못을 깨닫게 하는 데 있어서는 역대 어떤 정치가도 안영을 따르지 못한다. 말하자면 안영은 통치자의 기분을 상하게 해 쌍방 모두가 상처를 입는 것보다는 서로 윈윈할 수 있는 덕담을 통해 통치자를 깨치게 만들었다.

하지만 안영은 그 자신이 "충성은 죽음도 거역하지 않으며, 간언은 어떤 죄를 뒤집어써도 겁내지 않는다"고 말한 것처럼 충고가 필요할 때면 결코 물러서거나 적당히 타협하지 않았다.

경공이 뭘 몰라서 아무 때나 묻는 것이 통치자의 자질이라면 위험하지 않냐고 묻자 안영은 "수시로 묻는 임금은 위험하기는 하나 제 명대로 살 수 있습니다. 그러나 묻기를 부끄러워하는 임금은 제 몸 하나 보존할 수 없습니다"라고 했다. 충고를 받아들이는 리더와 그렇지 못한 리더에 대한 안영의 명쾌한 진단이다. 사마천은 이런 안영을 두고 "조정에 들어가서는 임금이 하문하면 바른말로 응답하고, 하문이 없을 때는 몸가짐을 바르게 했으며, 임금의 다스림이 올바를 경우에는 그 명에 순종하고, 바르지 않을 경우에는 그 명의 옳고 그름을 가려 실행했다"고 논평했다.

사마천의 논평에서 또 하나 주목할 대목은 안영의 몸가짐이다. 이는 안영의 사적인 생활과 공적인 업무 수행상의 몸가짐 모두를 가리키는데, 안영의 개인 생활은 '근검절약'으로 요약될 수 있고, 공무상의 몸가짐은 '청렴결백' 그 자체였다. 개인 생활과 관련해서 사마천은 안영이 "재상이 된 후에도 식사에는 고기반찬이 한 가지를 넘지 않았고, 처에게 비단옷을 입지 못하게 했다"고 기록하고 있다. 이밖에도 안영의 근검절약과 소박한 생활을 말해주는 일화와 기록들은 숱하게 남아 있다.

안영은 경공이 수시로 내려주는 상과 땅, 후한 녹봉을 매번 거절했다. 특히 안영이 재상으로 있다가 늙어지자 자신의 봉읍을 반납한 사례는 그의 청렴이 어느 정도였는지 너무나 잘 보여준다. 경공이 그런 사례는 제나라 역사상 단 한 번도 없었다며 허락하지 않자 안영은 이렇게 말했다.

> 옛날에는 임금을 섬기면서 자기 신분에 맞게 식읍을 받았다 합니다. 덕이 후하면 녹봉을 받고, 덕이 박하면 그 녹을 사양한 것입니다. (중략) 저는 이제 나이도 많고, 덕도 박하고, 능력도 없는데 녹봉만 후하게 받는다면 이는 임금의 명철함을 가리는 것이요, 아랫사람으로서의 행동을 더럽히는 것입니다.

경공은 과거 환공이 관중의 공로를 생각해 그 자손에게까지 혜택이 미칠 수 있을 정도로 대우를 했던 사례를 들며 한사코 허락하려 들지 않았다. 이에 안영은 다시 사양하면서 이렇게 말했다.

> 관자께서 환공을 섬겼을 때는 환공의 대의가 제후들보다 높았고, 그 덕은 백성들에게까지 널리 미쳤습니다. 그러나 지금 제가 임금을 섬김에 있어서 나라는 제후들과 간신히 견줄 정도고, 아직도 백성들에게 원망이 쌓여 있습니다. 제가 잘못한 것이 많아서입니다. (중략) 덕이 박하면서도 녹이 후하거나 지혜롭지 못하면서 집만 부유하다면 이는 더러움을 드러내고 교화를 거스르는 행동입니다.

안영은 죽기 전에 남긴 유언에서도 근검절약을 기조로 한 집안의 기풍이 바뀌지 않도록 유의하라고 할 정도로 청렴을 강조했다. 안영의 권력자에 대한 사심없는 충고와 나라에 대한 일관된 충정은 이러한 철저한 자기수양이 없었더라면 불가능했을 것이다. 그렇기에 자신 있게 "충성은 죽음도 거역하지 않으며, 간언은 어떤 죄를 뒤집어써도 겁내지 않는다"고 말할 수 있었던 것이다.

대세를 인정하고 사후를 준비하는 전략

안영은 제나라의 정치 상황을 정확하게 꿰뚫고 있었다. 후계 구도를 묻는 경공에게 제나라는 장차 전田씨의 나라가 될 것이라고 예언했고, 이 예언은 사실로 증명되었다.* 안영 자신도 평소 여러 차례 언급했듯이 당시 제나라는 몇몇 강력한 가문들에 의해 좌우되고 있었다. 이런 상황에서 안영은 자신이 할 수 있는 일의 한계를 잘 살펴서 통치자와 이들 세력이 충돌하지 않도록 관계를 조종하는 데 주력했다. 그래야만 피해가 백성들에게 돌아가지 않기 때문이었다.

안영은 대세를 받아들이고 사후를 준비하기 위해 무엇보다 자신이 솔선수범했다. 다만 통치자를 비롯한 지도층이 안영의 통찰력을 이해하지 못했을 뿐이다. 예로부터 천하에 좋은 말은 공자가 다 하고 안영은 그것을 행동으로 보여주었다는 말이 전해온다. 그러다보니 좋은 평가는 다 공자에게 돌아갔고, 안영은 늘 한쪽으로 밀려나 있었다. 안영은 말만 앞세운다면서 공자에 대해 박한 평가를 내렸다. 하

* 그때까지 제나라 통치자들은 시조 강태공의 후손으로 강姜씨 성이었다.

안영은 자신의 몸을 바로 닦은 다음이라야 임금에게 충고할 수 있다고 확신했다. 그렇지 않으면 권력자가 충고나 직언을 거부하는 데 빌미를 줄 수 있기 때문이었다. 사진은 임치에 남아 있는 안영의 무덤이다.

지만 공자는 안영을 인정했다. 그만큼 안영의 행동이 올곧았고 어느 누구도 흠잡을 곳이 없었다는 뜻인데, 당시 제나라 국정 상황을 고려할 때 안영이 철저하게 자신을 관리하며 청렴결백하게 처신하지 않았더라면 제나라는 일찌감치 권신들에 의해 유린되었을 것이다.

만물의 이치가 그렇듯 국가나 기업 경영 역시 영원히 좋을 수만은 없다. 특히 최고 경영자의 자질이 열악해 어찌해볼 도리가 없고 교체도 불가능한 상황일 때, 쇠퇴의 속도를 늦추고 주위의 피해를 최소화하는 지혜를 발휘하는 것은 큰 경영전략 중 하나다. 이때 경영을 책임진 사람이나 이를 보좌하는 안영 같은 참모의 역할이 아주 중요한 것이다.

'구시지상救時之相'이란 말이 있다. 특정한 또는 특별한 시기, 주로 난세나 난국을 맡아 이를 안정시키는 역할을 하는 재상을 일컫는 말이다. 결코 빛나는 자리와 역할은 아니지만 남다른 재능과 지혜를 가져야만 가능한 자리다. 안영에게 어울리는 표현이다.

안영의 정치철학은 '위민爲民', 즉 백성을 위하는 것으로 집약된다. 그러기 위해서는 통치자와 지도층이 불화해서는 안 된다. 특히 통치자는 늘 눈과 귀를 열고, 현상을 직시하고, 충고를 받아들일 준비가 되어 있어야 한다. 지도층은 근검절약과 청렴결백의 자세로 나라를 위해 충성해야 백성들의 삶이 풍요롭다. 그리고 유능한 인재를 잘 대접해 마음 놓고 자기 일을 해나갈 수 있게 뒷받침해야 한다.

이와 같은 안영의 정치철학은 별난 것이 아니다. 아주 평범하다. 하지만 역사상 이 평범한 원칙을 제대로 실행한 사람은 거의 없다. 안영은 이 모든 것을 행동으로 보여주었다. 그렇기 때문에 그가 후손들을 위해 기둥 밑에 숨겨두었다가 나중에 꺼내 읽게 한 유언의 내용이 구구절절 가슴에 와닿는다.

누에치기를 장려해 옷감이 모자라지 않게 하라. 옷감이 궁하면 선비로서 갖추어야 할 기본이 안 된다. 소와 말이 모자라지 않게 잘 길러라. 소와 말이 모자라면 일을 시킬 수 없다. 선비를 잘 대접해 궁하지 않게 하라. 선비가 궁하면 나라 일을 맡길 수 없다. 나라를 궁하게 하지 말라. 나라가 궁하면 나라를 보존할 수 없다.

물러설 때 물러서지 못하면 실패한 전략이다

전략에는 적극적 전략과 소극적 전략이 있다. 상황에 따라 리더는 이 둘 중 하나를 선택해 결행해야 한다. 적극적 전략이라 해서 더 큰 용기가 필요한 것이 아니다. 소극적 전략에서 더 큰 용기를 필요로 한다.

한 사람의 능력에는 한계가 있을 수밖에 없다. 첩첩 곤경에 처했을 때, 결정과 선택을 내리기가 어려울 때, 심신이 다 지쳐 있을 때라면 더욱 그렇다. 이럴 때는 집착보다는 포기를 선택하는 것이 더 큰 용기와 담력을 필요로 하며, 더 큰 의지와 지혜를 필요로 한다. 역사상이 한순간 포기를 결행하지 못해 실패한 리더들의 사례는 그 수를 헤아리기 힘들 정도로 많다.

사람들은 흔히 자신이 가진 것은 소홀히 하고, 어떻게 하면 자기 것이 아닌 것을 자기 것으로 만들 것인가에만 골몰해 그것을 쟁취하는 데 대부분의 정력을 쏟는다. 때로는 적당한 포기와 양보가 죽을힘을 다해 쟁취해도 얻을 수 없는 것을, 보다 쉽게 자기 것으로 만들 수 있는 기회를 가져다준다는 사실을 아는 사람은 극히 드문 것 같다.

전략에는 적극적 전략과 소극적 전략이 있다. 상황에 따라 리더는 이 둘 중 하나를 선택해 결행해야 한다. 적극적 전략이라 해서 더 큰 용기가 필요한 것은 결코 아니다. 때로는 소극적 전략에서 더 큰 용기를 필요로 한다.

소극적 전략의 기본은 물러섬이다. 흔히 말하는 '진퇴進退'에서 '퇴'를 선택하는 것이다. 춘추시대 진晉 문공文公은 이 물러섬의 전략에 관한 한 단연 대가의 반열에 오르기에 충분한 인물이다. 그는 19년 망명생활을 통해 필요에 따라 물러서거나 물러나는 것이 무리하게 밀고 나가가는 것보다 더 큰 효과를 가져올 수 있다는 점을 체득했고, 이를 실제로 실천했다. 이제 진 문공이 보여주는 '진퇴의 전략'을 감상해보자.

진퇴전략의 모범인 퇴피삼사

기원전 7세기 춘추시대에 벌어졌던 유명한 전투들 중의 하나인 '성복城濮 전투'는 진나라 문공이 '퇴피삼사退避三舍'라는 일시적인 포기와 양보 전략을 통해 초나라를 물리친 유명한 사례로 남아 있다.*

* '퇴피삼사'는 '삼사를 뒤로 물린다'는 뜻인데 1사는 군대가 하루 진군하는 거리로, 대체로 30리 전후로 계산한다. 따라서 삼사는 사흘거리, 90리 정도가 되고, 문공은 사흘거리인 90리를 뒤로 물렸다는 뜻이다.

진 문공은 장장 19년 동안 8개국을 전전하는 망명생활을 겪었다. 전략가로서 문공의 면모는 이 망명생활을 통해 갖추어졌을 것이다. 그림은 진 문공의 망명을 그린 것이다.

'퇴피삼사'라는 진퇴전략은 문공이 포기와 양보가 때로는 더 큰 이득을 가져다줄 수 있다는 이치를 잘 알았기 때문에 가능했다. 이런 양보의 전략으로 문공은 남에게 신의를 잃지 않았고, 물러났다가 다시 공격해서 끝내는 승리를 거둘 수 있었다.

성복 전투는 표면적으로는 강대국 초나라가 약소한 송宋나라를 공격하자 진 문공이 송나라를 구원하러 나서 지난 날 망명 생활 때 자신에게 무례하게 굴었던 조曹, 위衛에게 보복한 것이지만 사실은 초와 진 두 강대국의 패권 다툼이자 피할 수 없는 싸움이었다. 여기서 진 문공은 '퇴피삼사'의 책략으로 상대방에게 사흘거리를 양보하는 것처럼 해 적을 깊숙이 끌어들임으로써 명분과 지리적 이점에서 주도권을 확보했다. 이 과정에서 문공은 여러 차례 물러서는 전략을 절묘하게 구사했다. 때문에 '성복 전투'는 역대로 많은 것을 생각하게 만든 중요한 사건으로 역사에 기록되었다. 이 전투는 기원전 632년에 일어났고, '퇴피삼사'의 사연은 6년 전 문공의 망명생활 때로 되돌아간다.

3사를 양보하겠다는 6년 전의 약속

진 문공의 '퇴피삼사'의 유래는 성복 전투 6년 전으로 거슬러 올라간다. 기원전 638년 초나라가 송나라와 싸워 이기자 노魯·송宋·진陳·채蔡·조曹·위衛·정鄭 등과 같은 중원 국가들이 초나라에 붙었고 초 성왕成王은 단숨에 천하의 패주가 되었다. 기원전 634년 송나라가 초나라와의 맹약을 어기고 진晉나라에 가서 붙었다. 이에 성왕은 기원전 633년 겨울 초楚·진晉·채蔡·정鄭·허許의 5개국 연합군을 이끌고 송나라 공격에 나섰다. 송나라는 급히 진 문공에게 사람을 보내 구원을 요청했다. 문공은 이것이야말로 초나라에게 빼앗긴 패권 수복의 기회라 판단하고는 길게 생각하지 않고 구원을 결정했다.

당시 진나라 군대는 초나라에 비해 약세였다. 만약 정면으로 맞붙어 싸운다면 진군에게 불리할 것이 뻔했다. 게다가 진 문공에게는 지난 날 19년 망명 생활 때 초나라에게 개인적으로 신세를 진 적이 있는데, 이때 문공은 훗날 두 나라가 만약 전투를 하게 될 경우 군대가 사흘 행군하는 거리인 '삼사三舍'를 양보하겠노라 약속한 바 있다. 1사는 대개 30리 정도인데, 당시 문공이 3사를 양보하겠다고 한 것은 진나라 군대를 90리 정도 뒤로 물린 다음 초나라와 싸우겠다는 뜻이었다. 당시 초나라 성왕은 어이가 없다는 듯 웃었다. 밥도 제대로 얻어먹지 못하고 이 나라 저 나라를 떠돌며 구걸하는 주제에 나중에 자신이 국군이 되어 양국 사이에 전투가 벌어졌을 경우 3사를 양보하겠다고 했으니 말이다.

문공의 약속은 비록 망명 중에 나온 개인적인 약속으로 구속력이 없는 것이긴 했지만, 춘추시대까지만 해도 리더의 약속은 개인적이든 공적이든 대단히 중요하게 여겨지던 분위기였다. 그런데 지금 진문공이 송나라를 구원한다는 명목으로 초나라에 대항하고 나섰으니 이는 은혜를 원수로 갚는 것이나 마찬가지였다. 세상 사람들이 손가락질할 것이 뻔했다. 문공은 구원하겠다고 승낙은 했지만 막상 군대를 보낼 생각을 하니 여간 고민이 아니었다.

이때 문공의 참모인 선진先軫과 호언狐偃 등이 고심 끝에 묘수를 짜냈다. 즉 조·위 두 나라를 공격해 지난 날 문공에게 무례하게 대했던 묵은 원한을 청산하자는 것이었다. 그럴 경우 진의 상대가 되지 않는 조·위 두 나라는 틀림없이 초나라에 구원을 청할 것이고, 초나라가 어쩔 수 없이 송나라에 대한 포위를 풀고 구원에 나설 경우 자연스럽게 맞서 상대할 명분이 생긴다는 것이었다.

참모들의 작전은 절묘했고, 문공은 기꺼이 이 작전을 받아들였다. 그러나 초나라 군대는 예상과는 달리 송나라에 대한 포위를 풀기는커녕 더욱 강하게 송나라를 압박해 송나라를 굴복시킨 다음 군사를 돌려 전력을 다해 진나라 군대를 상대하려 했다. 이는 초나라 장수 자옥子玉의 정확한 판단에 따른 것이었다. 그렇게 강대국 두 나라가 각각 약소국들인 송과 조·위를 공격하는 희한한 상황이 전개되었다. 두 나라 모두 전쟁을 위한 명분을 찾지 못한 상황에서 그 책임을 지고 싶지 않은 데 따른 결과였다.

주변 환경과 조건을 충분히 활용하다

예상과는 달리 초나라가 미끼를 물지 않자 선진은 다음 카드를 꺼내 들었다. 그의 계책은 이러했다.

'진나라가 주동이 되어 이곳에서 제후국들과 이번 사태를 평화적으로 매듭 짓는 회맹을 개최한다. 초나라는 분명 자신의 힘만 믿고 참석하지 않을 것이다. 게다가 주동자가 진나라인 만큼 참석하기가 더 껄끄러울 것이다. 초나라가 참석하지 않으면 다른 나라들은 일제히 초나라를 성토할 것이고, 진나라는 이런 분위기를 한껏 이용해 외교적으로 초나라를 고립시킨다. 그런 다음 송나라로 하여금 동서방의 강국인 제齊나라와 진秦나라에게 구원을 요청하게 하는 한편, 이 두 나라를 조정자로 내세워 초나라에게 철군을 요구하게 한다. 이렇게 되면 송나라는 더욱 분발해 초나라에 저항할 것이고, 초나라는 십중팔구 제·진의 화해 조정을 거부할 것이다. 이때 우리 진나라가 나서면 제후국들의 지지를 받으면서 초나라와 결전을 벌일 수 있다. 주도권을 우리가 쥐고 싸우면 훨씬 유리할 것이다.'

이것이 바로 선진이 제시한 2단계 전략이었다. 이러한 선진의 계책에 문공은 크게 만족했다.

그러나 초나라 장수 자옥도 진나라의 이런 속셈을 간파하고는 송나라에 대한 포위를 풀고 직접 진나라를 공격하러 나섰다. 전력 면에서 우세한 자기 쪽이 진나라를 충분히 물리칠 수 있을 것으로 판단했기 때문이다. 그러면서 대부 완춘宛春을 진나라 군영으로 보내 문공과 담판하려 했다.

완춘은 초나라가 이미 송나라에서 철군했으니 진나라도 조·위 두 나라에서 물러나 두 나라를 다시 세울 것을 요구했다. 자옥은 진·초 두 나라가 일단 화해하고 송·조·위 삼국이 바로 안정을 되찾는다면 도의적인 면에서 초나라가 우위를 차지할 수 있을 것으로 판단한 것이다. 조·위 두 나라가 다시 나라를 되찾는다면 이들에 대한 진나라의 공격 자체가 무의미해지고, 초나라의 공격은 정당성을 확보할 수 있기 때문이었다.

이런 자옥의 생각이 틀린 것은 아니었다. 하지만 진나라에는 자옥을 능가하는 선진이라는 탁월한 전략가가 있었다. 자옥의 의도를 단번에 간파한 선진은 자옥의 계책에 맞추어 조·위 두 나라를 회복시키되 공개적으로 초나라에서 떨어져 나오겠다는 선언을 하게 하는 절묘한 수를 구사했다. 조·위 두 나라가 이를 마다할 리가 있겠는가? 즉각 진나라의 요구를 받아들여 초나라와의 절교를 선언했다. 이어 선진은 완춘을 일부러 억류시켜 자옥을 자극했다.

선진의 예상대로 자옥은 자신의 계책이 무참히 깨지자 격노했다.

그리고는 바로 조나라 경내에 머무르고 있는 진나라 군대를 향해 진격을 명령했다. 이에 문공은 '퇴피삼사'를 명령해 지난 날 자신이 했던 약속을 지키겠다는 의지를 내외에 선전했다. 이는 자옥을 몹시 난처한 상황으로 몰아넣은 것은 물론 진나라 군대의 사기를 높이는 작용을 했다. 이로써 문공이 신의와 명분을 얻은 것은 물론이었다.

여름, 진나라 군대는 성복으로 물러나 군영을 꾸렸다. 화해 조종에 실패한 제·진 두 나라도 참전을 선언하고는 성복에서 진나라와 합류했다. 3국 연합군이 결성됨으로써 진나라 군대의 사기는 더욱 올라갔다.

초나라 장수 자옥을 자극하는 데 성공한 진나라는 한 걸음 더 나아가 자옥의 허영심을 만족시켜 방심하게 하는 전략을 구사했다. 고의로 초나라 군대가 험준하고 높은 고지를 차지할 수 있게 한 것이다. 고지를 점령한 자옥은 의기양양 승리를 손에 쥐기라도 한 듯이 대장 두발斗勃을 보내 도전케 했다.

전투가 시작되었고 진나라 하군을 맡은 사령관 서신胥臣은 정예병을 지휘해 초군의 우익에 해당하는 진·채의 군대를 공격했다. 서신은 전차를 끄는 말 위에다 호랑이 가죽을 입혀 적진으로 돌진하게 했다. 갑자기 나타난 호랑이에 놀란 진·채 군대는 혼비백산 바로 흩어져 궤멸당했다. 진나라의 상군을 책임진 사령관 호모狐毛는 상군의 깃발을 자신의 수레에 꽂고는 일부러 도망치면서 초나라 군대를 유인했다. 초나라 군대는 자신의 진지를 벗어나는 것도 모른 채 호모를 추격했다. 진나라 하군의 사령관 난지欒枝도 전차 부대를 나누어 후퇴했다. 그러면서 전차 뒤에 나뭇가지를 묶어 바닥에 끌리게 해 먼지가 자욱하게 만들었다. 이 모습이 마치 진나라 군대 전체가 붕괴되어 도망치는 것 같았다.

이런 모습을 본 초나라 사령관 자옥은 승리를 확신하고는 회심의 미소를 지었다. 자옥은 정확한 상황 파악을 생략한 채 좌군을 이끌고 진나라 군대를 뒤쫓기 시작했다. 선진과 부사령관 극진郤溱은 초나라가 유인계에 걸려들었음을 확인하고는 초나라 군대의 허리를 절단해 둘로 나누었다. 이때 도망치는 것처럼 위장했던 진나라 군대도 말머리를 돌려 중군과 합류한 다음 초나라 장수 자서子西가 이끄는 부대를 공격해 겹겹이 포위했다. 얼마 뒤 초나라 좌군도 무너졌다. 초나

문공은 성복의 승리를 활용해 천토에서 제후국들과 회맹해 일약 패주로 추대됨으로써 실리와 명분을 함께 얻었다. 사진은 '천토회맹'을 나타낸 조형물이다.

라 좌우 양군이 협격을 당해 패한 것을 본 자옥은 황급히 남은 병사를 수습해 중군을 지킴으로써 전멸은 간신히 면했다.

대승을 거둔 진나라 군대는 본국으로 철수를 시작했다. 문공은 때를 놓치지 않고 주 왕실을 존중한다는 '존왕尊王'의 구호를 내걸고 천토踐土(지금의 하남성 정주시 북쪽)에서 제후들과 회맹했다. 진나라가 강대국 초나라를 물리친 것을 본 정나라도 회맹에 참가해 진나라와의 우호를 표시했다. 문공은 또 주 천자에게 사람을 보내 초나라 포로 1천 명을 바쳤고, 주 천자도 문공에게 각종 수레와 무기류를 예물로 하사했다. 이 예물들은 진 문공의 패주 지위를 암시하는 것이자 복종하지 않는 제후국을 정벌할 수 있는 권한을 의미하는 것이었다. 성복의 전투로 문공은 패주 지위를 획득했다.

성복 전투는 선진을 비롯한 문공의 참모들이 제안한 '물러나고 양보한다'는 '퇴양退讓'의 전략이 열쇠로 작용했다. 문공이 이 전략을 받아들여 초나라 군대에 대해 '퇴양'하지 않았더라면, 신의를 잃지 않은 상황에서 패주 지위를 초나라로부터 빼앗아오지 못했을 것이다.

'전진을 위한 후퇴'라는 '이퇴위진以退爲進'은 자신이 가지고 있는 것을 적당한 시점에 효과적으로 포기함으로써 명분상 승리를 얻는 전략이자, 꿍꿍이를 감추고 적을 속여 유인하는 전략이기도 하다. 문공은 이 전략으로 승리를 거두었고, 그것이 '퇴피삼사'라는 유명한 고사성어가 되어 지금까지 전해지고 있는 것이다.

보통의 물러섬과는 다른 경지

물러난다고 해서 그냥 물러나는 바보가 되어서는 안 된다. 풍부한 경험과 전략적 지혜가 없는 사람에게 이 전략은 아무 소용없다. '퇴피삼사'는 오랜 망명 생활에서 터득한 물러섬의 지혜와 주어진 상황을 자기 위주로 바꾸는 상황전환의 능력을 갖춘 문공이었기에 가능한 전략이었음에 유의해야 할 것이다.

진 문공이 구사한 '퇴피삼사'는 보통의 물러섬과는 경지를 달리한다. 문공은 첫째, 물러서되 그에 따른 명분을 확보했다. 이는 다음번 공격을 위한 발판이 되기 때문이다. 둘째, 이와 같은 맥락에서 주어진 주변 환경과 조건을 충분히 활용했다. 진과 제를 끌어들인 것이 바로 그것이다. 진·제 두 나라를 끌어들여 명분을 더욱 강화하고 초나라를 외교적으로 고립시킨 것을 보라. 셋째, 상대의 전략과 전술에 맞추어 이를 적절하게 역이용할 줄 알았다. 이런 치밀한 과정이 있었기 때문에 '퇴피삼사'는 명분과 실리를 동시에 얻을 수 있는 절묘한 전략으로 승화되었다.

곤경을 잘 벗어날 줄 아는 사람은 대개 이익을 최고의 목적으로 삼고 지속적인 발전을 목표로 삼는다. 이는 기업은 물론 국가가 최종적으로 추구하는 목적이자 목표이기도 하다. 하지만 고난과 위기를 제대로 경험한 사람이라면 포기가 때로는 쟁취하는 것보다 더 큰 의미가 있다는 것을 안다. 적당한 포기야말로 성공을 쟁취하기 위한 열쇠로 작용하기 때문이다. 때로는 자신이 지금까지 견지해오던 생각을 버리거나 손만 뻗치면 잡을 수 있는 이익을 포기할 때 오히려 더 나은 것을 얻을 수 있다.

목적과 계획을 가진 포기, 즉 미래를 내다보는 새로운 전략이야말로 성공의 필요조건이 된다. 포기는 더 나은 것을 얻기 위함이다. 이런 관점에서 볼 때 포기는 세속의 가치기준을 뛰어넘는 초월이자 일종의 기품이요, 보다 큰 경지다. '퇴피삼사'에는 이런 큰 가치가 내포되어 있다. 요컨대 물러서는 데도 전략과 전술 그리고 품위가 필요한 법이다.

2장

조직의 성장과 발전을 위해 인재는 필수요소다

수천 년 인류 문명사를 훑어보면 모든 위대한 성취가 뛰어난 인재와 뗄 수 없는 관계에 있었음을 어렵지 않게 발견하게 된다. 또 번영과 영광을 누렸던 모든 시대 역시 인재의 번성에 빚지고 있다. 중국사 5천 년을 살펴보아도 마찬가지다. 큰 포부와 남다른 성취를 이루었던 정치가, 사상가, 군사가, 경제인 모두가 인재를 얻고 인재를 발굴하는 일이 나라를 다스리고 안정시키는 근본임을 분명하게 인식했고, 또 이를 통해 나라의 번영과 백성의 부유함을 이루고자 했다.

기원전 221년 중국 역사상 최초로 천하 통일이라는 위업을 이룬 진秦나라는 기원전 7세기까지만 해도 옹주雍州라는 벽지에 치우쳐 있던 빈약한 존재였다. 다른 제후국들이 모두 무시했을 뿐만 아니라 중원 제후들의 회맹에조차 참석을 거부당하는 오랑캐와 같은 처지였다. 그러나 기원전 659년 목공穆公이 집권한 이후 기원전 247년 진왕 정政(진시황)이 즉위하기까지 시종 외국의 인재들을 받아들이고 중용하는 것을 중요한 국책으로 삼았다. 이에 다른 여섯 나라의 인재들이 앞을 다투어 6국을 떠나 진나라로 몰려들었다. 이로써 진나라는 빠르게 굴기해 일약 가장 강한 군대를 가지고 제후국들을 떨게 만드는 패주가 되었고, 끝내 6국을 완전 정복해 최초의 통일 제국을 이루어냈다.

약 7년에 걸친 초한쟁패에서 유방劉邦은 당초 보잘 것 없는 세력이자 존재였다. 하지만 유방은 '인재를 얻어 세상의 변화를 만들어내는' 이치를 잘 알고 있었다. 그는 너그럽게 백성들을 대하고, 많은 인재들을 자기 곁으로 끌어들였다. 장막 안에서 계책을 운용해 천리 밖 승리를 결정짓는 탁월한 참모 장량張良, 나라와 백성을 안정시키고 식량 공급을 끊어지지 않게 하는 남다른 행정 능력을 발휘했던 소하蕭何, 싸웠다 하면 승리하고 쳤다 하면 반드시 성을 빼앗는 뛰어난 군사가 한신韓信이 모두 유방 곁에 있었다. 그 결과 전력의 열세를 극복하고 막강한 항우項羽를 물리칠 수 있었다.

당 태종 이세민李世民이 당초 태원太原에서 군대를 일으켜 수나라에 반기를 들었을 때 그는 자신의 재산을 풀어 사방의 인재들을 모았다. 또 지방에 할거하고 있던 세력들을 평정하는 과정에서도 많은 인재들을 영입했다. 무장으로는 이정李靖, 이적李勣, 위지경덕尉遲敬德, 진경秦瓊 등과 같은 인재들이 있었고, 문인으로는 뛰어난 책략가 방현령房玄齡을 비롯해 저수량褚遂良, 우세남虞世南, 안사고顏師古, 공영달孔穎達 등이 있었다. 유능한 인재들이 이세민에게 구름처럼 몰려들어 끝내는 대업을 성취해 그 이름을 길이 남길 수 있었다.

제2차 세계대전이 끝난 이후 전 세계는 정치, 경제, 군사 등 모든 방면에서 놀라운 변화와 기술혁신이 일어났다. 세계는 새로운 경쟁시대로 성큼 들어섰다. 지금 세계는 지식경제라는 새로운 시대에 직면했고, 이에 따라 인재의 중요성이 그 어느 때보다 커지고 있다. 인재 경쟁이 뜨거워지면서 각국은 고급 과학기술 영역의 첨단 인재들을 기르고 쟁탈하는 데 전력을 기울이고 있다. 미래의 경쟁은 국력의 종합적인 경쟁이 될 전망이고, 종합적으로 국력을 발전시키는 가장 근본적인 요소는 다름 아닌 인재다.

2장에서는 일곱 개의 역사 사례를 소개해 인재의 중요성을 집중 부각시켰다. 성공과 실패로 인재를 절대 평가하지 않았던 사마천의 인재관을 시작으로 인재를 보는 눈, 자신의 진퇴를 판단할 줄 아는 인재, 유명한 고사성어인 '토사구팽'과 진퇴의 문제, 항우의 실패에 대한 집중 분석, 유방의 역전승 원인, 사마천의 복수관에서 비롯된 인재의 분발을 자극하는 복수심을 차례로 다루어보았다. 인재가 알파요 오메가란 인식을 확립하는 데 도움이 되지 않을까 기대해본다.

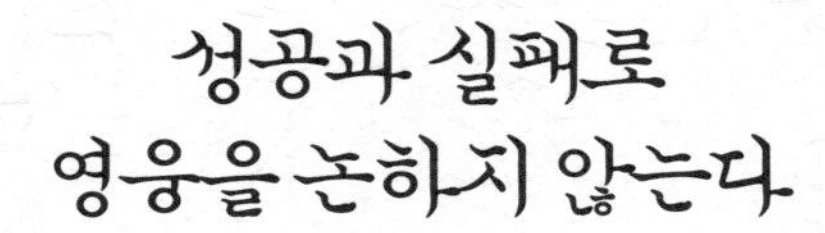

성공과 실패로 영웅을 논하지 않는다

나라가 망하려면 어진 사람은 숨고, 나라를 어지럽히는 난신들이 귀하신 몸이 된다. 나라의 안위는 군주가 어떤 명령을 내리느냐에 달려있고, 나라의 존망은 인재의 등용에 달려있다.

인재가 조직은 물론 한 나라의 성공과 실패 그리고 흥성과 멸망을 좌우한다. 이는 동서고금을 통해 변치 않는 원칙이자 진리에 가까운 명제였다.

『사기』 130권을 남긴 사마천은 전체의 86%에 해당하는 112편을 사람에 대한 기록으로 안배할 정도로 인간의 문제에 대해 깊은 관심과 고뇌를 보여주고 있다. 인간에 대한 사마천의 이러한 관심은 인재에 대한 관심으로 직결되고 다시 개혁사상 등으로 깊어진다. 사마천은 이렇게 말한다.

나라가 흥하려면 반드시 상서로운 징조가 나타난다. 군자는 기용되고 소인은 쫓겨난다. 나라가 망하려면 어진 사람은 숨고, 나라를 어지럽히는 난신들이 귀하신 몸이 된다. '나라의 안위는 군주가 어떤 명령을 내리느냐에 달려있고, 나라의 존망은 인재의 등용에 달려있다'는 말이 이런 뜻일 게다.

— 권50 「초원왕세가」; 권112 「평진후주보열전」

사마천은 위의 대목을 두 군데에서 반복하고 있는데, 지금까지도 역대 최고의 명언이라는 평가를 받고 있다. 이에 관련 원문을 함께 소개한다.

국지장흥國之將興, 필유정상必有禎祥, 군자용이소인퇴君子用而小人退,
국지장망國之將亡, 현인은賢人隱, 난신귀亂臣貴.
안위재출령安危在出令, 존망재소용存亡在所任

또 어려운 시기 인재의 필요성과 관련해서는 "집안이 어지러워지면 양처가 생각나고(가빈즉사양처家貧則思良妻), 나라가 어지러워지면 충신이 생각난다(국난즉사양상國亂則思良相)"(권44 「위세가」)라는 말도 남겼다. 이렇듯 2천 년 전 사마천은 인재가 나라의 흥망을 좌우한다는 깨어있는 인식을 보여준다.

사마천은 흉노와의 전투에서 중과부적衆寡不敵으로 패한 장군 이릉李陵을 변호하다가 정말 억울하게도 죽음보다 더한 치욕스러운 궁형을 당한다. 그런데 이릉과 사마천은 말 그대로 술 한 잔 나눈 적이 없는 사이였다. 사마천은 다만 이릉을 '큰 지사'라고 표현할 정도로 나라에 필요한 인재라고 판단했고, 그래서 그를 적극 변호했던 것이다.

또한 사마천은 무엇보다 자신이 당한 처지 때문인지 비극적 인재들에 대한 깊은 동정과 안타까움을 나타내고 나아가서는 함께 울분을 터트린다. 『사기』에는 현명하고 어질고 능력 있는 인재임에도 못난 권력자나 시기·질투에 사로잡힌 소인배들에게 박해를 당한 비극적 인물만 120명이 넘게 기록되어 있다는 통계도 있다. 이는 제대로 인정받지 못한 불우한 인재에 대한 사마천의 남다른 애정을 잘 보여준다.

성공과 실패로 인재를 평가하지 않는다

성공은 재능의 본질적 표지이긴 하지만 성공과 실패로만 재능을 가늠하는 틀에 박힌 경색된 기준을 가져서는 안 된다. 세계의 수많은 인재들이 국경을 초월해 여러 나라를 자유롭게 드나드는 오늘날에는 더 그렇다. 사마천은 이런 점에서 대단히 진취적인 인식을 보여준다. 그는 역사 발전에 미치는 인간의 작용에 주목했고, 이에 따라 역사의 흐름 속에서 인재가 단련되고 성장해가는 모습을 생생하게 전달한다. 이는 인재 사상에 있어서 거대한 공헌이었다.

사마천이 실패한 영웅 항우의 행적을 제왕들의 기록이라 할 수 있는 '본기本紀'에 편입한 것이나, 농민봉기군의 우두머리로서 '왕후장상의 씨가 따로 있더란 말이냐(왕후장상영유종호王侯將相寧有種乎)'라는 자기해방의 기치를 높이 쳐들고 중국사 최초의 통일 제국인 진秦의 멸망과 한漢의 교체에 결정적인 역할을 한 고용 노동자 출신 진승陳勝을 제후들의 기록이라 할 수 있는 '세가世家'에 편입한 것이 가장 두드러진 예다. 또 한을 건국하는 데 큰 공을 세운 한 고조 유방의 아내 여치呂雉(여태후)의 행적까지도 황제의 기록인 본기에 편입시킨 것은 정말 파격적인 역사관이자 인재관이 아닐 수 없다.

이 때문에 사마천은 봉건적 정통의식에 주눅든 어용학자들로부터 엄청난 비난을 받아야만 했다. 또한 성공 지상주의나 승자 독식론과 같이 인재를 아낄 줄 모르는 천박하고 나쁜 의식에 물든 수구 보수주의자들의 주요한 공격 대상이 되기도 했다. 그러나 오늘날에 와서는 사마천의 인재관이 누구보다 탁월하고 진보적인 인식이었음을 부정하는 사람은 아무도 없다. 이런 사마천의 인재관은 여전히 유용할 뿐 아니라 우리에게 깊은 통찰력을 준다.

인재란 절로 태어나는 것이 아니라 시대를 통해 만들어진다는 것을 사마천은 확신하고 있었고, 그에 따라 자연스럽게 역사의 거대한 흐름 속에서 인간 각자의 역할에 눈길을 돌렸다. 이러한 인식을 바탕으로 '성공과 실패로 영웅을 논하지 않는다'는 '불이성패논영웅不以成敗論英雄'이란 인재관이 탄생했고, 이로써 인재를 정확하게 관찰하고 인식하는 공정한 문이 활짝 열렸다.

사마천의 인재관은 인재에 대한 애정과 안타까움으로 가득 차 있다. 성공한 인재, 실패한 인재, 때를 얻지 못한 인재, 박해당한 인재 등 모든 인재에 대한 관심과 연민의 끈을 놓지 않았다. 사진은 사마천의 고향인 섬서성 한성시韓城市 사마천 광장에 조성되어 있는 사마천 동상이다.

인재를 바로 알고 대접하는 자가 천하를 얻는다

진승의 봉기로 거대한 제국 진이 쓰러지자 전국 각지에서 군웅들이 일어나 패권을 다투었다. 이 경쟁은 유방과 항우의 양자대결로 압축되었고, 전력상 절대 열세에 놓여 있었던 유방이 결국은 역전에 성공해 한을 건국했다. 두 영웅의 대결은 힘겨루기였지만 그 내면을 잘 들여다보면 인재들의 대결로 압축된다.

초한 전쟁에서 승리한 유방은 황제로 즉위한 다음 낙양洛陽 남궁南宮에서 술자리를 베풀어 대신들과 허심탄회하게 대화를 나눈다. 이 자리에서 유방은 삼베옷에 세 자짜리 검 하나만 달랑 들고 항우와 천하를 다툰 끝에 "내가 천하를 얻은 까닭과 항우가 천하를 잃은 까닭은 무엇인가?"라고 물었다. 이에 같은 고향 출신인 왕릉王陵 등은 다음과 같이 대답했다.

> 폐하께서는 오만해 남을 업신여기고, 항우는 인자해 남을 사랑할 줄 압니다. 하지만 폐하는 사람을 보내 성을 공격하게 해서 점령하면 그곳을 그 사람에게 나누어줌으로써 천하와 더불어 이익을 함께하셨습니다. 반면에 항우는 어질고 능력있는 사람을 시기해 공을 세우면 그를 미워하고, 어진 자를 의심해 싸움에서 승리해도 그에게 공을 돌리지 않고 땅을 얻고도 그 이익을 나눠주지 않았습니다. 항우는 이 때문에 천하를 잃었습니다.

그러자 유방은 자신이 성공한 이유에 대해 그 나름의 견해를 밝혔는데, 이것이 저 유명한 유방의 '승패에 있어서 인재의 역할론'이다.

그대들은 하나만 알고 둘은 모른다. 장막 안에서 전략을 짜서 천 리 밖 승부를 결정짓는 걸로 말하자면 나는 장자방(장량)을 따르지 못한다. 나라를 안정시키고 백성들을 다독이며 양식을 공급하고 운송로가 끊어지지 않게 하는 일이라면 나는 소하를 따르지 못한다. 백만 대군을 모아 싸우면 반드시 승리하고 공격했다 하면 기어코 빼앗는 일에서는 내가 한신을 따를 수 없다. 세 사람은 모두 걸출한 인재로서 내가 이들을 기용했기 때문에 천하를 얻은 것이다. 반면 항우는 범증을 갖고 있었으면서도 제대로 쓰지 않았기 때문에 내게 덜미를 잡힌 것이다.

유방이나 공신들은 초한 전쟁의 승패 원인에 대해 나름의 인식을 보였지만 모두가 인재의 포용과 대접의 중요성을 강조하고 있다. 유방이 다양한 인재를 초빙하고 이들의 능력과 지혜를 잘 활용했기 때문에 최후의 승리자가 될 수 있었다고 본 것이다.

여기서 한 걸음 더 나아가 유방은 각 방면의 인재들이 제 몫을 해낼 때 성공할 수 있음을 잘 지적하고 있다. 말하자면 유방은 인재의 전문 분야를 정확하게 간파하고 그들에게 마음 놓고 자기 능력을 발휘할 수 있도록 권한을 충분히 위임했다. 이처럼 리더는 인재들이 자기 전문 분야에서 마음 놓고 능력을 발휘할 수 있는 권한과 책임을 부여하면 되는 것이다.

'민심을 얻는 자가 천하를 얻는다'는 말이 있다. 이는 리더십과 관련해 금과옥조처럼 전해오는 천하의 명언이다. 그런데 그렇게 얻은 천하는 누가 다스리는가? 바로 인재들이 아닌가? 그래서 한나라 초기의 정치가 육고陸賈는 황제 유방에게 창업이 마무리된 제국의 통치를 위해 경서를 읽으라고 권하면서 "말 위에서 천하를 얻을 수는 있어도(마상득지馬上得之) 말 위에서 천하를 다스릴(마상치지馬上治之) 수는 없지 않느냐?"고 반문했다. 천하를 얻는 것과 다스리는 것은 그 방법이 다를 뿐만 아니라 기용해야 하는 인재도 다르다는 말이었다.

요컨대 인재를 얻은 자가 천하를 얻고, 인재를 제대로 기용하는 자가 천하를 제대로 다스릴 수 있다. 지금도 세상 곳곳에서 인재들이 실력을 연마하며 자신을 알아줄 사람과 때를 기다리고 있다.

'인재가 성공과 실패, 흥성과 멸망을 결정한다.' 그러나 이 명제에는 조건이 따른다. 즉 인재를 얻고 그를 대접하고 격려해 조직과 나라의 발전에 기여하도록 만들기까지의 과정이 생략되어서는 안 된다는 것이다.

이 과정에서 발생하는 작은 실수와 실패에 연연해 인재를 중도에서 버리거나 놓치는 우를 범해서도 안 된다. 사마천이 그 결과만 놓고서 영웅 여부를 판단하지 않고 천하나 조직의 대세에 영향을 미쳤던 인물들을 높이 평가한 것은 인재에 대한 이러한 깊은 심려心慮가 그 이면에 깔려 있었기 때문이다.

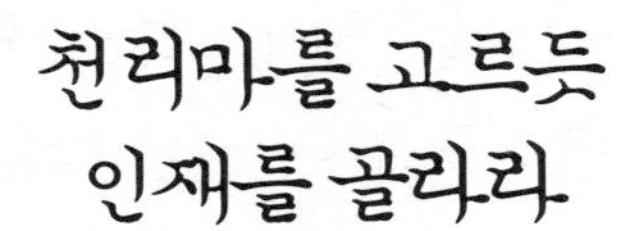

제위과보齊魏夸寶, 나라의 보물은 좋은 인재라는 뜻으로 인재의 중요성을 강조한 이야기다. 예로부터 수많은 리더와 현자들이 인재가 나라의 안위와 흥망성쇠를 결정한다고 강조했다.

기원전 359년 제나라 위왕威王과 위나라 혜왕惠王이 두 나라 국경 교외에서 만나 사냥을 하며 친목을 다졌다. 사냥 도중 혜왕은 제나라에 어떤 보물이 있냐고 물었다. 위왕은 뜻밖에 제나라에 보물은 없다고 답했다. 그러자 혜왕은 작은 자기 나라에도 보물이 적지 않거늘 제나라 같은 대국에 어째서 보물이 없다고 하냐며 되물었다. 이에 위왕은 단자, 분자, 검부, 종수라는 4명의 인재를 거론하며 이들 때문에 나라가 안정을 유지하고 있으니 이들이 나라의 진정한 보물이지 다른 보물은 없다고 답했다. 위왕의 말을 듣고 혜왕은 아무 말도 못한 채 풀이 죽어 돌아갔다.

이상이 '제나라와 위나라가 보물을 자랑하다'는 뜻을 가진 '제위

과보齊魏夸寶'의 고사다. 나라의 보물은 보석 따위가 아니라 좋은 인재라는 요지로 인재의 중요성을 강조한 이야기다. 예로부터 숱한 리더와 현자들이 인재가 나라의 안위와 흥망성쇠를 결정한다고 강조했다.

그러나 현실은 인재가 우대받기보다는 박해당하는 경우가 많았다. 어리석은 리더와 탐욕스러운 기득권 세력들이 온갖 방법과 수단으로 좋은 인재의 진로를 막았기 때문이다. 이에 천리마, 즉 인재를 고를 줄 알았던 백락伯樂의 '천리마론千里馬論' 등을 통해 인재의 가치와 인재를 알아보는 리더의 자질 문제를 논해보고자 한다.

죽은 말 뼈다귀의 값은?

전국시대 말기 지금의 하북성 지역에 있었던 연燕나라는 유구한 역사에 걸맞지 않게 줄곧 약체를 면치 못했다. 더욱이 기원전 4세기 말 국왕 쾌噲가 신하 자지子之에게 피살되는 등 망국의 분위기가 역력했다. 쾌의 아들 직職은 이런 난국을 가까스로 수습하고 왕권을 회복했다. 이가 바로 소왕昭王이다. 소왕은 나라의 흥성이 유능한 인재에 의해 좌우된다는 점을 절감하고, 국내외를 막론해 적극적으로 인재를 영입하는 데 온 힘을 기울였다. 소왕은 원로 대신 곽외郭隗를 직접 찾아가 인재 영입을 위한 방안을 상의했다. 곽외는 소왕에게 다음과 같은 이야기로 인재의 중요성을 깨우쳤다.

옛날 어떤 나라의 군주가 거금을 아끼지 않고 전국적으로 천리마를 구했다. 그러나 3년이 지나도록 천리마를 얻지 못했다. 이때 측근 신하 하나가 나서며 자신에게 황금 1천 냥을 주면 반드시 천리마를 구해오겠다고 큰소리를 쳤다. 군주는 하루라도 빨리 천리마를 얻고 싶은 마음에 신하의 요구대로 선뜻 황금 1천 냥을 내주었다.

신하는 황금 1천 냥을 들고 천리마를 찾아 나섰고, 얼마 뒤 천리마가 있다는 집을 마침내 찾아냈다. 그런데 일이 꼬이려고 신하가 그 집을 찾아가기 불과 며칠 전에 말이 병으로 죽었다. 신하는 놀랍게도 죽은 말 뼈다귀를 무려 500냥이나 주고 사서는 궁으로 돌아와 군주에게 보고했다.*

군주가 벼락 같이 화를 낸 것은 당연했다. 죽은 말 뼈다귀를 황금 500냥이나 주고 사왔으니 이보다 멍청한 짓이 어디 있단 말인가? 그러나 신하는 전혀 당황하지 않고 이렇게 말했다.

죽은 말 뼈다귀를 황금 500냥에 샀으니 살아 있는 말이야 오죽하겠습니까?
머지않아 천하의 천리마들이 제 발로 걸어 궁으로 몰려올 것입니다.

신하의 말이 떨어지기 무섭게 궁문 밖은 전국각지에서 몰려온 천리마들의 울음소리로 문전성시를 이루었다. 죽은 말 뼈다귀를 황금 500냥에 사갔다는 소문이 금세 퍼졌기 때문이다.

---

* 일설에 신하는 1천 냥을 전부 주고 죽은 말 뼈다귀를 샀다고도 한다. 여기서 '천금시골千金市骨'이라는 고사성어가 나왔다. '천금을 주고 말 뼈다귀를 산다'는 뜻이다.

이 이야기를 마치면서 곽외는 소왕에게 인재를 구하는 것도 이렇게 천리마를 구하는 것과 다를 바 없다면서 자기와 같은 보잘 것 없는 사람을 말 뼈다귀로 삼으라고 청했다.

연나라를 중흥시킨 소왕의 사례는 인재는 어떤 시기가 되었건 가장 중요한 요인이라는 사실을 잘 보여주고 있다. 그림은 연 소왕과 그가 초빙한 인재 곽외, 악의의 모습을 그린 것이다.

여기서 '선종외시先從隗始'란 고사성어가 나왔다. '먼저 곽외부터 시작해보시지요'라는 뜻으로 자신을 대우하라는 요지다. 그러면 자기보다 유능한 인재가 청하지 않아도 몰려들 것이라고 했다. 소왕은 곽외를 황금으로 지은 황금대黃金臺에 모셨다고 한다.

그러자 이 이야기를 들은 천하의 인재들이 다투어 연나라로 몰려들었다.* 이렇게 해서 소왕은 전국 초기 명장으로 이름을 떨친 악양의 후손 악의樂毅를 비롯해 추연鄒衍, 극신劇辛 등 기라성 같은 인재를 힘 들이지 않고 얻을 수 있었다. 이들 인재들의 활약으로 의기소침해 있던 연나라는 일거에 기운을 떨치고 일어설 수 있었다.

* 이를 '사쟁추연士爭趨燕'이라는 사자성어로 표현한다.

백락의 천리마 이론과 인재

백락은 좋은 말을 잘 알아보는 명마 식별 전문가의 대명사로 이름을 남기고 있다. 그러나 고대 기록은 저마다 조금씩 다르게 백락의 일화를 소개하고 있다. 그의 이름이 손양孫陽이라는 기록도 있고, 그가 조간자趙簡子의 신하 우무휼郵無恤로서 자는 자량子亮이고 호는 백락이라는 기록도 있다. 그러나 대개는 춘추시대 진秦나라 목공穆公 때 목공을 위해 말을 고르는 일을 한 사람으로 알려져 있다.

좋은 말을 고르는 것과 인재를 식별하는 문제는 여러 가지 면에서 통한다. 그래서 많은 사람이 백락의 명마 식별론을 빌려 인재를 식별하고 기용하는 이치를 설명해왔다. 백락과 천리마를 가지고 인재를 논한 문장으로는 당나라 때의 사상가이자 문학가인 한유韓愈가 지은 「잡설사雜說四」의 '세상에는 백락이 있은 다음에라야 비로소 천리마가 나타날 수 있다'는 대목이 가장 유명하다.

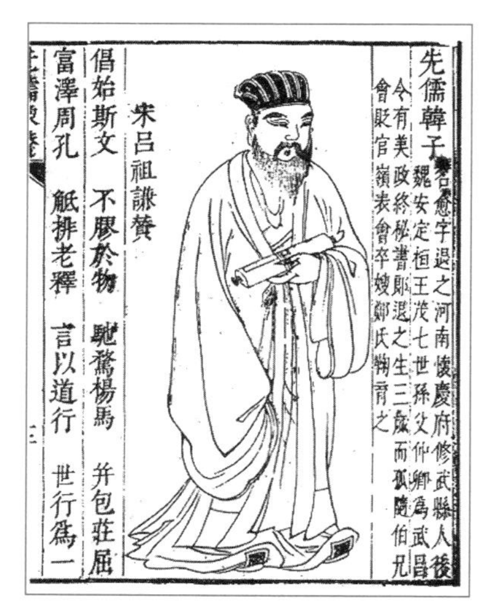

한유는 인재를 알아보지 못하는 세태를 시로 풍자하면서 인재를 알아보는 백락의 존재를 갈망했다. 도면은 한유의 초상화다.

이 문장은 가만히 뜯어보면 황당하기 짝이 없다. 백락이 없다고 해서 천리마가 없다는 논리가 말이 되는가? 그러나 한유가 정작 말하고자 하는 뜻은 그것이 아니었다. 그는 백락이 천리마를 식별하고 부리는 과정에서 보여준 결정적인 작용을 강조하고자 한 것이다. 즉 천리마를 알아보지 못하면 천리마의 능력을 발휘할 수 없어 그저 보통 말과 마찬가지로 취급될 수밖에 없고, 그러면 세상에 천리마란 존재할 수 없다는 말이다. 이와 관련해 『전국책戰國策』「초책楚策」(4)에 보면 한 천리마의 참혹한 상황이 기록되어 있다.

어떤 사람이 말 등에 소금을 가득 싣고 가파른 태항산을 오르고 있었다. 말은 무릎이 꺾이도록 언덕을 오르려고 무던 애를 썼지만 좀처럼 오를 수가 없었다. 온 몸이 땀에 젖었다. 돌아가려 해도 길이 너무 멀었다.

이 말은 한창 나이의 말로서 소금을 잔뜩 싣고 죽을 힘을 다해 태항산을 넘으려 했지만 결국 넘지 못했다. 그렇다면 이 말은 그저 평범한 말이 아닌가? 하지만 그게 아니었다. 그때 지나가던 백락이 이 말을 보고는 수레에서 내려 눈물을 흘리며 자기 옷을 벗어 말에게 덮어주었다. 그러자 말은 정신을 차리며 머리를 들어 높은 소리로 울부짖었는데 그 소리가 하늘까지 울렸다. 말은 자신을 알아주는 '지기知己'를 만나자 천리마의 본색을 드러낸 것이다. 천리마를 알아보지 못하면 세상에 천리마는 존재할 수 없다. 천리마가 '지기'를 만나지 못하면 소금 따위나 지고 나르는 운명에서 벗어날 수 없는 것이다.

이렇게 인재와 인재를 알아보는 관계에서는 인재를 알아보는 후자가 결정적인 작용을 한다. 동한 시대의 환담桓譚은 『신론新論』「구보求輔」편에서 특별히 다음과 같이 말하고 있다.

침구나 약초는 의료 도구이긴 하지만 좋은 의사가 아니면 그것을 가지고 있어봐야 병을 치료할 수 없다. 재능과 덕행은 나라를 통치하는 도구다. 현명한 군주가 없다면 재능과 덕행을 다 갖춘 신하가 있다 해도 공을 이룩하지 못할 것이다. 뛰어난 의사는 침구나 약초가 없어도 다른 약품이나 의료 도구로 병을 치료할 수 있다. 왕은 그 자신에게 재능과 덕행이 없어도 유능한 신하를 골라 자신을 보좌하게 할 수 있다. 따라서 재능과 덕행을 구비한 사람이야말로 나라의 침구이자 약초인 셈이다. 그리고 군주의 지혜는 이런 사람들이 재능을 충분히 발휘할 수 있는 전제 조건이 된다. 그래서 '10필의 말을 얻기보다 백락 한 사람을 얻는 것이 낫고, 10자루의 보검을 얻기 보다는 명검을 만드는 장인 구야歐冶 한 사람을 얻는 것이 낫다'라는 말이 전해오는 것이다.

10명의 인재를 얻는 것보다 1명의 인재를 식별하고 기용할 줄 아는 사람 하나를 얻는 것이 낫다는 말은 백락과 천리마의 관계를 빌려 인재 문제를 논할 때 등장하는 중요한 주제다. 이는 한유의 '세상에 백락이 있은 다음에라야 비로소 천리마가 나타날 수 있다'는 말과 같은 맥락이다.

천리마를 알아보는 인재를 찾아라

천리마를 알아보는 것도 쉽지 않지만 백락을 찾아내는 것은 더욱 어렵다. 『열자列子』 권8 「설부說符」에 나오는 백락이 구방고九方睪를 추천한 이야기는 이를 잘 보여준다. 진 목공은 백락이 하루하루 늙어가는 것을 보고 그 자리를 대신할 사람을 추천하게 했다. 백락은 구방고를 추천했다. 백락은 구방고가 말을 보는 재능이 자신 못지않다고 했다.

목공이 백락의 말을 듣고 구방고에게 좋은 말을 구해오도록 했다. 목공은 구방고의 재능이 미덥지 못했다. 석 달이 지나서야 돌아온 구방고는 "사구에서 좋은 말 한필을 얻었습니다"라고 보고했다. 목공은 어떤 말인지 물었다. 구방고는 "암컷에 노란색입니다"라고 대답했는데 말을 보니 수컷에 까만색이었다. 기분이 상한 목공은 백락에게 "자네가 사람을 잘못 봤네. 암수도 못 가리고 색깔도 구별 못하는데 말을 어떻게 고른단 말인가?"라며 나무랐다.

말의 색과 암수도 알아보지 못하는 사람을 프로라고 할 수는 없을 것이다. 목공은 말을 좋아하는 군주였다. 목공이 제기한 문제에 대해 백락은 탄식하며 말을 고르는 요점을 다시 한 번 설명한다.

그 점이야말로 구방고가 저보다 뛰어나다는 증거입니다. 구방고가 본 것은 천기입니다. 가장 중요한 것을 보고 부차적인 것은 고려하지 않았으며, 본질을 꿰뚫되 표면적인 것을 고려하지 않은 것입니다. 보이는 것만 보고 보이지 않는 것은 보지 않습니다. 볼 수 있는 것은 보되 볼 수 없는 것은 그대로 남겨둡니다. 요컨대 구방고는 말을 고르되 말의 본질만 보았을 뿐입니다.

구방고는 천리마의 가장 중요한 특징만 움켜쥐고 관찰했을 뿐, 부차적이거나 중요하지 않은 것은 보지도 묻지도 않았다. 말의 정수만 깊게 살핀 것이다. 그래서 백락은 구방고가 자기보다 훨씬 뛰어나다고 한 것이다. 아니나 다를까? 구방고가 데리고 온 말은 천하제일의 명마였다.

말의 털과 같은 지엽적인 것에만 매달려서는 '천하의 말'을 식별할 수 없고, 문제의 표면만을 보아서는 백락을 알아볼 수는 더욱더 없다. 고대 사회에서 말을 고르는 일은 고상한 직업이 아니었다. 말을 잘 본다고 고관대작에 오르는 것도 아니었다. 백락이라는 이름이 후세까지 알려지게 된 것은 백락과 천리마의 관계에 인재 문제와 관련해 철학적 이치가 내포되어 있기 때문이다. 그래서 정치가나 사상가들이 자신의 주장을 알리는 데 즐겨 인용했던 것이다.

물론 당시의 관점으로 보자면 시대의 한계성 때문에 천리마는 늘 백락을 기다려야 하는 수동적 처지였다. '세상에 백락이 있음으로 해서 천리마가 존재한다'는 말이 이를 잘 말해준다. 나름대로 일리가 있는 말이지만 정확하고 객관적인 인식이라고는 할 수 없다.

백락이 있은 다음에라야 천리마가 존재할 수 있다. 동시에 천리마가 있으면 백락이 나타나기 마련이다. 천리마도 있고 백락도 있는 것이다. 다만 천리마가 늙도록 백락을 만나지 못하는 것이 문제인데, 관건은 개방적인 사회 시스템과 인재를 인정하는 사회적 풍토에 달려있다. 그런 풍토라야 백락과 천리마가 서로 만나 서로를 빛내 줄 수 있다. 물론 지금도 천리마가 아무리 많아도 그 천리마를 천리마로 알고 기용할 줄 아는 백락이 없다면 천리마는 소금이나 지는 보통 말보다 못한 존재로 전락할 수 있다. 수많은 백락의 눈이 어느 때보다 절실한 때다.

인재는 나설 때와 물러설 때를 분명히 안다

오늘날 인재들은 과거와는 완전히 다른 시대를 살고 있다. 자신의 일과 직장, 리더를 자신이 선택할 수 있을 뿐만 아니라 인재의 능력에 따라서는 리더의 자질을 기르는 데 큰 역할을 한다.

고대 사회에서 인재는 소극적인 존재였다. 권력자가 부르거나 일정한 통로를 통해야만 벼슬이나 일을 얻어 자신의 능력을 발휘할 수 있었다. 그래서 당시의 전통적인 인재관은 '나무(권력자)가 새(인재)를 택하는' '택조擇鳥'였다. 물론 혼란기나 치열한 경쟁 시대에는 '새가 나무를 선택하는' '택목擇木' 현상이 없었던 것은 아니지만 어디까지나 기본은 '택조'였다.

오늘날 인재들은 과거와는 완전히 다른 시대를 살고 있다. 자신의 일과 직장, 리더를 자신이 선택할 수 있을 뿐만 아니라 인재의 능력에 따라서는 리더의 자질을 기르는 데 큰 역할을 한다. 이를 굳이 표현하자면 '육목育木'이라 할 수 있다. 리더의 자발성과 능동성이 그만큼 커졌다는 뜻이다.

고대 사회에서 인재는 수동적 존재였다. 따라서 자신의 진퇴조차 뜻대로 결정하기가 쉽지 않았다. 인재의 진퇴는 늘 미묘한 문제였고, 특히 큰일을 성취하고 난 다음 인재의 거취를 둘러싸고 많은 비극이 벌어졌다. '토사구팽兔死狗烹'이란 네 글자는 바로 이 문제를 함축적으로 전하고 있는 천고의 유명한 고사성어가 되었다. 먼저 노단魯丹의 고사를 통해 과거 인재가 안고 있었던 딜레마와 진퇴라는 문제에 대해 생각해보자.

평판만 듣고 인재를 판단하는 위험성

법가 사상을 집대성한 『한비자韓非子』(「설림說林」 상편)에 나오는 전국시대 노단이란 사람의 이야기를 먼저 소개한다.

노단은 벼슬자리를 얻어보려고 중산국中山國(지금의 하북성 지역)에 와서 그 군주에게 유세하려 했지만 세 차례나 거절당했다. 이에 노단은 황금을 중산국 군주의 측근에게 풀어 면담을 주선하도록 청탁했다. 이렇게 해서 노단은 중산국 군주를 만나게 되었다. 그런데 노단이 미처 입을 열기도 전에 중산국 군주는 노단에게 먹을 것 등을 주며 열렬히 환대하는 것이었다. 면담을 마치고 여관으로 돌아온 노단은 바로 짐을 싸서 중산국을 떠날 준비를 했다.

노단의 마차를 몰며 노단을 모시던 마부는 이해할 수 없다는 표정을 지으며 "이번 면담은 많은 돈을 써가며 가까스로 성사되었고 결과도 좋은 것 같은데 왜 갑작스럽게 떠나려 하십니까?"라고 물었다. 노단은 쓴웃음을 지으며 이렇게 대답했다.

다른 사람이 하는 칭찬의 말을 듣고 나에게 잘 대해주는 사람이라면, 나에 관한 나쁜 말을 듣게 되면 틀림없이 나를 벌 줄 것이기 때문이다.

노단 일행이 중산국 국경을 아직 벗어나지도 않았는데 중산국 조정의 공자 하나가 "노단은 조趙나라를 위해 우리 중산국을 엿보려고 온 자입니다"라는 비방의 말을 늘어놓았고, 이에 중산국 군주는 즉시 노단을 잡아들이게 해 벌을 주었다.

노단이 중산국 군주를 만나 유세한 것은 자신의 재능을 상대방에게 유감없이 발휘해 자신을 크게 써주기를 바랐기 때문이다. 그러나 세 번의 유세 신청이 모두 무위로 돌아갔다. 이에 어떡하든 상대방을 만나 자신의 재능을 드러낼 기회를 잡기 위해 노단은 상당한 황금을 동원해 군주의 측근에게 뇌물을 썼다. 말하자면 로비 자금을 쓴 것이다. 노단은 이렇게 해서라도 중산국 군주를 만나 대화를 나눌 기회를 얻어 자신의 재능을 발휘하고, 나아가 한 자리 얻을 수 있기를 간절히 희망했다.

한편 노단의 뇌물을 받은 측근은 중산국 군주 앞에서 노단에 대해 좋은 말을 늘어놓았고, 이 때문에 군주는 노단과의 면접을 허락하면서 노단이 뭐라 입을 열기도 전에 먹을 것을 권하면서 열렬히 환대했다. 바로 그 순간 노단은 깨달았다. 중산국 군주의 환대는 결코 자신의 재능에 대한 환대가 아니라 측근의 입에서 나온 말 때문이라는 것을. 요컨대 황금이 작용을 한 것이다.

여기서 노단은 중산국 조정이 부패해 있음을 보았고, 나아가서는 중산국 군주가 아주 가벼운 인물이라는 판단을 내릴 수 있었다. 이런 경박한 군주 밑에서 일하는 것은 위험해서 노단은 중산국을 떠났던 것이고, 국경을 빠져나가기도 전에 결국 체포되어 벌을 받음으로써 노단의 판단이 옳았음이 입증되었다.

이해관계와 신뢰라는 조건

노단의 목적은 자신의 재능과 능력을 알려 벼슬을 얻으려는 것이었다. 그는 자신의 재능을 벼슬을 위한 유일한 밑천으로 생각했다. 물론 뇌물과 타인의 칭찬으로 자리를 얻을 수는 있다. 그러나 뇌물에는 한계가 있을 수밖에 없고, 또 인간관계란 것이 모순투성이 아닌가? 그에게는 조정 신하들에게 끊임없이 뇌물을 제공할 능력이 없었다. 복잡한 사회관계 속에서 언제까지고 자신을 비방하는 사람이 없으리라고 보증할 수 있겠는가? 게다가 남의 말에 따라 벼슬을 주는 경박한 군주라면 정말 위험천만이다.

한편 중산국 군주 역시 인재를 얻고자 했다. 그러나 그는 인재에 대한 기준을 자신의 관찰과 이해라는 기초에 두지 않고, 타인의 평가에만 두었다. 주관없이 타인의 말만 믿고 경박하게 인재를 환대하면서 자신도 모르는 사이에 상대방에게 위험 신호를 보내는 바람에 결국 인재를 잃고 말았다. 물론 노단에게는 잘 된 일이었다.

일반적으로 생각이 성숙한 사람으로서 그 자신의 지향점指向點을 갖고 있다면, 그 사람은 틀림없이 자신이 지향하는 바를 실현할 수 있는 실력을 갖추고 있다. 그런데 누군가의 지향점은 알면서도 그것을 실현해낼 실력은 제대로 살피지 못하는 것은 물론 그 사람의 장점을 못 본다면 그 사람을 진정으로 이해했다고 할 수 없다. 누군가를 제대로 이해하지 못하면 그 사람을 진정으로 신뢰할 수 없다. 설사 그 사람을 손님처럼 잘 대접한다 하더라도 그 사람의 신뢰를 얻어내기 어렵다.

진정한 이해를 떠난 신뢰는 성립하기 어렵다. 중산국의 군주는 노단을 전혀 이해하지 못한 상황에서 예상 밖으로 노단을 열렬히 환대했지만 쌍방의 상호신뢰는 끝내 성립되지 못했다.

노단의 뒤늦은 깨달음

노단은 중산국 군주의 뜻하지 않은 환대를 받으면서 비로소 깨달았다. 사람의 말을 가볍게 믿는 경박한 리더 밑에서 일하는 것이 얼마나 위험한가를. 그는 당초 뇌물을 써서라도 군주를 만나 자신의 재능을 확인시키기만 하면 중용될 수 있을 것이라고 생각했다. 이 판단이 아주 틀린 것은 아니었다. 그는 이를 통해 군주를 만나 자신의 재능을 보여주고 충분히 중용될 수도 있었다.

그러나 문제는 그렇게 단순하지 않다. 리더가 자신의 능력이 아닌 남의 말을 믿고 기용하는 것이 가장 큰 문제다. 어느 순간 또 다른 사람의 말을 듣고 자신을 내치지 말라는 보장이 없기 때문이다. 노단이 이런 위험성을 깨닫고 얼른 중산국을 떠났지만 국경을 넘기도 전에 붙잡혀 벌을 받은 사실이 이를 극명하게 보여주고 있다.

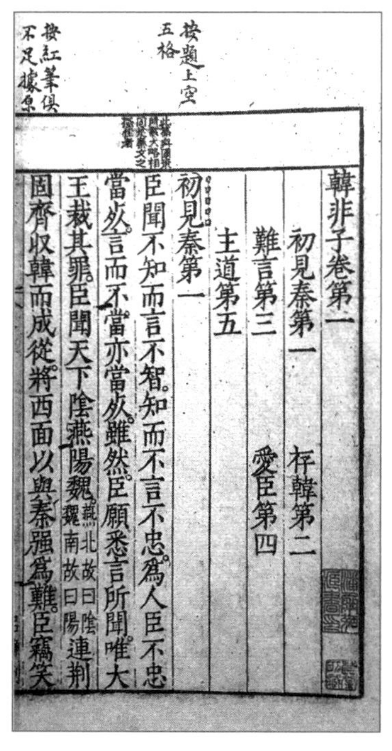
韓非子卷第一
初見秦第一　存韓第二
難言第三　愛臣第四
主道第五
初見秦第一
臣聞不知而言不智知而不言不忠爲人臣不忠
當死言而不當亦當死雖然臣願悉言所聞唯大
王裁其罪臣聞天下陰燕陽魏燕北故曰陰魏南故曰陽連荊
固齊收韓而成從將西面以與秦强爲難臣竊笑

인간의 본성, 이해관계와 권력의 함수관계를 절묘하게 간파했던 한비자와 그의 불운의 명저 『한비자』는 꼭 한 번, 제대로 알고 읽어야 할 고전이다. 『한비자』 명나라 시기의 판본이다.

대개 정권이 바뀌거나 경영진이 교체되면 새로운 인재들이 희망에 부풀어 화려한 걸음걸이로 각 부처에 들어온다. 그러나 기대와는 달리 각 부처는 인사人事 때문에 홍역을 치르고, 그 후유증이 상당히 오랫동안 지속된다. 온갖 루머와 구설수들이 따른다.

이른바 정실情實 인사가 이 모든 결과의 원인 제공자다. 어마어마한 분량의 인사 관련 기록과 정보를 가지고 있어봤자 아무 쓸모가 없다. 인재의 능력과 자질(도덕성을 포함한)을 보지 않고, 출신지와 출신 학교와 나와의 친분

관계만 따지면 아무 소용이 없기 때문이다. 노단이 중산국 군주의 기대치 않았던 환대 속에서 뒤늦게 깨달은 것도 바로 이 점이었다.

노단 정도의 인식 수준을 가지지 못한 인재에 대해서라면, 적어도 한 가지는 확실하게 말할 수 있다. 그 정도 수준의 인재는 자신의 진퇴를 스스로 결정하고 결단할 능력을 갖고 있지 못하다고. 그저 임명권자의 입만 쳐다보면서 우왕좌왕할 뿐이라고.

물러날 때를 놓친 사람처럼 초라한 사람도 없고, 앉아서는 안 될 자리에 앉은 사람처럼 구차한 사람도 없는 법이다. 그들은 조직이나 기업의 원활한 신진대사와 적시에 필요한 젊은 피의 수혈을 가로막아 결국은 동맥경화로 고생하게 만드는 주범들이다.

나아가고 물러날 때를 알아 진퇴를 스스로 결정할 줄 아는 인재라야 자신의 능력을 제대로 펼칠 수 있다. 물론 이를 위한 사회적 여건과 정책이 함께 갖추어져야만 좋은 인재를 놓치지 않을 수 있다.

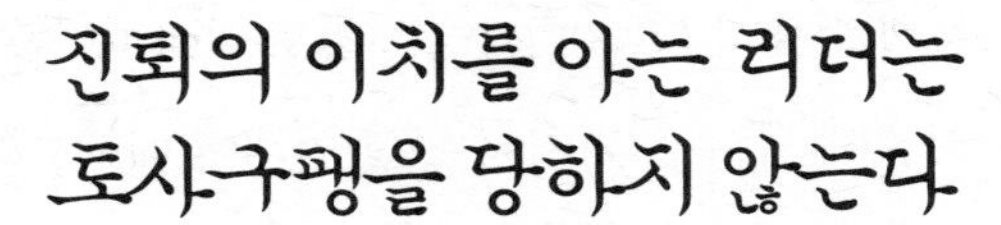

성공한 자리에는 머무르지 말라(성공불거成功不居), 공을 이루고 나면 용감하게 물러나라(공성용퇴功成勇退), 멈출 줄 알아라(지지知止). 물러남의 미학을 말하는 예술적 경지의 고사성어들이다.

『사기』 전편을 통해 가장 유명한 명언이나 경구를 들라고 하면 아마 많은 사람이 앞서 잠깐 언급한 바 있는 '토사구팽兎死狗烹'을 꼽을 것이다. '토사구팽'은 서한 왕조를 건립하는 데 가장 큰 공을 세운 한신이란 명장이 형장의 이슬로 사라지면서 짙은 회한과 함께 내뱉은 말로 유명할 뿐만 아니라, 우리 정치인들도 심심찮게 인용해 한동안 인구에 회자되어 더욱 널리 알려졌다.

그러나 『사기』에서 '토사구팽'은 적어도 세 군데 이상 나온다. 이는 이 말이 그 이전부터 널리 유행하던 격언이나 속담 같은 말이었음을 뜻한다. 이 말을 처음 쓴 사람은 『사기』만을 놓고 보면 춘추시대 범려范蠡라는 인물이다. 이에 '토사구팽'이란 고사를 소개해 고대의 뛰어난 인재들이 처했던 곤혹스러움과 진퇴라는 문제에 대해 한 걸음 더 들어가 생각해보고자 한다.

범려의 놀라운 통찰력

춘추시대 후기 장강 이남 강남 지역에는 세 개의 나라가 파란만장한 역사를 연출하고 있었다. 전통적인 강대국 초나라와 동쪽 바닷가 지역(지금의 강소성과 절강성 일대)에 위치한 오나라와 월나라가 그 주인공들이었다. 특히 오와 월은 반세기에 걸친 '오월쟁패'라는 치열한 경쟁의 시대를 연출해 숱한 고사를 남겼다. 이 오월쟁패는 '토사구팽'을 비롯해 '오월동주吳越同舟' '와신상담臥薪嘗膽' '결목현문抉目懸門' '어복장검魚腹藏劍' 등과 같은 2천 년 넘게 인구에 회자되는 유명한 고사성어들을 남겼다.

'오월동주'는 '원수가 한 배를 탔다'는 뜻으로 상황에 따라서는 경쟁상대와 공존을 모색해야 한다는 비유의 고사성어다. '와신상담'은 '장작더미에 누워 잠을 자고, 곰쓸개를 맛본다'는 뜻인데, 원한을 갚기 위해서는 지독한 고통도 마다하지 않는 것을 묘사한 것이다. '결목현문'은 오나라 왕 합려闔閭와 부차夫差 부자를 도와 패주로 만든 오자서伍子胥가 부차에게 배신을 당해 자결하기에 앞서 남긴 유언이다. '두 눈알을 파내 성문에 걸어라'는 뜻으로 죽어서도 오나라가 망하는 꼴을 직접 보겠다는 저주가 담긴 섬뜩한 고사성어다. '어복장

검'은 오자서가 합려를 왕으로 만들기 위해 자객 전제專諸를 기용해 당시 오나라 왕을 암살할 때 전제가 구사한 방법이다. 당시 전제는 '물고기 배 속에다 비수를 숨겨' 물고기 요리를 오왕에게 올리면서 배 속에서 비수를 빼서 오왕을 찔러 죽였다. 이렇듯 오월쟁패의 역사는 드라마보다 더 드라마 같은 고사로 아로새겨져 있다.

오월쟁패에서 월나라 쪽 주인공의 한 사람인 범려는 월나라 왕 구천勾踐을 도와 숙적 오나라를 멸망시키는 데 절대적인 공을 세웠다. 당시 범려와 함께 큰 공을 세운 사람으로는 범려를 구천에게 추천한 문종文種이란 인물이 있었다. 구천은 한때 오나라 왕 부차와 싸우다 크게 패하고 하마터면 나라까지 잃을 뻔했다. 3년 동안 오나라에 인질로 가서 아내와 함께 부차의 시중을 드는 수모를 당했다. 구천은 병이 난 부차의 똥까지 맛을 보는 등 완전히 부차에 굴복한 것처럼 위장해 가까스로 본국으로 돌아올 수 있었다.

이후 구천은 20년 동안 복수의 칼날을 갈았다. 구천은 이 20년 동안 인구와 생산을 늘리는 한편, 패배를 교훈 삼아 복수를 위한 철두철미한 준비에 만전을 기했다. 구천이 이렇듯 절치부심하며 복수의 칼을 가는 과정에서 나온 명언이 바로 '와신상담'이다. 구천은 지난날의 치욕을 잊지 않기 위해 잠을 잘 때는 장작을 깔고 잤고, 곰쓸개를 혀로 핥으며 고통스럽고 쓰디 쓴 과거를 상기시켰다. 그리하여 마침내 오나라를 멸망시키고 원한을 갚는 데 성공한다.

그런데 바로 이 절정의 순간에 범려는 부귀영화를 내던지고 은퇴를 선언했다. 구천도 놀랐고, 친구 문종도 놀랐다. 구천은 무슨 소리냐며 나라의 절반을 범려에게 주겠다고 하면서 그를 붙잡았지만, 범려는 모든 걸 뿌리치고 약간의 패물만 챙겨 지금 중국의 산동반도에 있던 제나라로 떠났다.

'토사구팽'은 범려가 확실하게 보장된 부귀영화와 권력을 무심히 내던지듯 던지고 제나라로 떠난 다음, 친구 문종에게 보낸 편지 속에 나온다. 제나라로 간 범려는 거처를 정한 다음, 친구이자 정치적 동료로서 거의 반평생 가까이 동고동락해온 문종에게 편지를 보낸다. 그 편지의 내용을 보면 이렇다.

> 날던 새를 다 잡으면 좋은 활은 거두어들이고(비조진飛鳥盡, 양궁장良弓藏), 약삭빠른 토끼를 잡고나면 사냥개는 삶아 먹는 법이다(교토사狡兔死, 주구팽走狗烹). 월왕 구천은 목이 길고 입은 새부리처럼 뾰족한 것이 어려울 때는 함께할 수 있어도, 즐거움은 같이 할 수 없는 사람이다. 친구여, 왜 월나라를 떠나지 않는가?

편지를 받은 문종은 깜짝 놀랐다. 범려의 지적이 너무 정곡을 찔렀기 때문이다. 그러나 참으로 오묘한 것이 인간의 마음이라 문종은 망설였다. 범려의 뜻을 알아챘지만 바로 짐을 챙겨 훌쩍 떠나지 못했다. 설마 수십 년을 동고동락해온 구천이 날 어쩌겠는가 하는 막연한 희망을 품은 채 병을 핑계로 궁궐에 들어가지 않는 애매한 행동을 보였다.

그러나 구천은 범려의 예상대로 문종을 그냥 내버려두지 않았다. 누군가 문종이 반역을 꾀한다고 고발해오자 구천은 자신의 보검을

범려는 '토사구팽'이란 말로 권력의 비정함과 함께 인재의 진퇴 문제를 심각하게 생각하게 한다. 비석에 새겨져 있는 범려의 초상화다.

문종에게 주며 자결을 강요한다. 문종은 만감이 교차하는 착잡한 심경으로 자결했다. 이로부터 '토사구팽'은 큰 공을 세운 공신을 제거한다는 의미로 사용되기 시작했다.

이 명언 속에는 권력의 비정함 따위와 같은 단순한 정치적 의미만 들어있는 것이 아니다. 권력과 권력자의 속성, 성취 후의 인간심리, 성취 후의 처신, 큰 공을 이룬 인재의 진퇴 등과 같은 미묘한 문제를 둘러싸고 좀더 깊은 철학적 의미를 함축하고 있다. 한 걸음 더 들어가 이 문제를 서한의 개국공신 장량張良의 행적을 통해 생각해보자.

물러남의 역설적 미학

사마천은 『사기』에서 절정기에 정상에서 내려와 은퇴함으로써 자신의 몸과 명예를 지킨 대표적인 인물들로, 춘추시대 범려와 더불어 서한 초기 장량이란 인물을 소개하고 있다. 장량은 자신의 거취문제와 관련해 늘 입버릇처럼 자신은 인간으로서 속세에서 누릴 것을 다 누렸고 또 누릴 만큼 누렸으므로 이제는 신선을 따라 고고히 노닐 것이라며 은퇴 의지를 표명했다.

장량은 자신의 말을 지키기 위해 스스로 양생술養生術을 닦으면서 훗날을 준비했다. 장량이 공식적으로 은퇴했다는 기록은 남아 있지 않지만 그의 평소 언행이 권력자들의 경계심을 늦춘 것만은 분명했고, 그 역시 정치와 늘 일정한 거리를 둠으로써 알게 모르게 정계에서 물러날 수 있었다. 이렇게 해서 장량은 살벌한 정치판에서, 그리고 정권 초기라는 어수선한 상황에서 자신의 명성과 몸을 지켜낼 수 있었다.

사실 자기 한 몸 지키는 일이라면 범려의 지기였던 문종이나 장량, 소하와 함께 서한삼걸로 불렸던 한신 정도라면 충분히 할 수 있어야 했다. 그러나 이들은 평생을 전쟁과 고난 속에서 살아왔으면서 '진퇴', 즉 나아가고 물러가는 문제에 대한 명확한 자기 판단 내지 자기 철학을 세우지 못했던 것은 아닐까?

인간적인 측면으로 보자면 범려는 영악하다. 그런데 구천과 한 고조 유방의 입장에서 볼 때 문종과 한신이 껄끄러운 존재였을 것이라는 증거가 『사기』에 엿보인다. 20년 넘게 동고동락할 때 문종은 구천에게 숙적 오나라를 물리칠 수 있는 일곱 가지 계책을 제안한 바 있다. 그런데 그 일곱 가지 중에서 단 세 가지만 사용해 오나라를 멸망시켰다. 나머지 네 가지는 아직 보따리도 풀지 않은 것이다. 구천은 문종에게 자신의 보검을 주면서 이 문제를 추궁하고 있다. 풀지 않은 네 개의 보따리 속에 무엇이 들어 있을지 궁금하기도 하고 또 불안하지 않겠나? 거의 다 망한 나라를 다시 일으켜 세워 기사회생시키고,

결국은 상대까지 쓰러뜨리는 데 절대적인 역할을 한 주인공이 문종 아닌가? 그러니 남은 네 개의 보따리에 어떤 비책이 들어있는지 누가 알겠는가? 이것이 구천을 내내 불안하게 만들었고, 모반이라는 밀고가 들어오자 핑계 삼아 가차 없이 자결을 강요한 것이다.

한신도 비슷했다. “내가 너 같은 장수라면 졸병을 얼마나 거느릴 수 있겠냐”는 유방의 질문에 한신은 “폐하는 10만이면 족합니다”라고 돌직구를 날렸다. 이에 유방이 “너는 얼마나 거느릴 수 있냐”고 재차 묻자 한신은 여전히 유방의 의중을 헤아리지 못하고 “다다익선多多益善”이라고 거침없이 답했다. 마음이 상한 유방이 그렇게 잘난 놈이 어째서 내 밑에 있냐고 불편한 심기를 드러내자 그제야 유방의 의도를 알아챘던지 “폐하는 ‘장수를 잘 다루는 장수(선장장善將將)’이십니다”라고 둘러댔다.

‘성공불거’로 대변되는 장량의 물러남은 한신의 ‘토사구팽’과 선명한 대조를 이루면서 후대에 많은 생각거리를 던지고 있다. 장량의 초상화다.

그러나 이미 때는 늦었다. 한신이 당당하게 내뱉은 ‘다다익선’ 뒤에는 ‘토사구팽’의 그림자가 어른거리고 있었다. 그 뒤 한신이 모반을 꾀하고 있다는 제보가 들어오자 여 태후는 같은 공신인 진평陳平과 장량의 건의를 받아들여 한신을 유인한 다음 체포했다. 결국 한신은 자신은 물론 삼족이 모두 죽임을 당했다.

'토사구팽'이란 명언이 오늘날 우리 현대인에게 던지는 화두는 무엇인가? 정상에 올랐을 때 내려오는 것, 어쩌면 당연하지 않은가? 산도 정상에 오르고 나면 내려와야지 갈 곳이 어딘가? 문제는 자기의지다. 정상에 올랐을 때 자신의 의지와 명철한 판단 그리고 결단력으로 스스로 정상에서 내려와야지, 머뭇거리다 강제로 정상에서 끌려내려오는 일을 피할 수 있다.

그러나 보통 사람인 우리도 그렇고, 특히 정치권력을 잡거나 고위직에 오른 사람들치고 범려나 장량 같은 결단을 보여주는 경우는 극히 드물다. 정말 드물다. 그래서 범려와 장량을 현명한 인물의 대명사로 꼽는 것이다.

'토사구팽'은 공신 숙청을 의미하는 살벌하고 비정한 정치 논리를 대변하는 고사성어다. 하지만 그 이면에는 '물러남의 미학'이라는 누구나 한번은 깊게 생각해야 할 심오한 철학적 메시지를 숨기고 있는 예술적 경지의 고사성어이기도 하다.

성공한 자리에는 머무르지 말라.	성공불거成功不居.
공을 이루고 나면 용감하게 물러나라.	공성용퇴功成勇退.
멈출 줄 알아라.	지지知止.

진퇴의 이치를 제대로 알았던 장량의 사당 곳곳에 걸려 있거나 새겨져 있는 글귀들이다.

초패왕 항우는 왜 실패할 수밖에 없었는가?

리더로서 항우의 결점과 문제점들은 제후들에 대한 분봉을 비롯한 논공행상을 시작으로 드러나기 시작했다. 역사상 모든 리더들에게 가장 골치 아프고 예민한 대목이 바로 논공행상이었다.

인재는 대부분 자존심이 세다. 인재의 뛰어남과 자존심의 크기는 비례하는 것 같다. 따라서 인재는 타인으로부터 인정을 받으려는 '인정욕구' 또한 강하다. 이런 인재의 성향을 대개는 성격이나 기질로 치부해버리지만 단순한 문제는 결코 아니다.

그리스 속담에 '성격이 운명을 결정한다'는 말이 있다. 그런데 이 속담을 인재와 연계시켜 보면 꽤 흥미로운 논의가 가능해진다. 인재라는 존재에 그만큼 묘한 구석이 있다는 뜻이기도 하다.

이 문제와 관련해서는 초한쟁패의 실질적인 영웅이라 할 수 있는 항우의 실패가 많은 시사점을 던져준다. 흔히들 항우의 실패를 그의 기질 탓으로 분석한다. 분명 그의 기질이 실패에 큰 영향을 미쳤다.

하지만 그것이 다가 아니다. 특히 다 쥐었던 천하 패권을 항우는 어리석게 놓쳤고, 유방과의 마지막 승부에서 단 일격을 견디지 못하고 주저앉았다. 그것은 자포자기에 가까웠다.

죽음을 앞둔 항우의 최후 탄식으로부터 이야기를 풀어가면서 항우의 실패가 과연 어디서 비롯되었는지 좀더 면밀하게 분석해보자. 특히 격동기에 가장 중요하고 필요한 요소인 인재에 초점을 맞추고자 한다.

하늘을 원망하다

기원전 202년 12월, 초패왕 항우는 한신이 이끄는 한의 군대에 쫓겨 해하垓下(땅끝이란 뜻의 지명)에서 겹겹으로 포위당했다. 밤이 깊었다. 그러나 잠이 올 리 만무했다. 언제부터인가 사방에서 초나라 노래가 들려왔다. 항우는 총애하는 우희虞姬와 술잔을 기울이며 비통한 심정으로 노래를 지어 불렀다.

그 힘은 산을 뽑고도 남고, 그 기개는 하늘을 덮고도 남건만,
역발산혜기개세力拔山兮氣蓋世.

때가 여의치 않으니 추란 녀석도 달리려 하지 않는구나.
시불리혜추불서時不利兮騅不逝.

추가 달리려 하지 않으니 어찌한단 말인가?
추불서혜가내하騅不逝兮可奈何?

우여, 우여 그대는 또 어찌 할거나?
우혜우혜내약하虞兮虞兮奈若何?

두 사람은 눈물을 흘리며 이별했다. 이것이 저 유명한 초패왕 항우가 우희와 이별하는 '패왕별희霸王別姬'의 장면이다. 우희는 항우의 칼로 자결했다.* 항우는 800명의 용사를 이끌고 한나라 군대의 포위망을 뚫고 남쪽으로 도주했으나 동성東城에 이를 즈음에는 28기만 남았다. 수천의 한나라 기병은 추격을 늦추지 않았고, 항우는 수백 명을 베며 분전했지만 역부족이었다. 항우는 몸에 십여 군데의 부상을 입고 기진맥진했다. 항우를 에워싼 한나라 군사들을 노려보던 항우의 눈에 얼핏 어디선가 본 적이 있는 얼굴이 들어왔다. 예전에 항우의 부하로 있던 여마동이란 자였다. 여마동은 항우를 가리키며 "이 자가 바로 항왕(항우)이요!"라고 고함을 질렀다.

항우는 "내 듣자하니 한왕(유방)이 내 머리에 천금과 만호의 읍을 걸었다고 하니 내가 너희들에게 은혜를 베풀마!"라고 말하고는 스스로 목을 찔러 죽었다. 왕예가 항우의 머리를 가져갔고, 다른 기병들이 서로 짓밟으며 항우의 몸을 다투다가 수십 명이 죽었다. 항우의

* 『사기』「항우본기」에는 우희가 자결하는 대목은 없다. 우희의 자결은 대부분 민간전설에 나온다.

항우의 최후는 드라마보다 더 드라마틱하다. 하지만 한때 천하를 호령했던 리더로서 그의 무책임한 죽음은 비판받을 수밖에 없었다. 사진은 패왕별희를 나타내는 해하의 조형물이다.

옛 부하였던 여마동은 항우의 몸 한 쪽을 차지했고, 그 공으로 중수후라는 작위와 땅을 받았다.

일대 영웅 항우의 최후였다. 항우는 자신의 최후를 직감한 후 자신의 부하와 오강烏江을 지키던 정장에게 두 번씩이나 '하늘이 나를 망하게 하려는데' 자신에게 무슨 수가 있겠냐며 강하게 하늘을 원망했다. 그는 죽는 순간까지 자신이 왜 건달 출신의 유방에게 패했는지 몰랐다. 항우의 실패를 누구보다 안타까워했던 사마천은 「항우본기」 마지막 논평에서 항우의 무지를 다음과 같이 신랄하게 비판했다.

항우는 자기 공만 자랑하고 자신의 사사로운 지혜만 믿고 과거를 거울삼아 배우려 하지 않았다. 패왕의 공업을 앞세워 무력으로 천하를 정복하고 무력으로 다스리려다가 5년 만에 나라를 망치고, 몸은 동성에서 죽으면서도 자신의 잘못이 무엇인지 끝내 깨닫지 못했으니 이것이 잘못이었다. 그리고는 끝까지 '하늘이 나를 망하게 하는 것이지 내가 싸움을 잘 하지 못한 죄가 결코 아니다'라는 말로 핑계를 댔으니 어찌 잘못이 아닐까?

천하호령과 동시에 표출된 항우의 문제점

해하에서 유방에게 패해 자살하기 불과 5년 전인 기원전 207년 항우는 거록鉅鹿(지금의 하남성 평향현)에서 진秦나라 군대와 아홉 번 맞붙어 대파함으로써 모든 제후국을 호령하는 상장군이 되었다.* 당시 제후들은 항우가 싸우는 것을 관망만 하다가 항우가 승리하자 항우의 기세에 눌려 무릎으로 기어 나와 축하를 올렸다. 항우의 일생에서 가장 빛나는 장면이었다. 대세는 항우 쪽으로 기울었고, 누구나 천하의 대권은 항우가 차지할 것이라 예상했다.

같은 해, 유방은 진나라의 수도 함양성에 먼저 진입했고 진나라는 이로써 멸망했다. 이듬해 항우는 유방을 압박해 함양성에서 물러나게 하는 한편, 홍문으로 유방을 불러 술자리를 베풀면서 그를 죽이려

* 이 전투에서 항우는 '취사용 솥을 깨버리고 타고온 배를 가라앉힌다'는 '파부침주破釜沈舟'라는 결사항전의 전술로 승리했다.

했으나 결행하지는 못했다. 유방은 열세를 절감하고 보물들을 항우에게 바치며 복종을 맹서했다. 항우는 함양성을 도륙하고 꼭두각시 회왕懷王을 형식적으로 의제義帝로 높인 다음, 자신은 서초패왕이 되어 제후들을 호령했다. 아울러 제후들을 각지에 봉함으로써 실질적인 권력 행사를 시작했다. 유방은 한왕에 봉해 황무지나 다름없는 남정南鄭(지금의 섬서성 한중)으로 내쳤다.

리더로서 항우의 결점과 문제점들은 제후들에 대한 분봉을 비롯한 논공행상을 시작으로 드러나기 시작했다. 역사상 모든 리더들에게 가장 골치 아프고 예민한 대목이 바로 논공행상이었다. 논공행상이야말로 가장 예민한 정치적 행위이기 때문이다. 그러나 항우는 정치가 군사보다 훨씬 복잡하다는 사실을 인식하지 못했다. 항우의 논공행상은 훗날 유방이 보여준 절묘한 논공행상과 늘 비교되면서 비판의 대상이 되었다.

항우는 수도를 자신의 고향에 가까운 팽성彭城(지금의 강소성 서주)에다 정하고, 전국을 자신의 서초 왕국 아래에다 둔 다음 단숨에 19개 왕국의 국왕을 봉했다. 그런데 여기에 치명적인 문제가 내포되어 있었다. 19개 왕국이 통일된 국가에 속한 제후국이 아니라 모두가 동등한 지위의 독립 왕국이나 다름없었기 때문이다. 또 19개 왕들 대부분이 항우 개인의 싫고 좋음에 따라 안배함으로써 스스로 화근을 심었고, 나머지 왕들도 신뢰하지 못했다.

꼭두각시 황제로 옹립된 의제는 그 존재를 용납하기 힘들었던 항우에 의해 얼마 뒤 살해되었다. 제나라 왕이었던 전불은 자신의 부하대장 전도를 보내 항우를 열성적으로 도왔던 인물이었다. 항우가 정상적인 두뇌를 가진 리더라면 아무리 전도의 공이 크다 해도 전불로 하여금 전도에게 상을 내리게 하는 수순을 밟았어야 했다. 그러나 항우는 전도를 덜컥 제왕에 임명하고, 전불은 자신의 수도 임치에서 내쫓고는 구석진 교동왕에 봉했다. 그러니 전불이 불만을 품지 않을 수 있었겠는가?

한왕 한성에 대한 조치도 마찬가지였다. 항우는 한성을 무슨 범죄자처럼 잡아다 비참하게 죽였다. 이 때문에 한나라 귀족 출신이었던 걸출한 전략가 장량은 유방에게로 달려가 그의 참모가 되어 항우를 끝까지 괴롭혔다. 그밖에 연왕이나 조왕에 대한 조치도 마찬가지였다. 또 수도 선정과 관련한 다음 사건은 항우의 리더십에 얼마나 큰 결함이 있는지를 잘 보여준다.

당시 채생이란 학자가 항우에게 도읍을 함양에다 정하라고 건의했다. 함양은 전국을 통제하기 적합한 지리적 위치와 전략적 요충지였기 때문에 당연한 건의였다. 항우는 이 제안을 거절하면서 "부귀를 고향으로 돌려주지 않는 것은 '아름다운 옷을 입고 밤길을 걷는 것(수의야행繡衣夜行)이나 같다'"라고 했다. 항우가 팽성을 도읍으로 정한 목적은 자기 고향 사람들에게 부귀를 뽐내기 위해서였고, 그래서 굳이 동방에다 도읍을 정하려 고집했던 것이다.

그러자 채생은 어이가 없다는 듯이 친구에게 "사람들이 항우더러 '목욕한 원숭이가 모자를 쓴 꼴(목후이관沐猴而冠)'이라고들 하더니만 정말 그렇더라!"고 비웃었다. 이 말을 전해들은 항우는 채생을 가마

솥에 던져 넣어 삶아 죽였다.

항우는 거록 전투를 계기로 단숨에 천하의 패권을 움켜쥐었다. 그리고는 실질적인 최고 통치자 노릇을 시작했다. 그런데 바로 이 시점부터 그의 리더십에 심각한 문제와 결점이 노출되기 시작했다.

항우에게는 무엇보다 정치적 두뇌가 모자랐다. 정치적 두뇌란 것이 배운다고 단번에 좋아지는 것은 아니지만 항우의 성격이나 기질 그리고 주된 관심사가 정치에 있지 않았다는 것은 분명해 보인다. 가장 정치적인 문제를 가장 비정치적으로 처리했으니 말이다. 항우의 서초 왕국이 논공행상과 제후들에 대한 분봉 조치를 취한 뒤 불과 두 달 만에 다시 전쟁이 폭발한 것은 어찌 보면 충분히 예견된 수순이었다.

항우가 버린 인재들, 항우를 버린 인재들

항우의 상식에서조차 벗어난 논공행상은 불과 두 달을 버티지 못했다. 하지만 이때까지만 해도 항우는 사태를 충분히 수습할 만한 실력을 갖고 있었다. 유방은 산간오지로 숨어들어간 상태였다. 하지만 항우는 이 사태를 수습하지 못했다. 논공행상과 이 사태를 수습하는 과정에서 항우는 또 다른 리더십의 한계를 드러냈기 때문이다. 그 중에서 가장 큰 문제는 자신이 거느리고 있던 인재들이 그의 곁을 떠나 맞수 유방에게로 달려가게 만들었다는 사실이다.

앞서 잠깐 언급한 대로 장량은 한나라 귀족 출신의 뛰어난 인재로 훗날 유방이 항우를 꺾고 천하를 재통일하는 데 결정적인 공을 세운다. 그는 한나라가 망하자 가산을 털어 창해역사를 기용해 진시황을 암살하려다 실패한 경력의 소유자다. 장량은 포악한 리더를 증오했다. 진시황을 암살하려 한 것도 그때문이었다. 그런데 항우 역시 별반 다를 것이 없었으니 장량이 유방에게로 간 것은 당연했다. 더욱이 항우는 장량을 붙잡을 기회도 있었다.

이 뿐만 아니라 당초 항우 밑에 있던 인재들이 항우를 버리고 유방에게로 달려갔다. 항우를 버렸다고 했지만 실제로는 항우가 버린 것이나 마찬가지였다. 그 중 가장 대표적인 인물이 명장 한신이었다. 한신은 항우 밑에서 전차와 말을 관리하면서 몇 차례 계책을 올렸으나 끝내 받아들여지지 않자 유방에게 몸을 맡겼다.

항우의 실패를 분석하다 보면 결국은 인재 문제와 만난다. 범증은 항우의 최측근이자 당대가 알아주는 책략가였지만 항우는 그를 버렸다. 사진은 홍문연 유지에 세워져 있는 범증의 상이다.

훗날 유방이 곤경에 빠졌을 때마다 기발한 모략으로 위기에서 벗어나게 한 공신 진평陳平 역시 항우 밑에 있었던 모사였다. 진평은 항우 밑에서 큰 공을 세워 도위에 임명되지만 점령지를 유방에게 빼앗기는 바람에 항우의 분노에 직면하게 된다. 목숨이 위태롭다는 것을 느낀 진평은 결국 유방에게 몸을 맡겨 그의 참모가 되었다. 당초 강력한 군사력으로 맹위를 떨치며 항우를 도와 구강왕에 봉해졌던 경포黥布는 항우의 독단에 겁을 먹고 있다가 유방의 끈질긴 회유에 끝내는 항우에게 등을 돌린 경우였다.

한신과 진평의 경우는 항우가 근본적으로 이들이 재목임을 알아보지 못했다고 볼 수 있다. 하지만 항우의 최측근 참모였던 범증范增을 내친 일은 정말이지 항우의 리더십에 심각한 결함이 있다는 것을 인정하지 않을 수 없게 만든 사건이었다. 범증은 일찍부터 유방의 능력과 리더십을 알아보고 항우에게 끊임없이 유방을 일찌감치 제거하라고 충고했다. 홍문연鴻門宴에서도 몇 차례나 유방을 제거하라고 눈치를 주었으나 항우는 결단을 내리지 못하고 머뭇거렸다. 당시 범증은 유방이 보낸 옥을 검으로 쳐서 깨뜨리면서 "에잇! 어린애와 더불어 큰일을 꾀할 수 없구나. 항왕(항우)의 천하를 빼앗을 자는 패공(유방)일 것이다. 우리가 장차 그에게 잡힐 것이다!"고 예언했다.

그런데 항우로 하여금 범증을 내치게 만든 사람이 다름 아닌 진평이었다. 유방에게로 간 진평은 항우와 범증의 사이를 갈라놓은 이간책을 제안했다. 유방은 황금 80만 냥을 로비 자금으로 주며 항우의 진영을 이간시키도록 했다. 그 결과 항우는 범증을 불신하기 시작했고, 울화통이 터진 범증은 자리를 내던지고 낙향하다 도중에 죽고 말았다. 범증마저 잃은 항우는 사실상 날개 꺾인 독수리나 마찬가지였다.

거록 전투를 계기로 천하를 호령하던 항우는 대략 8 대 2의 압도적 전력을 가지고도 유방에게 패했다. 그 원인에 대해서는 지난 2천 년 동안 숱한 논평과 분석이 있었지만 무엇보다 인재를 끝까지 지키지 못했기 때문이라는 분석에는 이견이 없었다. 이제 좀더 구체적으로 항우의 패인을 분석해본다.

항우의 패인에 대한 정밀 분석

먼저 항우는 자신의 패배를 '하늘 탓'으로 돌렸다. 사마천은 이런 무책임한 변명을 신랄하게 질타했다. 하지만 한번 생각해보자. 과연 항우가 어이없게 역전패한 이유를 몰랐을까? 아니면 알고도 인정하기 싫어서 애꿎은 하늘 탓을 한 것일까? 항우의 강한 자존심과 낭만적 기질로 볼 때 인정하기 싫었고 또 인정하고 싶지 않았다고 보는 쪽이 합리적 해석이 아닐까? 그의 성격과 기질이 문제였다는 점을 우선 지적하지 않을 수 없다.

다음으로는 항우와 관계했던 주변 인물들의 평가를 보자. 먼저 유방과 그 측근들의 항우에 대한 평가다. 이 평가는 천하를 평정한 뒤 유방이 공신들과 술자리를 베풀면서 허심탄회하게 자신이 천하를 얻고 항우가 실패한 원인을 분석해보라는 청에 따라 고기高起와 왕릉이 대답한 대목이다(중복되지만 다시 한번 인용해둔다).

폐하(유방)는 사람을 보내 성을 공략하면 점령한 땅은 그 사람에게 나누어주심으로써 이익을 함께 나누었습니다. 반면 항우는 어질고 재능있는 사람을 시기해 공을 세운 자를 미워하고 유능한 자를 의심하며 전투에 승리해도 다른 사람에 공을 돌리지 않고, 땅을 얻어도 그 이익을 나누지 않았습니다. 그래서 항우는 천하를 잃은 것입니다.

이에 유방은 그 말이 틀린 것은 아니지만 자신이 천하를 얻은 결정적인 이유는 소하, 한신, 장량 같은 뛰어난 인재를 기용했기 때문이라고 진단했다. 이에 비해 항우는 범증 한 사람 밖에 없었음에도 그마저 믿지 못하고 내쳤기 때문에 실패했다고 분석했다. 공신들은 주로 항우의 성격과 기질에 초점을 두었고, 유방은 거기서 한 걸음 더 나아가 인재 기용이 성공과 실패를 결정했다고 분석했다.

항우의 성격에 대해서는 민간에서 양을 치다가 항우에 의해 왕으로 옹립된 회왕(의제)의 언급도 주목된다. 숙부 항량項梁이 진나라에게 패해 전사하고 이에 격분한 항우가 유방과 함께 함곡관으로 진격하길 요청하자, 회왕은 원로 장수들에게 항우와 유방을 비교하면서 항우에 대해 다음과 같이 비판했다.

항우는 성급하고 사나우며 교활해 남을 잘 해친다. (중략) 그가 지나가는 곳은 어디나 무참하게 섬멸당했다.

항우의 급한 성격은 대책도 없이 유방의 아버지 태공을 가마솥에 삶아 죽이겠다고 유방을 협박한 것이나, 앞뒤 생각 없이 유방에게 단둘이 자웅을 겨루자고 제안한 대목에서도 잘 드러난다. 당시 유방은 이런 항우의 제안을 비웃으며 싸움은 머리로 하는 것이지 힘으로 하는 것이 아니라며 모욕을 주었다.

항우의 성격에 대해서는 한신의 평가가 상대적으로 치밀한데, 한신은 항우의 내면까지 파악하고 있어 눈길을 끈다. 한신은 우여곡절 끝에 유방에 의해 대장군에 임명된 다음, 유방 앞에서 항우와 유방 두 사람을 비교하면서 항우에 대해 다음과 같은 평가를 내놓았다.

> 저도 대왕(유방)이 항왕만 못하다고 생각합니다. 그러나 신은 그를 섬겨 보았기 때문에 감히 항왕의 인간됨을 말씀드리고자 합니다. 항왕이 성을 내며 큰소리로 꾸짖으면 천 사람이 일제히 엎드리지만 유능한 장수를 믿고 병권을 맡기지 못하니 이는 '필부의 용기(필부지용匹夫之勇)'에 지나지 않습니다. 항왕은 사람을 공경스럽고 자애롭게 부드러운 말씨로 대합니다. 누가 병에 걸리면 눈물을 흘리며 음식을 나누어줍니다. 그러나 자기가 부리는 자가 공을 세워 마땅히 상을 내려야 할 때가 되면 '도장의 모서리가 다 닳을 때까지(인완폐印刓弊)' 만지작거리며 차마 내주질 못합니다. 이는 '아녀자의 마음(부녀지심婦女之心)'에 지나지 않습니다.

이렇게 말한 다음 한신은 항우의 잔인함을 일일이 열거하면서 천하의 인심을 잃고 있음을 분명히 지적했다. 이와 관련해 항우 곁을 거의 끝까지 지켰던 범증이 홍문연에서 항우가 유방을 끝내 죽이지 못하자 항우를 두고 "어린애하고는 같이 일 못하겠다"며 화를 낸 대목도 항우의 성격을 이해하는 데 참고가 된다. 항우 밑에 있다가 도망쳐 온 진평도 항우에 대해 한신과 비슷한 평가를 내린 바 있다. 특히 진평은 항우가 겉으로는 고고한 척 예를 잘 차려서 선비들이 많이 오긴 하지만 작위나 봉지를 주는 데는 너무 인색해 오래 붙어있지 않는다고 지적했다. 또 다른 사람은 믿지 못하고 항씨 일가 아니면 처남들만 신임한다고 해 항우의 인재 기용도 꼬집었다.

역사는 승자의 기록이므로 실패한 항우에 대한 이상의 평가가 다 정확하지는 않을 것이다. 과장된 부분이 있고, 지나친 대목도 있을 것이다. 하지만 대체로 사실을 반영하고 있다고 볼 수 있다. 왜냐하면 항우를 누구보다 아꼈던 사마천의 평가 역시 이 범주에서 크게 벗어나지 않기 때문이고, 항우에 대한 이상의 비판들을 기록으로 남긴 사람 또한 사마천이기 때문이다.

항우의 실패는 결과론적으로는 성격과 기질에서 비롯된 것으로 보인다. 급하고 잔인한 기질에 사람을 믿지 못하는 성격이 자기 곁에 있던 인재들마저 놓쳤고, 여기에 항우의 치명적 결점인 전략적 두뇌, 즉 정치적 두뇌의 결여가 그를 끝내 실패자로 만들었다. 항우와 유방에서 볼 수 있듯이 리더가 모두 전사가 될 필요는 없지만, 리더에게 전략적(정치적) 두뇌가 없어서는 안 된다.

사람을 믿지 못하는 것은 많은 리더의 속성이다. 심지어 혹자는 이를 리더의 숙명이라고까지 말한다. 하지만 그것을 노골적으로 드러내느냐의 여부에 따라 리더의 질이 결정된다. 유방의 성공 분석에서 다시 언급되겠지만, 리더는 자기 부하가 의심스럽더라도 때로는 믿고 맡길 줄 아는 포용력을 갖추어야만 성공할 수 있다. 당장 그 부

「항우본기」는 실패한 영웅 항우의 면모뿐만 아니라 리더로서 항우의 자질을 분석할 수 있는 적지 않은 자료를 제공한다. 사진은 「항우본기」를 새긴 석조물이다.

하가 필요하기 때문이다. 요컨대 리더는 신뢰가 먼저냐, 활용이 먼저냐를 따질 필요가 없다. 이 둘은 상호작용의 관계이기 때문이다. 믿음직스럽지 않더라도 활용을 통해 신뢰를 구축해나갈 줄 아는 지혜를 갖추면 될 일이다.

항우는 '신뢰 – 기용'이라는 순서에 집착했고, 유방은 이 두 단계를 서로 뒤바꿀 줄 아는 유연성을 가졌다. 여기서 두 사람의 리더십이 갖는 질적 차이를 발견하게 된다. 요컨대 어떤 상황에서도 리더는 인재를 자기편으로 끌어들일 수 있어야 승리할 수 있다는 사실이다.

마지막으로 한 가지 더 지적할 것은 항우의 유별난 집착이다. 이 역시 그의 성격과 기질에서 기인하는 것이겠지만, 그가 진시황 행차를 보고 "내가 저 놈의 자리를 차지하고 말 것이다"라는 반응을 보인 것이나, 천하 패권을 거의 손에 넣은 다음 수도를 선정하는 데 있어서 굳이 자신의 고향에서 가까운 팽성을 고집한 것이나, 마지막 전투까지도 애첩 우희를 대동한 것이나, 죽는 순간에도 자신의 목을 찔러 자신의 몸뚱아리를 차지하러 온 군사들에게 무슨 은혜라도 베풀 듯 체면을 차리려 한 것 등등은 단순한 집착을 넘어서 병적에 가깝다는 인상을 준다. '패왕별희'라는 유명한 장면 역시 낭만도 지나치면 집착이 된다는 것을 잘 보여준다.

성격이 운명을 결정한다고 하지만 항우의 경우는 기질이 운명을 결정한 것 같다. 성격과 기질의 경계선이 분명하지는 않지만, 기질은 성격의 외재적 표현이라 할 수 있다. 따라서 성격은 수양과 환경에 따라 바뀌기도 하고 바뀔 수도 있지만, 기질은 순간적인 부분이 많아서 바꾸기가 어려운 모양이다. 따라서 기질을 바꾸기보다 기질을 발휘할 방향과 궤도를 수정하는 지혜가 필요한데, 항우에게는 이것이 절대 부족했다. 어쩌면 그 지혜를 터득할 시간이 절대 부족했는지도 모른다. 그런데 사마천은 「항우본기」 첫 부분에서 항우의 성격 내지 기질과 관련해 다음과 같은 의미심장한 대목을 슬쩍 끼워두었다. 어쩌면 이 대목이 항우의 운명에 대한 예견이 아닐까 하는 생각이 든다.

항우는 어렸을 때 글을 배웠으나 다 마치지 못한 채 포기하고는 검술을 배웠다. 그러나 이 역시 다 마치지 못했다. 숙부 항량이 화를 내자 항우는 "글은 이름 정도만 쓸 줄 알면 충분하고, 검은 한 사람만 대적할 정도면 족하니 만인을 대적할 일을 배우겠습니다"라고 대답했다. 이에 항량이 병법을 가르치니 항우는 크게 기뻐했으나 대략 그 뜻만 알고는 역시 끝까지 배우지 않았다.

유방의 역전승을 분석하다

일본의 유명한 역사 소설가 시바 료타로司馬遼太郎는 유방의 인품을 '허虛의 인격'이라고 표현하기도 했다. 넓은 가슴으로 자기보다 나은 인재들을 끌어안는 리더가 21세기형 리더가 될 것이다.

항우는 다 잡은 승리를 놓쳐서 역전패했다. 그렇다면 그 경쟁상대였던 유방은 역전승한 셈이다. 항우의 실패 원인을 앞서 분석했으니 여기서는 유방이 역전할 수 있었던 요인들을 분석해보자. 사실 항우의 실패 원인 자체가 유방의 역전을 가능케 한 요인이기 때문에 유방의 승리 요인을 다시 분석한다는 것은 크게 의미가 없을 수도 있다.

그러나 상대의 실수와 실패가 나의 승리로 그대로 직결되지는 않는다. 무엇보다 상대의 실수와 실패를 이용할 수 있어야 한다. 이를 위해서는 상대에 대한 주도면밀한 분석과 정보가 뒷받침되어야 한다. 또 상대의 사소한 실책을 재빨리 역이용하는 기민함이 필요하다. 그리고 무엇보다 나의 인재와 상대의 인재에 대한 냉정하고 정확한 판단과 활용이 관건이다. 치열한 경쟁과 시시각각 변하는 상황에서 인재의 역할은 거의 절대적이다. 이 부분 역시 인재에 대한 초점을 잃지 말고 이야기를 따라가자.

건달에서 황제가 되기까지

유방은 진나라 말기 난국을 수습하고 한 왕조를 개국했다. 그는 농민의 가정에서 태어났지만 농사일은 물론 변변한 밥벌이도 하지 않은 채 시정잡배들과 어울리며 술 마시고 여자나 밝히던 건달이었다. 이런 그가 기원전 209년 얼떨결에 봉기군의 수령으로 추대된 이후 불과 7년 만에 황제로 등극했다.

7년 중 5년은 항우와 천하의 패권을 놓고 다툰 '초한쟁패' 기간이었다. 그는 당초 대략 2 대 8의 절대적인 전력 열세에도 불구하고 끝내는 항우를 물리치고 기적과 같은 역전승을 일구어냈다. 이 때문에 그의 성공은 지난 2천 년 동안 수많은 사람에게 영감을 주었고, 동시에 역사학자는 물론 각계 전문가들의 연구 대상이 되었다.

대장정을 통해 중국 공산당 혁명을 성공시킨 모택동毛澤東은 장개석將介石에게 끝없이 쫓기면서도 『사기』를 손에서 놓지 않았고, 특히 초한 쟁패의 과정에서 많은 영감을 얻었다고 한다. 유방과 항우의 초한쟁패는 시공을 초월해 2천 년 후 모택동과 장개석을 통해 재연되었다. 2천 년 뒤 장개석도 그 옛날 항우처럼 절대 우세의 전력을 가지

'난세가 영웅을 만든다'는 말이 있다. 시대는 술과 여자를 밝히던 유방을 영웅으로 만들었다. 그리고 그 과정에 유방의 진화하는 리더십이 작동했다. 유방의 잠재적 능력이 시대와 만나 꽃을 피운 것이다. 사진은 유방과 그를 도운 인재 소하와 한신의 석상이다(섬서성 한중시漢中市 석문石門).

고도 실패자가 되었다. 더욱이 장개석은 초한쟁패의 역사를 너무 잘 알고 있었음에도 불구하고 같은 실패와 실수를 반복했다.

역사는 같은 사건을 두 번 반복한다는 말이 있다. 하지만 한 번은 비극으로, 한 번은 희극으로 되풀이된다고 한다. 항우의 실패가 비극이었다면, 장개석의 실패는 희극이었을까? 아무튼 불과 7년 만에 건달에서 황제가 된 유방의 성공을 분석해보는 일이 무의미하지는 않을 것 같다.

사마천이 분석한 유방의 장단점

사마천은 유방이 건국한 한 왕조 때 사람으로 전설 속 황제黃帝로부터 자기 당대의 황제인 무제武帝에 이르는 3천 년 통사를 저술했다. 그것이 바로 『사기』다. 따라서 개국 황제인 유방에 대한 기록은 상대적으로 상세한 편이다. 특히 사마천은 자신이 복무하고 있는 왕조의 개국 군주라 해 칭송만 한 것이 아니라 비판할 부분은 단호하게 비판하는 귀중한 기록을 남겨주었다.

먼저 유방의 단점으로 사마천은 '술과 여색을 밝혔다', 즉 '호주색好酒色'을 지적하고 있다. 유방은 술집에서 술을 먹고는 술값을 내지 않았으며, 술에 취하면 아무데서나 드러누워 잠을 자는 등 술주정도 여간 아니었다. 관청의 관리들이라면 위아래 할 것 없이 모두 깔보고 멸시하는 오만한 성격도 가지고 있었다. 훗날 유방을 도와서 한 왕조를 건립하는 데 가장 큰 공을 세운 친구 소하는 술자리에서 유방의 장인이 된 여공呂公에게 "늘 큰소리만 치고 실제 행동으로 옮기는 일은 드문" 사람이라고 말하기도 했다.

유방은 유생을 비롯한 지식인들에 대한 감정도 좋지 않아 침상에 걸터앉아 여 시종에게 발을 씻기면서 장자인 역이기酈食其를 맞이했고, 심지어 유생의 모자에 오줌을 누며 마구 욕을 하기도 했다. 유방의 이런 오만한 성격은 공신인 고기와 왕릉이 "폐하는 오만해 남을 업신여긴다"고 평가한 것에서도 확인된다.

유방은 또 야박하다 못해 잔인한 면도 있었다. 항우에게 쫓길 때 수레의 무게가 너무 무겁다며 아들(훗날 혜제惠帝)과 딸(노원魯元 공주)을 달리는 수레에서 내던지는가 하면, 아버지 태공을 삶아 죽이겠다고 협박하는 항우에게 태연히 "다 삶거든 나한테도 국 한 그릇 보내라(분아일배갱分我一杯羹)"고 할 정도로 뻔뻔했다.

하지만 유방은 이런 단점들을 자신의 장점 속에다 녹이고, 나아가서는 단점을 장점으로 바꾸어 나갔다. 그리고 이를 자신의 리더십을 강화하는 쪽으로 적극 발전시켰다. 사마천은 유방의 장점으로 "사람이 어질어서 남을 사랑하고 베풀기를 좋아했으며, 마음이 트여 있었고 도량이 넓었다"는 점을 꼽았다. 공신들은 "천하와 더불어 이익을 나누었다"고 평가했다. 역이기도 "도량이 크고 관대하다"고 평했다.

「고조본기」에는 이같은 유방의 장단점이 가감없이 잘 기록되어 있는데, 유방의 행적을 면밀히 검토해보면 기록에 나타나는 장점 외에도 적지 않은 장점을 발견할 수 있다. 여 시종에게 발을 씻기면서 삐딱하게 앉아 자신을 맞이하는 유방의 오만한 모습을 본 역이기가 그런 자세로 장자를 맞이해서야 어찌 천하를 다스리겠냐고 나무라자 자리에서 벌떡 일어나 옷을 여미며 사과했다. 옳고 그른 것을 지적하고 충고하면 바로 받아들일 줄 알았던 유방의 허심탄회한 성품을 잘 보여주는 대목이다. 이런 성격이었기 때문에 참모들의 충고와 지적을 흔쾌히 수용해 잘못을 그때그때 바로잡아가면서 자신의 리더십을 강화시킬 수 있었다.

아버지를 삶아 죽이겠다고 위협하는 항우에게 천연덕스럽게 다 삶거든 한 그릇 보내라고 한 대목은 유방의 잔인한 일면을 반영하는 동시에 어떤 상황에서도 당황하지 않는 유방의 장점으로도 읽힌다. 이런 배짱은 항우가 쏜 화살에 가슴을 맞고도 잽싸게 몸을 구부리며 발가락을 만지면서 "저 빌어먹을 놈이 하필이면 발가락을 맞히다니!"라며 자신의 부상을 임기응변으로 감춘 장면에서 유감없이 발휘되었다.

당황하지 않는 유방의 장점은 탁월한 상황파악 능력으로 발전했다. 항우보다 먼저 함양에 입성해서는 한바탕 진나라 궁궐을 약탈하려다 번쾌樊噲와 장량의 충고를 듣고는 얼른 약탈을 금지시키는 한편, 주변 지도자들을 모아놓고 주요한 법 세 항목만 남기고 진나라의 악법을 모두 폐지하겠다는 '약법삼장約法三章'의 공약을 발표한 것은 유방의 상황파악 능력을 잘 보여주는 대목이다.

또 항우와의 결전을 앞둔 중요한 순간에 자신에 대한 유방의 마음을 떠보기 위해 자신을 제나라의 '가왕假王'에 봉해 달라는 한신의 요

유방의 아버지 태공을 삶아 죽이겠다고 협박하고 있는 항우. 그러나 유방은 조금도 동요하지 않고 능청스레 다 삶거든 한 그릇 나눠달라고 응수했다. 그 장면을 그린 그림이다.

구에 벼락같이 화를 내며 한신을 욕했다가 장량이 발을 밟으면서 눈치를 주자 얼른 "진짜 왕이면 왕이지 쩨쩨하게 가짜 왕은 뭐냐!"며 한신을 바로 제왕에 임명한 대목에서 보여준 유방의 임기응변은 정말 무릎을 칠 정도로 감탄이 절로 나온다.

만약 유방이 홧김에 한신의 요구를 묵살하거나 한신을 공격해 한신을 잃었더라면 유방의 승리는 아마 불가능했을 것이다. 당시 한신은 천하 패권의 향방을 결정할 수 있는 캐스팅 보드를 쥐고 있었던 것은 물론 마음먹기에 따라서는 항우와 유방 양대 진영으로 갈라져 있는 천하 형세를 항우, 유방 그리고 한신 자신의 3강 체제로 재편할 수 있을 정도의 힘을 갖고 있었기 때문이다.

유방의 성공을 이끈 인재들

유방은 항우를 물리치고 천하를 재통일한 다음, 여러 공신들과 술자리를 가지면서 자신이 항우에게 승리할 수 있었던 이유에 대해 토론한 바 있다. 이 자리에서 유방은 자신의 인재관을 피력했는데, 인재 문제와 관련해 중국 역사상 가장 유명한 토론 장면으로 꼽힌다. 이 장면은 앞서 인용한 바 있으므로 생략한다. 공신들의 분석을 듣고 난 다음, 유방은 하나만 알고 둘은 모르는 소리라며 '서한삼걸(장량, 소하, 한신)'을 거론하며 나보다 나은 능력을 가진 이 세 사람을 얻었기 때문이라고 진단했다. 이것이 바로 유방의 '세 사람만 못하다'는 '삼불여三不如'라는 명장면이다.

요컨대 유방은 인재의 중요성을 정확하게 인식하고 있었다. 사실 유방은 건달 생활을 청산하고 자신을 따르는 자들을 이끌고 진나라에 저항한 이후 줄곧 인재의 중요성을 인식하고 끊임없이 새로운 인재들을 받아들여 자신의 조직과 세력을 강화했다. 이것이야말로 유방의 성공을 이해하는 핵심이다.

유방이 인재들을 어떻게 조직하고 활용했는가를 검토해보면 오늘날 조직을 이끄는 리더들에게 적지 않은 영감을 줄 것이다. 먼저 절대 강적 항우를 물리치고 천하의 패권을 차지한 유방을 도왔던 공신들에 관한 정보를 다음과 같이 표로 만들어보았다.

유방과 그 공신들 일람표

인물 (생몰/기원전)	출신 (현지명)	주요 행적	비고 (『사기』 해당 기록)
유방劉邦 (256~195)	패沛 (강소성 패현)	사수 정장(말단 관리) 출신에서 동향의 친구들과 함께 봉기해 항우를 물리치고 천하를 재통일하고, 한 제국을 건국한 황제임	권8 「고조본기」 외 유방의 행적에 대해 진솔하게 기록함
역이기酈食其 (?~203)	고양향高陽鄕 (하남성 기현 서남)	초·한 쟁패 때 제를 설득해 한에 귀순케 하고 이 틈에 한신으로 하여금 제를 습격하게 한 다음 자신은 팽형으로 죽음	권97 「역생육고열전」 선비 출신으로 유방에게 천하의 민심을 얻는 계책을 설파함
장이張耳 (?~202)	대량大梁 (하남성 개봉)	신릉군의 식객 출신. 진여와 함께 봉기해 조 땅을 근거로 전전하다 유방에 귀부해 조왕에 봉해진 인물	권89 「장이진여열전」 격변의 시대에 개인의 보신에 급급한 냉혹한 현실과 살벌한 인간의 감정을 잘 보여줌
오예吳芮 (?~202)	번양番陽 (강서성 파양)	진 말기 월인을 이끌고 봉기해 유방의 함곡관 입관을 도왔고, 건국 후 장사왕에 봉해짐	권114 「동월열전」, 권8 「고조본기」
팽월彭越 (?~196)	창읍昌邑 (산동성 금향 서북)	유방을 도와 해하에서 항우를 격파하고 한을 건국하는 데 공을 세웠으며, 훗날 모반으로 몰려 여후에게 살해됨	권90 「위표팽월열전」 천하 평정에 일익을 담당했으나, 일신의 안전만을 생각하다 신세를 망침
한신韓信 (?~196)	회음淮陰 (강소성 청강 서쪽)	유방의 승리에 결정적인 역할을 한 명장이었으나 훗날 애매한 처신탓에 반역으로 몰려 처형됨	권92 「회음후열전」 격변기에서 한신의 삶과 죽음을 생생하게 묘사함
난포欒布 (?~?)	양梁 (하남성 상구)	팽월의 친구로 팽월이 모반으로 몰려 죽자 공개적으로 통곡해 유방의 눈에 들었으며, 죽은 뒤 사람들의 난공사를 세워 기림	권100 「계포난포열전」 열사 난포의 행적을 비교적 실감나게 묘사함
영포英布 (?~195)	육현六縣 (안휘성 육안 북쪽)	항우를 따르다 나중에 유방에 귀순해 전투에서 늘 선봉에 섰음. 훗날 모반으로 처형됨	권91 「경포열전」 뛰어난 맹장 영포의 영광과 몰락을 현장감 있게 그려냄

계포季布 (?~?)	초楚	'황금 100근보다 계포의 말 한 마디가 낫다'는 속담을 남긴 유협 출신으로 항우를 따르다 유방에 귀순한 인물임	권100 「계포난포열전」 유협의 면모를 지닌 계포의 행적을 가족들의 행적과 함께 서술함
진희陳豨 (?~195)	원구宛朐 (산동성 정도 서쪽)	유방의 입관 때 유격장군으로 공을 세워 부귀를 누리다 모반으로 처형됨	권93 「한신노관열전」 어설픈 모반의 결말을 한초기 상황과 함께 전개
소하蕭何 (?~193)	패 (강소성 패현)	유방과 동향으로 초·한 쟁패 때 후방에서 군량을 비롯한 각종 물자를 차질없이 보급해 한 승리에 결정적으로 기여함	권53 「소상국세가」 유방과 다른 공신들과의 복잡한 갈등 관계를 밀도 있게 서술함
노관盧綰 (247~193)	풍豊 (강소성 패현)	유방과 동향이자 어릴 적 친구로 항우를 물리친 공으로 연왕에 봉해졌으나 진희의 반란에 동조했다가 흉노로 도망쳐 그곳에서 죽음	권93 「한신노관열전」 한신·진희에 이어 반란을 일으킨 노관의 행적을 당시 변화된 정치적 배경과 함께 서술함
주창周昌 (?~192)	패 (강소성 패현)	유방과 동향의 개국공신으로 조왕 여의를 여후의 위협으로부터 보호한 강직한 성품과 직언의 소유자였음	권96 「장승상열전」 주창을 중심으로 여러 직무의 인물들을 함께 서술해 서한 초 권력쟁탈의 이면을 보임
조참曹參 (?~190)	패 (강소성 패현)	유방과 동향의 개국공신이자 한초기 공신 반란을 평정한 인물로 소하를 이어 승상이 되어 그의 정치를 잘 계승함	권54 「조상국세국」 '무위'의 정치로 안정을 추구한 조참의 행적을 소개함
장량張良 (?~189)	성보城父 (안휘성 박현)	자방으로 불리면서 한의 승리에 결정적인 역할을 한 공신이자 절정기 때 명예롭게 은퇴한 지혜로운 인물임	권55 「유후세가」 '명철보신'의 대명사인 장량의 처세를 잘 묘사함
번쾌樊噲 (?~189)	패 (강소성 패현)	유방과 동향으로 숱한 무공으로 한의 통일에 기여함. 홍문연에서 유방을 구한 일화로도 유명한 인물임	권95 「번역등관열전」 미천한 신분에서 장상이 된 번쾌 등의 행적이 생생하게 묘사됨

왕릉王陵 (?~181)	패 (강소성 패현)	유방의 동향이자 호족 출신으로 유방이 어려울 때 많은 도움을 준 강직한 인물임	권18 「고조공신후자연표」
역상酈商 (?~180)	고양高陽 (하남성 기현)	무리를 모아 유방을 도와 많은 무공을 세운 공신으로 개국 후에는 여씨 일당을 제거하는 데 역할을 함	권95 「번역등관열전」 번쾌 등과 함께 미천한 신분에서 장상이 된 역상의 행적을 서술함
진평陳平 (?~178)	양무陽武 (하남성 원양)	항우 등을 따르다 유방의 모사가 되어 수많은 대책을 건의해 한의 승리에 큰 역할을 한 책략가임	권56 「진승상세가」 책략가인 진평의 처세술과 그 진면목을 비판적으로 서술함
관영灌嬰 (?~176)	수양睢陽 (하남성 상구)	옷감 장사에서 무공으로 유방을 도와 천하를 통일하는 공을 세우고, 개국 후 여후 일당을 제거하는 데 역할을 한 인물임	권95 「번역등관열전」 번쾌·역상과 함께 미천한 신분에서 공신이 된 관영의 행적을 서술함
하후영夏侯嬰 (?~172)	패 (강소성 패현)	유방과 동향이자 지기로 유방을 따라 많은 공을 세운 공신이자 개국 후 여후 일당을 제거하고 황실을 안정시킨 인물임	권95 「번역등관열전」 번쾌·역상·관영과 함께 그 행적이 서술됨
주발周勃 (?~169)	패 (강소성 패현)	유방과 동향으로 누에치는 도구를 팔던 장사꾼에서 유방을 도와 천하를 통일한 공신이자 진평을 이어 승상이 되어 황실을 안정시킨 인물임	권57 「강후주발세가」 아들 주아부와 함께 영욕의 행적이 생생하게 서술되어 있음

21명의 공신들 국적을 보면 대부분은 초나라 출신이다. 이는 당시 상황으로는 당연했다. 라이벌 항우 역시 초나라 사람이었다. 하지만 좀더 세밀하게 분석해보면 유방의 공신은 상당히 이상적인 분포를 보이고 있음을 알 수 있다. 소하·노관·주창·조참·번쾌·왕릉·하후영·주발, 이 8명은 유방과 같은 고향 출신들로 약 33%를 차지한다.

장이·한신·영포·계포·장량·진평, 이 6명은 타지역 출신들인데 대부분 항우 밑에 있다가 유방에게로 귀의한 인재들로 약 30%를 차지한다. 특히 최고 공신으로 이른바 '서한 3걸' 중 소하만 동향이고 한신, 장량은 타 지역에 다른 나라 출신이다. 기타 공신들의 비중도 약 30%를 차지한다. 요컨대 유방과 같은 고향 출신의 인재, 항우 밑에 있다가 귀의한 인재, 기타 인재가 거의 비슷한 분포도를 보이고 있는 것이다.*

이와 같은 분석 결과는 유방이 인재를 고루 발탁해 안배했다는 사실을 뒷받침한다. 가장 중요한 점은 각자의 재능에 맞게 자리를 안배하되 권한을 위임해 믿고 맡겼다는 사실이다. 항우에게서 도망 나와 유방 진영으로 온 진평에 대해 유방의 부하들은 끊임없이 비방하고 의심했다. 이에 유방은 진평을 불러 해명을 듣고는 더욱더 진평을 신임했다. 한신에 대해서도 과거를 따지지 않고 성대한 의식을 갖추어 대장군으로 임명했다.

유방이 출신, 직업, 귀천 등을 따지지 않고 인재를 적재적소에 기용했음은 논공행상에 불만을 품은 무장들을 설득하면서 내세운 소위 '사냥꾼과 사냥개 논리'가 가장 많이 보여준다. 당시 논공행상은 1년이 지나도록 결론이 나지 않아 조정 분위기가 뒤숭숭했다. 유방은 공신들 중 최고 공신으로 소하를 뽑았다. 그러자 전쟁터에서 죽을 고비를 여러 차례 넘긴 무장들이 불만을 터뜨렸다. 후방에서 붓이나 놀리

* 물론 전체 공신들에서 같은 고향 출신의 비중은 이보다 더 크다.

며 편하게 지낸 소하가 어떻게 1등 공신이 될 수 있냐는 것이었다. 당시 상황은 아주 험악했다. 무장들은 유방 앞에다 갑옷이며 무기 따위를 집어던지며 곧 반란이라도 일으킬 기세였다. 이에 유방은 다음과 같은 말로 기세등등한 무장들의 불만을 단숨에 잠재웠다.

> 너희들이 사냥을 아는가? 사냥에서 짐승이나 토끼를 쫓아가 죽이는 것은 사냥개다. 그러나 개줄을 놓아 짐승이 있는 곳을 지시하는 것은 사람이다. 니들은 그저 짐승을 잡는 '사냥개 정도의 공(구공狗功)'을 세웠을 뿐이다. 소하로 말하자면 개 줄을 놓아 목표물을 잡도록 지시하는 '사냥꾼의 공(인공人功)'을 세웠다. 더욱이 너희들은 한 집에서 혼자 아니면 많아야 두세 명이 나를 따랐지만 소하는 수십 명의 전 가족들이 나를 따라 전쟁을 치렀다. 이런 공을 잊을 수 있는가?

'사람의 공'과 '개의 공'을 어떻게 같이 취급할 수 있느냐는 간결하면서 설득력 넘치는 논리였다. 이처럼 유방은 인재의 중요성을 잘 알았을 뿐만 아니라, 인재를 어디다 어떻게 써야 하고 또 어떻게 대접해야 하는지를 정확하게 인식하고 있었던 리더였다.

그는 밑바닥 건달 생활에서 출발해 황제가 되기까지 단 7년 동안 천하 정세를 파악하고 천하를 얻기 위해서는 인재를 얻지 않으면 안 된다는 점을 몸으로 체득하면서 하루하루 진화를 거듭했던 리더였다. 리더로서 적지 않은 단점을 가졌던 유방이었지만 자신의 장점인 아량과 넓은 가슴을 극대화해 많은 인재들을 끌어들였다. 자존심 세기로 이름난 장량 같은 귀족이 건달 출신의 유방에게 기꺼이 몸을 맡길 수 있었던 것도 바로 이런 그의 넓고 트인 가슴 때문이었다.

유방의 항우의 승패를 뛰어난 문학적 필치로 묘사해 『항우와 유방』이란 소설로 출간한 시바 료타로의 생전 모습이다.

사마천을 너무 존경한 나머지 자신의 성을 사마司馬(일본 발음 시바)로 바꾼 일본의 유명한 역사 소설가 시바 료타로司馬遼太郎는 유방의 이런 인품을 '허虛의 인격'이라고 표현하기도 했다. 그릇이 비어 있어야 채울 수 있듯이, 리더의 품도 넓은 태평양 바다처럼 비어 있어야 인재들이 뛰어들어 마음껏 헤엄칠 수 있다.

넓은 가슴으로 자기보다 나은 인재들을 끌어안는 리더가 21세기형 리더가 될 것이다. 약 2,200년 전의 유방에게서 21세기에 성공할 수 있는 리더의 원형을 보게 된다.

복수심,
인재를 분발케 하는 중요한 동인이다

범수의 성공과 복수기는 고난과 위기에 직면한 인재들에게 큰 힘이 될 것이다. 동시에 이런 위기를 초래한 자들에 대한 복수를 잊지 말고 전화위복의 기회로 승화시켜야 한다는 점도 배울 수 있다.

사마천의 『사기』에는 생사를 넘나드는 지독한 고난을 극적으로 극복한 사람들에 대한 이야기가 적지 않다. 또 자신에게 끔찍한 시련을 안겨 주었던 원수에게 불굴의 정신으로 통렬하게 복수하는 이야기도 많다. 사마천 자신도 궁형이라는 죽음보다 치욕스러운 고통을 이겨내고 불후의 역사서 『사기』를 남기지 않았던가? 그래서인지 고난을 극복한 사람과 원수에게 복수하는 사람들에게 큰 관심을 보였다.

사마천은 불의와 악에 대한 정당한 복수를 인정한다. 복수에 대한 일념이 자신에게 닥친 고난을 극복하는 힘으로 작용하기 때문이다. 이를 사마천의 '복수관復讐觀' 또는 '문화복수文化復讐'라 부른다. 사마천이 통렬한 문장으로 변덕스러운 인심과 몰인정한 세태와 탐욕스러운 권력자와 부귀영화에만 눈이 먼 기득권층에 통쾌하게 복수했기 때문이다.

『사기』 130권을 통해 마치 한 편의 드라마처럼 원수에게 복수하는 가장 대표적인 인물을 들라면 역시 오자서伍子胥가 될 것이다. 오자서는 아버지와 형님을 죽인 평왕平王에게 복수하기 위해 조국 초나라를 버리고 오나라로 탈출해 공자 광光을 위해 자객 전제專諸를 기용해 오왕 료를 죽이고 광을 오왕(합려)으로 즉위시킨다. 그리고는 오나라 합려를 춘추 후기 다섯 번째 패자로 만드는 데 절대적인 역할을 한다. 강력해진 오나라 군대를 이끌고 오자서는 초나라를 공격해 원수 평왕의 무덤을 파헤쳐 시체에 300번 채찍질함으로써 아버지와 형님의 원수를 갚는다. 이것이 바로 그토록 유명한 오자서의 복수 '굴묘편시掘墓鞭尸'다.

중국을 대표하는 군사 전문가를 들라면 누구나 손무孫武(손자)와 손빈孫臏을 꼽는다. 특히 손빈은 스승 귀곡자鬼谷子 문하에서 동문수학했던 친구 방연龐涓의 배신으로 두 다리를 잃는 불구의 몸이 된다. 친구가 자신을 그렇게 만든 줄은 꿈에도 모르고 있던 손빈은 주위의 도움으로 마침내 방연의 정체를 알게 되고, 미치광이를 가장해 방연의 손아귀에서 탈출한다. 그리고는 뛰어난 군사 전략으로 방연을 여러 차례 괴롭힌 끝에 마침내 마릉馬陵 전투에서 방연을 자살하게 함으로써 장장 15년에 걸친 대복수의 드라마를 끝냈다.

오자서의 복수가 처절하다면, 손빈의 복수는 아슬아슬하고 치밀하다. 이들은 모두 복수라는 일념으로 자신에게 주어진 불행과 고난을 이겨냈다. 말 그대로 '복수의 힘'이다. 이들의 생생한 스토리를 통해 부조리한 세상을 이겨낼 수 있는 용기를 얻을 수 있지 않을까?

사마천은 모욕을 당하고 억압을 당한 인재가 그것을 어떻게 극복하고 복수하는가를 『사기』 곳곳에 생생한 기록으로 각인시켜 놓고 있다. 인재가 수난을 당하면 원한을 품는다. 원한은 강렬한 복수심으로 발전하고, 이 복수심은 증오를 낳아 인재를 악한 쪽으로 이끌지만 그와 동시에 인재의 분발을 자극하는 힘이 되기도 한다. 원한과 복수심이 인재를 한 차원 다른 인재로 승화시키는 것이다.

사마천은 인재의 복수심이 인재를 분발케 만들어 고난을 극복하고 거듭나게 만든 역사적 사례들을 대거 수록해 자신의 독특한 인재관을 정립했다. 그 자신이 엄청난 치욕을 견디고 당대 최고의 인재로 거듭나고 인류 역사상 최고의 역사서를 남길 수 있었기에 이런 인재들에 대한 감회는 남달랐을 것이다. 여기서는 전국시대 유세가로서 '원교근공遠交近攻'이란 외교 이론을 제기한 범수范雎가 굴욕, 원한, 복수를 거쳐 화려하게 재기하는 과정을 따라가볼까 한다.

범수의 치욕

여러 차례 언급했듯이 전국시대는 인재의 시대였고, 특히 유세객의 시대였다. 탁월한 형세 판단과 남다른 언변으로 무장한 이들은 각국을 떠돌며 천하 정세에 대한 자신들만의 비전을 팔았다. 앞서 상세히 알아보았던 소진과 장의가 대표적인 유세가였다. 특히 소진은 6국 공동 재상이 되어 종횡무진 천하를 누볐던 풍운아였다. 그런데 이들보다 조금 늦은 시기, 전국시대 말기에 활약한 범수란 인물은 『사기』에 상당히 비중있게 다루어진 유세가임에도 불구하고 대중들에게는 많이 알려지지 않은 인물이다. 사마천은 범수의 열전을 기록하면서 그가 젊은 날 당했던 끔찍한 경험을 열전 앞에 배치해, 훗날 범수가 보여준 복수 드라마의 배경으로 삼고 있다.

범수는 진나라가 천하를 통일해가는 과정에서 채택한 아주 중대한 외교 책략인 '원교근공'을 제안해 통일에 결정적인 역할을 한 인물이다. 이 '원교근공'은 오늘날 외교무대에서도 여전히 그 부가가치를 인정받고 있는 외교 책략의 클래식이다.

범수는 위魏나라 출신으로 젊은 시절부터 각국을 떠돌며 유세를 했으나 뜻을 이루지 못하고 조국으로 돌아와 위왕을 섬기려 했다. 그러나 돌아다니면서 쓸 돈이 없어 위나라 중대부로 있던 수고須賈 밑으로 들어가 그를 섬겼다. 그러던 중 수고가 위왕의 명을 받고 제나라에 사신으로 가게 되었다. 범수도 그를 수행했는데 제나라 양왕이 범수의 재능을 어떻게 알았는지 황금 10근과 술과 소고기를 보냈다. 범수는 괜한 오해를 살까봐 이를 거절했으나 수고는 범수가 위나라의 기밀을 제나라에 알렸기 때문에 그런 대우를 받았다며 범수를 의심했다. 이는 수고의 질투심에서 비롯된 것이었다.

귀국한 수고는 재상 위제魏齊에게 범수를 모함했고, 위제는 사람을 시켜 범수를 고문했다. 극심한 고문으로 갈비뼈와 이가 부러진 범

권력자의 시기와 질투 때문에 죽을 고비를 넘긴 범수는 복수의 일념으로 재기했다. 인재가 시련을 당하면 자포자기하는 경우가 많지만 사마천은 복수의 힘으로 시련을 극복한 많은 역사적 사례를 제시해 인재들에게 용기를 주고 있다. 사진은 드라마 속에서 시련을 당하는 범수의 모습이다.

수는 살아남기 위해 죽은 척했고, 위제는 가마니에 말아 변소에 갖다 버리게 했다. 게다가 위제는 술에 취한 식객들에게 범수의 몸에다 오줌을 갈기게 하는 더러운 수모까지 주었다. 범수는 간수를 설득해 간신히 변소에서 빠져나와 몸을 피했다. 위제가 뒤늦게 사방을 뒤지게 했지만 범수는 정안평鄭安平이란 사람의 도움을 받아 숨어 지내며 이름도 장록張祿으로 고쳤다.

범수의 재기와 복수

그 뒤 장록(범수)은 진秦 소왕昭王의 측근 왕계의 도움을 받아 1년 남짓 기다린 끝에 소왕을 만날 수 있었다. 재위 36년째를 맞고 있던 소왕은 유세가들을 꺼려했다. 진나라는 선宣 태후와 양후穰侯의 재산과 위세가 소왕을 능가할 정도로 조정의 기강이 위태로운 상태라서 타국 출신의 범수가 소왕을 만나기란 결코 쉽지 않았다. 범수는 소왕을 만나기에 앞서 소왕의 인재 기용 문제를 지적해 소왕의 주의를 환기시켜 두었다. 진수의 글을 읽은 소왕은 그간의 오해를 풀고 범수를 접견하기로 결정한 것이다.

소왕은 범수를 이궁에서 접견하기로 했는데, 범수는 일부러 궁중의 통로를 모르는 것처럼 헤매다 후궁들이 드나드는 곁문으로 들어갔다. 범수를 본 환관이 노한 목소리로 왕이 행차하시는데 감히 어디를 들어오냐고 호통을 쳤다. 이에 범수는 "진나라에 무슨 왕이 있단 말인가? 진나라에는 태후와 양후만 있지 않던가!"며 소왕을 자극했다. 범수가 심상치 않은 인물임을 알아챈 소왕은 범수를 공손히 모셔 가르침을 청했다.

범수는 죽음을 무릅쓰고 태후와 그 일당 등 수구 기득권 세력이 진나라 조정을 주무르고 있는 상황을 솔직히 지적하는 한편, 외교 정책으로 '원교근공'이란 책략을 제시하기에 이르렀다. 범수의 지적은 소왕의 가장 가려운 곳을 긁는 것처럼 시원하고 통쾌했다. 소왕은 진수를 객경客卿에 임명하고 군사에 관한 자문을 맡겼다.

진나라는 범수의 외교 책략에 따라 잇따라 6국의 동맹을 하나 둘 무너뜨리며 통일로 향한 길을 닦아나갈 수 있었다. 갈수록 소왕의 신임을 얻은 범수는 마침내 소왕의 왕권을 위협하는 수구 기득권 세력들까지 제거하기에 이르렀다. 범수는 진나라에 건너온 지 5년 만에 응후應侯라는 작위를 받고 재상에 올랐다.

그로부터 얼마 뒤 과거 위나라 재상 위제에게 범수를 고발했던 수고가 진나라에 사신으로 왔다. 범수는 자신의 신분을 감추고 걸인 같은 행색으로 수고를 만났다. 수고는 거렁뱅이가 다 된 범수를 보고는 측은한 마음이 들어 두터운 명주 솜옷을 한 벌 주면서 진나라의 실세인 재상 장록을 아는지 물었다. 범수는 자신이 모시는 주인이 장록을 잘 안다며 주인에게 말해 자리를 주선하겠다고 했다.

수고는 범수(장록)의 주선으로 장록(범수)을 만나게 되었다. 범수는 직접 수고를 재상의 집, 즉 자신의 집으로 안내했다. 범수가 집으로 들어서자 모두가 자리를 피했다. 수고는 이상한 생각이 들었지만 그 까닭을 알 길이 없었다. 범수는 수고에게 재상에게 알리겠다며 잠시 기다리게 했다. 한참이 지나도 범수가 나오지 않자 수고는 문지기에게 범수가 들어가서는 나오질 않으니 어찌 된 일인지 알아봐달라고 했다. 문지기는 수고의 얼굴을 빤히 쳐다보며 여기에 범수란 사람은 없다고 했다. 수고가 조금 전에 들어간 사람은 누구냐고 묻자 문지기는 그 사람이 바로 재상이라고 알려주었다. 깜짝 놀란 수고는 웃통을 벗고 범수(장록) 앞에 무릎을 꿇고는 "저의 죄가 머리카락을 뽑아 헤아려도 모자랄 만큼 많습니다"며 싹싹 빌었다.

범수는 수고의 죄목을 꼽으면서 그나마 옛정에 솜옷 한 벌을 주었다며 수고를 놓아주었다. 그런 다음 각국 사신들을 모두 불러 큰 잔치를 베풀면서 수고를 함께 불렀다. 범수는 수고를 다른 사신들과는 달리 대청 아래에 앉게 하고는 말의 사료인 여물을 구유에 담아 수고 앞에 내놓고는 죄인 둘로 하여금 양쪽에서 말이 먹이를 먹듯 여물을 먹이게 하는 수모를 주었다. 그러면서 범수는 "돌아가 위왕에게 즉시 위제의 머리를 가지고 오라고 전해라. 그렇지 않으면 위나라 수도 대량성을 허물어 사람들을 몰살시키겠다!"며 호통을 쳤다.

귀국한 수고는 위제에게 이 사실을 알렸고, 겁이 난 위제는 조나라 평원군의 집에 숨었다. 그러다 진나라 소왕이 자신을 잡기 위해 평원군을 인질로 잡았다는 소식이 들리자 다시 조나라 재상 우경虞卿에게 의탁했고, 이어 신릉군을 찾아가는 등 목숨을 보전하기 위해 전전긍긍하다 결국 자살했다. 조나라 왕은 결국 위제의 목을 베어 진나라로 보냈고 소왕은 평원군을 돌려보냈다.

위기극복과 복수의 힘

범수는 자신의 조국으로부터 버림을 받았다. 자신을 모함하고 사지에 몰아넣었던 수고와 위제에 대한 복수라는 일념으로 범수는 죽음을 가장해 탈출했다. 그리고 진나라로 건너와 당시 국제 정세에 대한 남다른 식견과 언변으로 소왕의 눈에 들어 끝내는 재상 자리에까지 올랐다. 범수는 소왕의 신임과 자신의 위세를 빌려 원수인 수고와 위제에게 복수했다.

『사기』의 기록에 따르면 범수는 재상이 된 다음 지난 날 신세를 진 사람들을 일일이 찾아다니며 보답했다고 한다. 그는 단 한 끼 식사에 대한 은혜에도 반드시 보답했고(일반필상一飯必賞), 또 누군가 한 번이라도 자신을 노려보는 원한에도 반드시 보복한(애자필보睚眦必報)

인물이었다. 범수는 말하자면 은혜가 되었건 원한이 되었건 반드시 갚았던 중국 특유의 '은원관恩怨觀'에 가장 충실했던 사람이었던 셈이다.

범수의 역경 극복기는 다소 살벌하고 비인간적인 면도 보인다. 그러나 사마천의 다음과 같은 논평에는 고개를 끄덕거리지 않을 수 없다. "곤궁한 처지에 빠지지 않았던들 어떻게 분발해 성공할 수 있었겠는가?" 범수의 성공과 복수기는 여러 가지 고난과 위기에 직면하는 인재들에게 적잖은 힘이 될 것이다. 동시에 이런 위기를 초래한 자들에 대한 복수를 잊지 말고 전화위복의 기회로 승화시켜야 한다는 점도 배울 수 있다.

수난과 위기 극복을 위한 좋은 방법의 하나로 '원한과 복수의 힘'이 가져다주는 작용을 인식할 수 있으면 된다. '복수의 힘'이 난관 극복을 위한 불굴의 의지로 승화될 수 있기 때문이다. 인재가 진정한 인재로 한 차원 승화될 수 있는 상황과 경우는 이렇듯 다양하다.

복수의 일념으로 사지에서 탈출해 진나라에 건너온 다음 소왕에게 원교근공 전략을 올리는 범수의 모습을 그린 기록화다.

3장

조직관리가 기업의 흥망성쇠를 결정한다

사마천의 『사기』는 3천 년 중국사를 다루고 있는 정통 역사서이지만 철저하게 인간의 활동과 그 역할에 초점을 두고 있다. 『사기』를 '인간학의 텍스트'라 부를 수 있는 것도 이 때문이다. 다양한 계층, 수많은 직업, 다채로운 유형의 인간 활동을 다루고 있으니 만치 인간관계 역시 다양하게 나타난다. 우리가 한평생 살아가면서 다 겪어도 남을 수많은 형태의 인간관계가 망라되어 있다고 해도 지나친 말은 아닐 것이다.

우리의 삶에서 인간관계만큼 중요하고 어려우며 또 미묘한 문제도 없다. 부모형제의 관계로부터 전혀 모르는 타자와의 관계는 물론, 이제는 세계 여러 나라 사람과의 관계까지 생각하지 않을 수 없는 세상에 살고 있기 때문에 인간관계의 중요성은 훨씬 커졌다. 여기에 온라인 공간에서의 관계까지 염두에 두어야 한다. 따라서 이렇게 복잡하고 다양한 인간관계를 어떻게 형성하고 잘 유지해나갈 것인가 하는 문제가 제기될 수밖에 없고, 또 그 어떤 것보다 크고 중요한 부분이 되고 있다.

그렇다면 인간학의 텍스트라 할 수 있는 『사기』는 인간관계에 대해 우리에게 어떤 유익한 정보를 줄 수 있을까? 또 단순한 정보 차원을 넘어 지혜와 통찰력을 줄 수는 있을까? 단순한 처세의 요령일까? 아니면 깊고 수준 높은 인간론일까?

인간관계는 그 무엇보다 고귀할 수 있지만 동시에 그 무엇보다 우리를 씁쓸하게 만들기도 한다. 사마천은 한때 자신의 목숨을 내놓아도 아깝지 않을 정도로 깊은 우정을 나누었던 장이張耳와 진여陳餘가 훗날 서로를 원수처럼 여기게 된 것에 대해 다음과 같이 탄식하고 있다.

> 예전에는 그리도 서로를 진실하게 사모하고 믿더니, 나중에는 어찌 그리도 심하게 배반하게 되었을까? 그들이 결국은 권세와 이해관계로만 사귀었기 때문이 아니겠는가?
>
> — 권89「장이진여열전」

인간관계의 본질과 변질에 대해 이렇게 정곡을 찌른 대목을 찾기란 쉽지 않다. 특히 '권세와 이해관계로만 사귀었기 때문'이라는 대목에서는 참으로 많은 생각이 든다. 그래서 3장에서는 다양한 인간관계 중에서 가장 고귀하고 품격 높은 관계로 꼽는 우정의 의미에 대해 좀더 깊게 사색해보고자 했다. 우정의 의미가 갈수록 변하고 있는 지금 시점에서 사마천이 그리고 있는 다양한 우정의 사례들을 통해 각자 새로운 인간관계의 차원을 고민해보고자 했다.

또 이와 함께 고급 정보의 수집가이자 전달자로서 사람의 문제, 조직관리에 있어서 시스템이 갖는 의미와 함수관계를 시스템 신봉자였던 진시황의 새로운 모습, 조직관리에 있어서 규제와 통제보다는 덕으로 관리하는 쪽이 효율적이라는 관점, 조직의 미래를 위해 어디에 투자하는 것이 바람직한 것인가를 공자의 수제자로서 공자를 앞뒤에서 지원했던 자공의 사례 등을 마련했다. 이런 사례들은 모두 조직 안팎에서 발생하는 다양한 인간관계와 조직을 움직이는 시스템이 결국 조직과 조직관리에 영향을 미칠 수밖에 없다는 인식을 보다 강화시켜 줄 것으로 기대한다. 요컨대 조직이나 기업의 성공과 실패에 영향을 미치는 주요 변수로서의 관계와 시스템에 주목해주었으면 하는 것이다.

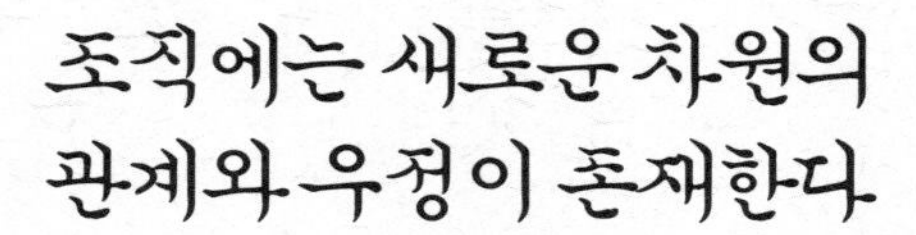

조직 문화를 이루는 대표적인 개념이 바로 '동료의식fellowship'이다. 그런데 동료의식은 종종 '우정friendship'으로 발전하며, 우정으로 시작된 관계가 동료의식으로 발전하기도 한다.

동서양을 막론하고 '우정'을 '인간관계의 백미'라고 말하는 사람이 적지 않다. 그래서인지 동서양을 막론하고 우정에 관한 격언들이 많이 전해온다. 우선 서양의 격언 몇 가지만 소개해본다.

- 참다운 친구, 진실한 친구란 당신이 보이지 않는 곳에서 당신이 친구임을 자랑스러워하는 사람이다.
- 평생 변치 않는 우정이 있다면 그것은 행운이요 요행이다.
- 명성은 화려한 금관을 쓰고 있지만 향기 없는 해바라기다. 그러나 우정은 꽃잎 하나하나 마다에 향기를 품고 있는 장미꽃 같다.

정말 좋은 말들이다. 하지만 사마천이 「장이진여열전」에 지적한 대로 이 관계가 변질되면 향기는 악취로 바뀌고, 관계는 더할 수 없이 추해진다. 그래서 우정에 씁쓸한 면도 있다고 한 것이다.

사랑의 절반은 노력이란 말이 있다. 우정 역시 그것의 유지를 위해서는 서로의 노력과 각별한 배려가 뒷받침되어야 한다. 모든 관계가 그렇듯 우정에는 경지가 있고 경계가 있다. 또 종류가 있고 질적 차이도 존재한다. 우정 역시 다른 관계와 마찬가지로 시대에 따라 세태에 따라 변한다. 경지도 경계도 바뀐다. 그래서 인간의 본질을 제대로 이해해야만 우정의 차이와 경지 그리고 그 변화를 받아들이고, 궁극적으로는 인간을 이해할 수 있다고 하는 것이다.

우정의 본질이 변할 수 있다는 사실을 받아들인다면, 현대사회에서 가장 많이 발생하는 이해관계로 맺어진 인간관계도 우정으로 발전할 수 있고, 그 또한 소중하다는 것을 인정할 수 있다. 그래서 개인의 이기심만 앞세우는 안타까운 세태에 대한 다른 차원의 대안으로서 역사 속 인간관계를 먼저 들여다보고, 가능하다면 이를 통해 현실의 인간관계를 제대로 설정하는 데 도움을 얻고자 하는 것이다.

특히 『사기』가 보여주는 '우정을 매개로 한 인간관계'는 조직 내에서의 생활이 대부분인 현대인에게 조직과 인간관계라는 문제와 관련해 많은 것을 생각하게 한다. 동시에 조직을 이끄는 리더는 이런 관계가 조직관리에 어떤 영향을 주는가를 통찰해 이 관계를 조직을 위해 잘 활용하는 지혜를 얻어낼 수 있다.

어떤 종류의 우정이 되었건, 어떤 차원의 우정이 되었건 없어서는 안 될 바탕은 서로에 대한 믿음이다. 믿음은 인간에게 있어서 세계관의 중요한 표현이자 사회생활의 주춧돌이기 때문이다. 사마천은 이 점을 분명히 자각하고 있었다. 사마천은 깊고 절박한 원한을 한 차원 승화시켜 불굴의 의지로 『사기』를 완성한 사람이다. 그렇기 때문에 그가 묘사하고 있는 인물과 그들의 관계는 일반 관계와는 달리 매우 심각하다. 어떤 경우에는 질과 차원을 전혀 달리한다. 사마천은 우정을 소중하게 생각하고, 더 나아가 우정이 사회를 밝게 하고 나라를 강하게 만드는 인간관계의 차원에 놓여 있음을 강조한다. 사마천의 『사기』에서 발견하게 되는 아주 소중한 가치들 중 하나다.

사마천은 인간관계의 차원은 결국 인간 스스로가 결정할 수밖에 없다고 본다. 어떤 차원을 유지할 것인가도 개개인의 판단에 의존할 수밖에 없다. 사마천은 관계의 변질을 두고 타인을 탓하기에 앞서 인간 본성에 대한 깊은 사색과 통찰을 요구한다. 우리는 지금 어떤 친구와 어떤 경지의 우정을 나누고 있는가? 또 어떤 차원의 인간관계를 유지하고 있는가? 『사기』 속에 그에 대한 심각하고 감동적인 해답들이 곳곳에 숨어 있을지 모른다.

순수한 우정의 최고 경지인 '지음'

사마천은 『사기』를 완성하고 난 다음 자신의 심경을 고백하는 편지를 친구 임안에게 보내면서 백아伯牙와 종자기鍾子期의 우정을 스쳐

가듯 언급하고 있는데, 이 두 사람은 말이 아닌 '소리(음악)를 통해 서로의 마음을 알았다'는 '지음知音'이란 경지의 우정을 나누었다. '지음'은 우정의 경지로는 최고의 경지라고 한다.

백아는 귀족이었고, 종자기는 나무꾼이었다. 백아는 거문고 연주의 명수였다. 하지만 백아의 주위에는 그의 연주를 제대로 감상할 만한 사람이 없었다. 그래서 백아는 늘 깊은 산속에 들어가 홀로 거문고를 연주하곤 했다. 그 날도 백아는 다른 날과 다름없이 산속에서 거문고 연주에 몰입했다. 바람 소리, 물 소리, 대나무가 바람에 흔들리는 소리 등 자연의 소리를 거문고 줄에 담아 연주하느라 삼매경에 빠졌다. 그런데 어디선가 "거문고 연주 소리가 고산유수高山流水로구나!" 하는 사람 소리가 들리는 것 아닌가? 깜짝 놀란 백아가 연주를 멈추고 소리 난 쪽을 보니 젊은 나무꾼이 서 있었다.

백아는 자신의 연주 경지를 '고산유수' 네 글자로 표현한 젊은 나무꾼의 감상력에 감탄하지 않을 수 없었다. 자신도 연주를 하면서 오늘 이 곡의 이름을 '고산유수'로 지을까 생각하던 차였기 때문이다. 높은 산처럼 격정적이었다가 흐르는 물처럼 부드럽고 유창하게 바뀌는 연주의 분위기를 이처럼 간결하게 표현해내다니! 이렇게 해서 두 사람은 세상에 둘도 없는 친구가 되어 이른바 '지음'의 경지에 오른 우정을 나누기에 이르렀다.

그 후 두 사람은 시간만 나면 산속에서 만나 음악을 매개로 고고한 우정의 세계를 함께 노닐었다. 그러던 중 백아가 벼슬을 받아 지방으로 떠나게 되었다. 두 사람은 몇 년 동안 만나지 못하고 서로를

백아와 종자기의 우정은 아무런 이해관계가 없는 소리(음악)를 통해 이루어졌다. 참된 우정의 출발은 순수 그 자체임을 잘 말해준다. 그림은 왕진붕王振鵬이 그린 '백아고금도伯牙鼓琴圖'다.

그리워하며 살았다. 몇 년 뒤 백아는 휴가를 받아 고향으로 돌아오게 되었다. 백아는 바로 종자기를 찾았다. 그런데 이게 웬일인가? 종자기가 병으로 얼마 전 세상을 떠났다는 것이었다. 백아는 슬픔을 이기지 못하고 몇 날 며칠 식음을 전폐한 채 종자기의 무덤에서 떠날 줄 몰랐다. 그리고는 자신의 거문고 줄을 끊어버리고 다시는 연주하지 않았다.*

백아와 종자기의 우정은 신분을 초월하고 사회적 통념을 깬 고고한 우정의 표본이다. 세상에 둘도 없는 순수한 우정이 바로 이런 것이다. 사마천은 친구 임안에게 보낸 편지에서 두 사람의 우정을 거론해 자신이 그리는 이상적인 경지의 우정이 어떤 것인지 간접적으로

* 여기서 '백아가 거문고 줄을 끊었다'는 '백아절현伯牙絶絃'의 고사성어가 나왔다. 이상의 고사는 전국시대 도가 계통의 저서인 『열자』에 보인다.

표출했다. 악기 연주소리만 듣고도 친구의 마음 상태를 안다는 '지음'의 경지에 이른 우정이 지금 세상에 존재할지 의문이 들지만 우리들 마음에는 분명 이런 우정의 경지에 대한 갈망이 깊숙이 웅크리고 있을 것이다.

문무의 조화로 나라를 지켜낸 '문경지교'

전국시대 말기 조趙나라는 풍전등화와 같은 존망의 위기에 처해 있었다. 그나마 무장 염파廉頗와 문신 인상여藺相如라는 두 기둥이 간신히 나라를 떠받치고 있었다. 조나라의 버팀목이었던 두 사람 사이에는 '문경지교刎頸之交'로 잘 알려진 우정이 작용하고 있었다. '문경지교'는 『사기』에 보이는 감동적인 인간관계 중 하나다.

백전노장 염파는 어느 날 갑자기 나타나 말솜씨 하나로 외교 방면에서 인정을 받아 승승장구하고 있는 인상여를 도저히 인정할 수 없었다. 몇 차례 외교 사절로 파견되어 유창한 말솜씨 덕으로 공을 세운 인상여가 숱한 전투에서 죽을 고비를 여러 차례 넘긴 장군인 자신과 같은 반열에 오르자 인상여에 대한 염파의 미움은 더욱 커졌다. 그래서 틈만 나면 주위 사람들에게 인상여를 혼내주겠다며 큰소리를 치고 다녔다.

이런 상황을 알게 된 인상여는 가능한 염파와 마주치지 않으려고 애를 썼다. 마차를 타고 가다가 염파의 마차가 보이면 마차를 돌려

다른 길로 갔다.* 조정에서도 가능한 염파를 피했다. 그러자 인상여의 식구와 식객들은 지위도 같은데 왜 그렇게 비굴하게 구냐며 인상여에게 따져 물었다. 식객들은 인상여를 떠나겠다고 했다. 이에 인상여는 자신의 행동에 대해 이렇게 해명했다.

나는 막강한 진나라 왕 앞에서도 당당하게 큰소리를 쳤다. 내가 염파 장군이 무서워서 피하겠는가? 지금 우리 조나라 형편에 염파 장군과 내가 싸우기라도 하면 조나라는 끝장이다. 우리 두 사람은 각각 문관과 무관으로 나라의 두 기둥이나 마찬가지인데 우리 두 사람이 싸우면 나라가 어떻게 되겠는가?

그러면서 인상여는 "나라의 급한 일이 먼저고 사사로운 감정은 나중이다"라고 했다. 이것이 '선국가지급이후사구야先國家之急而後私仇也'라는 명언이다. 이 말을 전해들은 염파는 부끄러워 얼굴을 들지 못했다. 그리고는 한쪽 어깨를 드러내고 가시를 등에 짊어진 채 인상여를 찾아가 스스로 죄인임을 자청하면서 사과했다.** 이로써 두 사람은 '목을 내놓아도 아까워하지 않는 우정'의 경지, 즉 '문경지교'를 나누었다.

인상여의 세심한 배려와 겸손함이 단순한 성격의 무장 염파를 감동시켰다. 인상여의 진심을 알게 된 염파는 인상여를 오해한 자신이

* 조나라 도성이었던 지금의 하북성 한단시에는 인상여가 마차를 돌린 '회차항回車巷'이란 골목이 아직 남아 있다.

** 이를 '부형청죄負荊請罪'라 한다. '가시나무를 등에 지고 잘못을 사과한다'는 뜻이다.

잘못에 부끄러워할 수는 있어도 그 잘못을 인정하고 사과하기란 여간 어렵지 않다. 지위가 높고 귀한 사람일수록 더더욱 어렵다. 염파와 인상여의 관계는 그 난관을 돌파한 경지의 우정을 보여주고 있다. '문경지교'의 고사와 '부형청죄'를 그린 그림이다.

부끄러웠다. 부끄러움은 누구나 얼마든지 느끼고 알 수 있지만 염파처럼 스스로 죄인임을 자처하며 사죄하기란 여간 어렵지 않다. 염파의 용기가 없었더라면 두 사람의 관계는 그저 어정쩡한 수준에 머물렀을 것이다.

조직이든 나라든 이렇듯 문인의 섬세함과 무인의 호쾌함이 조화를 이룰 때 안정과 발전을 이루는 법이다. 나라의 안정을 우선 생각하는 인상여의 겸손한 배려와 사려 깊은 문관을 향해 싹싹하게 자신의 잘못을 인정한 무장 염파의 진솔함이 어우러진 또 다른 차원의 관계를 목격하게 된다.

친구를 자극해 분발케 한 소진의 우정

천하 통일의 기운이 무르익어 가던 전국시대 말기 7국(전국칠웅)을 돌며 유세가로 명성을 떨쳤던 소진과 장의의 천하를 대상으로 한 큰 전략big picture, 즉 합종과 연횡에 대해서는 1장에서 상세히 살펴보았다. 그런데 이 두 사람의 관계는 단순히 경쟁관계가 아니었다. 두 사람은 동문이자 친구였고, 이들의 우정 이야기는 한 편의 잘 짜인 각본을 바탕으로 한 드라마를 방불케 한다.

신비로운 은자 귀곡자 밑에서 동문수학했던 두 사람 중 소진이 먼저 출세해 명성을 떨치고 있었다. 몇 차례 유세에 실패한 장의는 낙담 끝에 자존심이 다소 상하지만 소진을 찾아가 친구 덕을 보려 했다. 그러나 소진은 며칠이 지나도록 장의를 만나주지 않았을 뿐만 아니라 가까스로 만난 장의에게 찬밥에 푸성귀만 대접해 돌려보내는 수모를 주었다.

기대했던 친구에게 냉대를 당한 장의는 울분과 절망에 사로잡혔다. 장의는 마음을 다져먹고 소진에게 복수하기로 결심했다. 그러기 위해서는 무엇보다 소진의 큰 전략인 합종을 깨야 했다. 소진의 합종은 서방의 강대국 진나라를 제외한 동방 6국이 남북으로 연합해 진나라에 공동으로 대항하는 외교 전략이었다. 따라서 장의가 합종을 깨기 위해서는 합종의 목표인 진나라로 가야만 했다. 하지만 진나라는 고사하고 집으로 돌아갈 여비마저 다 떨어진 신세였다.

이때 웬 사내가 나타나 장의의 딱한 사정을 듣고는 숙식비는 물론 장의와 동행해 진나라에 들어가 진왕을 만날 수 있게 주선까지 해주었다. 장의에게 이보다 더 큰 행운이 어디 있을까? 장의는 진왕을 설득하는 데 성공해 객경客卿에 임명되었다.

장의는 그 길로 자신을 도운 은인을 찾아가 기쁜 소식을 전했다. 그런데 장의의 낭보를 접한 그 사내의 입에서 나온 이야기가 장의를 기절초풍하게 만들었다. 지금까지 장의를 도운 사내가 알고 봤더니 다름 아닌 친구 소진이 보낸 사람이었던 것이다. 장의는 "지금까지 내가 소진의 손바닥에서 놀아났구나. 소진에 비하면 나는 아직 멀었다!"며 탄식하고는 소진이 죽기 전에는 합종을 깨지 않겠다고 굳게 결심했다.

소진은 자기 못지않게 뛰어난 재능을 가진 친구 장의가 뜻을 이루지 못해 좌절하게 되는 것을 안타깝게 생각했다. 그래서 일부러 장의에게 자극을 주어 분발하게 했던 것이다. 이는 평소 소진이 장의의 성격과 재능을 누구보다 잘 알았기 때문에 가능한 일이었다. 비록 속임수였지만 친구가 평생 공부한 원대한 뜻을 펼칠 수 있도록 도움을 주었고, 이로써 두 사람은 전국시대 말기 외교무대를 휘어잡는 쌍두마차가 되었다.

전국시대 말기 천하의 대세를 좌지우지했던 외교 전략은 '합종연횡'으로 대변된다. 6국 연합론인 합종은 소진이, 6국 각개 격파론인 연횡은 장의가 주도했다. 합종과 연횡은 전혀 상반된 외교 전략이자 정책으로, 서로를 공격해 무너뜨리는 것이 최종 목표였다. 두 사람은 이런 외교 전략을 가지고 친구이자 라이벌로서 천하의 외교를 주름

소진과 장의는 현대 경영이론에 등장하는 친구friend와 적enemy의 합성어인 프레너미frenemy의 관계를 떠올리게 한다. 그림은 소진이 합종책을 유세하는 장면이다.

잡으며 한 시대를 화려하게 장식했다. 그리고 거기에는 아주 특별한 두 사람만의 관계가 배경으로 작용하고 있었다.

부민부국을 이끌어낸 '관포지교'

'관포지교管鮑之交'는 우정의 대명사로 불릴 정도로 널리 알려진 고사성어다. 『사기』의 열전으로서는 두 번째인 권62 「관안열전」에 보인다. 이 우정의 주인공들은 관중管仲과 포숙鮑叔인데 이 두 사람의 관계는 친구간의 우정을 훨씬 뛰어넘고 있다. 특히 두 사람의 우정이 어우러져 한나라의 통치자를 당대 최고의 리더로 키우는 데 결정적인 작용을 했다는 점에서 조직 관리와 경영에 시사하는 바가 적지 않다.

관중과 포숙은 오늘날 산동성 동부에 위치했던 제나라 사람으로 어려서부터 같이 사업을 하는 등 둘도 없는 친구사이였다. 그러던 제나라에 정변이 일어나 국군 양공襄公이 신하에게 살해당하는 험악한 정국이 조성되었다. 양공의 난잡한 정치를 피해 다른 나라에서 망명생활을 하고 있던 잠재적 대권 주자들인 양공의 동생들은 귀국을 서둘렀다. 누가 먼저 귀국하느냐에 따라 대권의 향방도 바뀔 수 있는 상황이었다.

당시 관중은 공자 규糾를 모시고 있었고, 포숙은 공자 소백小白을 모셨다. 규가 배다른 형이었다. 두 사람은 만일의 사태를 대비해 서로 상의하고 각자 다른 공자를 모셨던 것이다. 어쨌거나 자신이 모시는 공자를 국군 자리에 앉히기 위해 관중과 포숙은 귀국을 서둘렀다. 이 과정에서 관중은 공자 소백을 활로 쏘아 암살하려고까지 했다. 다행인지 불행인지 화살은 소백의 허리띠를 맞추었고, 소백은 순간적인 기지를 발휘해 마치 진짜 화살에 맞은 듯 피를 토하며 말에서 떨어지는 연기를 펼쳤다.

암살에 성공했다고 생각한 관중은 느긋하게 규를 모시고 제나라 수도 임치로 향했다. 관중이 임치에 접근할 즈음 포숙과 소백이 이미 임치에 들어와 국군의 자리에 앉았다는 소식이 전해졌다. 이가 바로 춘추오패의 첫 패주인 환공桓公이다. 관중과 규는 기절초풍했다. 관중은 급히 노나라로 사람을 보내 군대를 요청했다. 노나라의 힘을 빌려 소백을 내쫓을 심산이었다. 이렇게 해서 공자 소백이 이끄는 제나라 군대와 규를 돕기 위해 나선 노나라 군대는 전투를 벌였고 소백이 또 한 번 승리했다.

소백, 즉 환공은 전후회담에서 노나라에 대해 배다른 형인 규를 죽일 것과 관중의 압송을 요구했다. 관중에 대해서는 자신을 죽이려 했던 사적인 원한 관계가 있기 때문에 압송되는 대로 찢어 죽인 다음 젓갈을 담겠다고 공언했다. 공자 규는 살해되었고, 관중은 죄수를 싣는 수레에 실려 노나라 국경을 넘어 제나라로 압송되었다. 제나라는 물론 노나라를 비롯한 주변 제후국들의 이목이 모두 환공에게로 집중되었다. 환공이 관중을 과연 어떻게 처리할 것인가가 초미의 관심사가 되었기 때문이다.

관중을 실은 수레가 제나라 국경에 들어오자마자 제나라 쪽에서 관중을 인계받으러 사람이 나타났다. 다른 사람이 아닌 관중의 친구 포숙이었다. 포숙은 얼른 관중을 편안하고 큰 수레로 옮겨 타게 한 다음 서둘러 수도 임치로 돌아왔다.

임치에서 관중을 기다리고 있는 사람은 환공이었다. 알고 봤더니 포숙이 사전에 환공을 설득해 관중을 살려주는 것은 물론 제나라 재상으로 발탁하게 했다. 환공은 한때 자신을 죽이려 했던 원수 관중을 재상에 기용하는 파격적이고 놀라운 리더십을 발휘했다. 중국 인재학에서 말하는 '진짜 인재라면 원수라도 기용하라(외거불피구外擧不避仇)'는 최초의 실천 사례였다. 환공의 이런 리더십은 어수선한 정국을 빠른 속도로 안정시키는 데 큰 역할을 했다.

'관포지교'는 개인 차원에서 출발한 관계가 어디까지 확장될 수 있는가를 잘 보여주는 사례다. 사진은 제나라 수도 임치 관중 무덤 구역에 조성되어 있는 관포지교 기념관이다.

관중을 만난 환공은 치국의 이치에 대해 물었고, 관중은 탁월한 식견으로 거침없이 치국의 이치와 부국강병을 이루기 위한 실질적인 개혁 정책들을 피력했다. 관중과 포숙을 비롯한 많은 인재들의 도움으로 환공은 춘추 초기 이른바 '춘추 5패'의 선두주자가 되어 무려 '아홉 차례나 제후국들과의 회맹을 주도(구합제후九合諸侯)'했다. 말하자면 주 왕실의 천자를 대신해 천하를 호령하는 패주가 된 것이다. 관중은 40년 가까이 제나라 국정을 이끌면서 백성과 나라를 부유하게 만드는 '부민부국富民富國'을 실현했다.

관중과 포숙의 이야기는 개인의 인간관계가 국가 차원으로 발전했다는 점에서 아주 특별하다. 특히 포숙의 사심 없는 양보와 팔로십으로 관중은 마음껏 자신의 능력을 발휘했다. 말하자면 두 사람의 남다른 관계가 제나라를 부국강병으로 이끌고, 중간 정도의 자질 밖에 안 되는 환공으로 하여금 큰 리더십을 발휘할 수 있게 만든 것이다.

조직문화의 복합성과 인간관계

국가와 기업을 포함한 모든 조직에서는 조직원 사이의 인간관계가 어떻게 어떤 방향으로 설정되느냐에 따라 조직문화가 달라진다. 그 같은 조직문화가 크게는 조직의 흥망성쇠를 결정하게 된다. 이런 조직문화를 이루는 대표적인 개념이 바로 '동료의식fellowship'이다. 그런데 동료의식이 종종 '우정friendship'으로 발전하기도 하며, 우정으로 시작된 관계가 동료의식으로 발전하기도 한다. 특히 동양사회에서는 같은 조직에서 생활할 경우 우정과 동료의식 사이에 차이를 발견하기 힘들 정도로 거의 밀착되어 있다.

이런 조직 내의 관계들이 긴밀하고 조화롭게 작용할 때 조직의 리더가 큰 리더십leadership을 발휘할 수 있게 된다. 그러나 동료의식과 우정이 혼합된 동양의 조직 사회에서는 공사구분이나 책임과 권한의 분별 등과 같이 조직을 바르게 이끄는 가치관들을 소홀히 하는 수가 많다. 이 때문에 조직의 문화는 상호비방과 중상모략으로 얼룩지고 결국 조직 전체가 지리멸렬해진다. 조직원들은 조직과 리더를 신뢰하지 못하고, 리더는 조직원들을 신뢰하지 못한다. 이것이 종래 동양 사회에서의 조직문화가 노출한 치명적인 결점이었다. 모든 관계가 사적 이해관계의 영향을 받기 때문이다.

동양의 조직 사회가 오랫동안 드러낸 고질적 병폐의 근원을 파고들면 '팔로십follwship'이란 단어와 만나게 된다. 우정과 동료의식이 지나치게 강조된 반면 팔로십은 무시당해왔다는 말이다. 팔로십도 무조건 따르라는 식의 수동적 팔로십, 즉 복종이 주류였고, 자발적·능동적 팔로십은 찾아보기 힘들었다. 그러니 리더십이 제대로 발휘되기 힘들었고, 그 결과 대부분의 리더들이 독단獨斷, 독선獨善, 독재獨裁에서 벗어나지 못했던 것이다.

위에서 살펴본 인간관계의 사례들 중에서 염파와 포숙은 팔로십의 문제와 관련해 아주 좋은 본보기를 보여준다. 잘못을 솔직히 인정하고 인상여와 '문경지교'를 나눈 염파나, 자기에게 돌아올 재상 자

조직 내의 인간관계 구성도(R≒3F+1L)

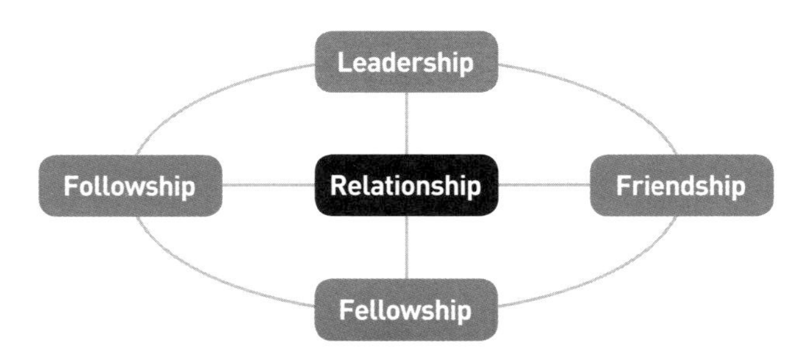

리를 관중에게 기꺼이 양보하고 관중보다 낮은 자리를 흔쾌히 받아들인 포숙은 진정한 '팔로십'이 무엇인가를 실제 행동으로 보여주었기 때문이다.

전통적 관념이 실생활에 강력한 영향을 끼치고 있는 동양사회에 있어서 인간관계relationship, R를 위한 우정friendship, F1과 동료의식fellowship, F2 그리고 팔로십followship, F3의 관계 및 이 3F가 리더십leadership, L에 미치는 함수관계는 참 미묘한 문제가 아닐 수 없다. 앞에 몇몇 인간관계의 사례들에서 이미 보았듯이 이 삼자의 관계가 이상적으로 설정되어 작동할 경우 그것은 단순한 관계의 차원을 훌쩍 뛰어넘어 한 나라의 운명에까지 영향을 미칠 수 있다. 이런 점에서 R≒3F+L의 관계도는 나름 의미를 가질 것이다.

진짜 정보는 사람으로부터 나온다

자기 사람을 홀대하고 무시하는 리더에게 어떤 인재가 달려오겠는가? 기둥을 빼서 서까래를 받치고 서까래를 빼서 기둥으로 받치는 악순환이 조직을 좀먹고, 건전한 인재들을 병들게 만든다.

대체로 춘추시대 말기부터 나타난 특별한 현상 가운데 '양사養士' 풍조라는 것이 있었다. '양사'란 글자 그대로 '인재를 기른다'는 뜻이다. 양사 풍조는 주로 왕실의 친인척이나 정계의 유력자가 자국은 물론 다른 나라의 유능한 인재들을 대거 거느리며 정국을 이끈 현상을 말한다. 유력자는 이 인재 풀에서 적절한 사람을 골라 조정에 추천하거나 중요한 외교 등을 맡겼다. 이런 인재들을 '문객門客'이니 '식객食客'이니 하는 말로 불렀는데, 특히 전국시대 4공자는 모두 3천 명에 이르는 식객들을 거느리며 한 시대를 풍미한 것으로 유명하다.

전국시대 4공자 신상 정보표를 보면, 양사 풍조는 춘추시대 이후 기존의 신분질서 체제가 무너지면서 새로운 사회 주도층으로 떠오른

전국시대 4공자 신상 정보표

4공자	본명	연대(생몰)	국적(지위)	주요 행적(『사기』 관련 편명)
맹상군 孟嘗君	전문 田文	기원전 4세기 초·중엽	제齊의 종친, 설공薛公, 상相	식객 3천 명에 6만여 가. 정쟁에서 밀려 위·진과 결탁해 전국시대의 형세를 변화시킴 (권75 「맹상군열전」)
평원군 平原君	조승 趙勝	? ~ 기원전 251	조趙, 혜문왕 동생, 상	장평전투 후 위기상황에서 군관민을 독려 3년을 버팀. 식객 모수의 계책으로 한단의 포위를 품 (권76 「평원군우경열전」)
신릉군 信陵君	위무기 魏無忌	? ~ 기원전 243	위魏, 종실대신, 평원군의 처남	식객 3천 명. 장평전투 후 위기에 처한 조를 구하고 진을 물리치는 등 명성을 떨쳤으나 간첩계에 몰려 몰락하고 술병으로 죽음 (권77 「위공자열전」)
춘신군 春申君	황헐 黃歇	? ~ 기원전 238	초楚, 상	식객 3천 명. 한단 위기 때 계책으로 조를 구하고 진을 물리치는 명성을 떨침. 자신을 지지하던 고열왕이 죽은 뒤 내란의 와중에서 피살됨 (권78 「춘신군열전」)

'사士' 계층이 전국시대에 이르러 다양하게 분화되어 활약하게 되는 모습을 반영한다. 말하자면 새로운 시대에 부응하는 활기에 찬 인재 유동 현상이라고 할 수 있다. 이들 '사' 계층은 기회의 시대를 맞이해 시대가 필요로 하고 또 시대가 안고 있는 각종 문제들을 능동적으로 해결해나가면서 실질적으로 시대를 이끌었고, 궁극적으로는 천하 통일을 주도하는 세력으로 떠오른다.

인재의 활발한 유동은 정보의 획득과 교환을 가져온다. 당시 각국은 치열하게 경쟁하면서 상대국의 중요한 고급 정보를 확보하기 위해 갖은 수단을 동원했다. 첩보전은 기본이었고 상대국을 무너뜨리기 위해 매수와 이간은 물론 암살도 서슴지 않았다. 진나라가 천하를 통일하는 과정에서 보여준 냉혹한 첩보전이 대표적인 사례다. 이와 같은 고급 정보를 확보하기 위해서는 고급 인재를 확보하는 것이 가장 빠른 길이었다. 사정이 이렇다보니 자국의 고급 인력은 물론 적국의 인재까지 끌어들이는 치열한 인재 쟁탈전이 보편적인 현상으로 자리 잡았다.

조직관리와 기업 경영에 있어서 정보의 중요성은 굳이 강조할 필요가 없을 것이다. 고급 정보를 얻기 위해 조직과 기업은 엄청난 투자를 아끼지 않는다. 그리고 그 정보의 핵심은 인재들의 유동성과 적극성에 있다. 이제 식객 3천 명이라는 엄청난 인재 군단을 거느리고 전국시대 후기를 주도했던 4공자들이 인재와 고급 정보를 얻기 위해 어떤 행태를 보였을까? 그 자신이 외교가이자 유세가였던 춘신군 황헐을 제외한 나머지 3공자만 살펴보고자 한다.

인재의 중요성을 설파해 후계자가 된 맹상군

맹상군 전문은 제나라 재상을 지낸 전영田嬰의 40명에 이르는 아들 중 하나였다. 첩에게서 태어난 아들인데다 5월에 태어나서 불길하다며 전영은 생모에게 전문을 기르지 말라고 다그쳤다. 그러나 생모가 몰래 거두어 길렀다. 전문이 장성하자 생모는 형제들을 통해 아버지를 찾아가게 했다. 느닷없이 찾아온 아들을 본 전영은 몹시 화를 냈다. 전문은 당돌하게도 5월에 태어난 아이를 키우지 않는 까닭이 무엇이냐고 물었다. 전영이 "5월에 태어난 아이의 키가 문설주와 같아지면 부모에게 이롭지 않기 때문이다"라고 답했다. 그러자 전문은 "사람이 태어날 때 그 운명을 하늘에서 받습니까, 아니면 문설주에게서 받습니까?"라며 날카롭게 반박했다. 전영이 말문이 막혀 아무 말이 없자 전문은 "하늘에서 명을 받는다면 군(전영의 작위가 정곽군이었다)께서 근심할 것이 없을 것이고, 또 문설주로부터 명을 받는다 하더라도 아이가 크면 그에 따라 계속 문설주를 높이면 될 일 아닙니까?"라고 했다.

이렇듯 전문은 젊었을 때부터 당찬 기개로 운명을 스스로 개척하고자 하는 정신이 충만했다. 이 일로 아버지 전영은 천첩 출신의 전문에게 깊은 인상을 받았고, 종종 전문을 불러 이야기를 나눈 것으로 보인다. 얼마 뒤 전문은 아버지를 만난 자리에서 삼대에 걸쳐 재상을 지내면서 나라를 위해 한 일이 없고, 개인적으로 천만금을 쌓아 놓고 있으면서 문하에는 쓸 만한 인재 하나 없다면서 아버지를 비판한 후 다음과 같은 자신의 생각을 피력했다.

> 지금 군의 후궁들은 무늬가 화려한 고운 명주옷을 입고 있지만 선비들은 짧은 바지도 얻어 입지 못하고 있습니다. 하인과 첩들은 쌀밥에 고기반찬을 남기지만 선비들은 술지게미와 겨도 배불리 먹지 못하고 있습니다. 지금 군께서는 남아돌

정도로 많은 재산을 쌓아놓고 알지도 못하는 자에게 재산을 주려 하시는데 그것이 나라의 일을 해치는 일인지 모르고 계십니다. 저는 이런 것들이 이해가 가지 않습니다.

전영은 아들의 따끔한 충고를 받아들여 전문에게 집안일을 맡겨 빈객들을 대접하게 했고, 이 정보를 접한 인재들이 전씨 집안으로 몰려들었다. 이로써 전문의 명성은 제후들에게까지 알려지기에 이르렀다. 제후들은 전영에게 전문을 후계자로 삼으라고 건의했다. 전영은 마침내 전문을 자신의 후계자로 삼았다. 비천한 첩의 몸에서 태어난 전문이 설薛 지역의 영주 맹상군이 되는 순간이었다.

맹상군은 설을 거점으로 제후는 물론 죄를 짓고 도망 다니는 자들까지 자신의 식객으로 삼았고, 모두에게 차별 없이 후하게 대접했다. 특히 빈객들의 신상명세에 대한 상세한 정보를 기록으로 남겨두는 치밀성까지 보였다. 빈객을 맞이해 대화를 나눌 때면 문서 담당자가 병풍 뒤에서 대화의 내용을 비롯해 빈객의 정보를 일일이 기록했다. 빈객이 가고나면 맹상군은 사람을 시켜 빈객의 가족과 친지들에게 예물을 보냈다. 이렇게 해서 빈객과 그 가족 친지들의 마음을 확실하게 사로잡아 자기 밑에 두었던 것이다.

맹상군은 천한 출신이었지만 밑바닥 인생을 살면서 세상 돌아가는 형세에 주의를 기울였다. 그 결과 사람이 중요하다는 사실을 절감했던 것 같다. 그래서 아버지에게 인재를 대접하라고 충고한 대목이나 차별 없이 두루 인재를 우대했던 것이다. 또한 맹산군은 정보

인재를 우대하는 양사 풍조는 정보의 중요성에 대한 인식과도 밀접한 관련이 있다. 그림은 인재를 모시는 맹상군의 모습을 그린 것이다. 맹상군의 봉지인 산동성 설 지역에 남아 있는 맹상군 무덤 내 자료관에 전시되어 있다.

와 정보의 획득에 있어서 인재의 역할이 갖는 중요성에 대해서도 제대로 인식하고 있었다. 작게는 식객의 신상 정보를 얻는 일부터 천하 정세에 대한 정보에 이르기까지 다양한 정보를 다름 아닌 맹상군의 식객들이 천하를 누비며 갖다 날랐다. 전국시대 4공자의 양사 풍조가 갖는 시대적 의미는 바로 정보의 중요성과 정보원으로서 인재의 역할 및 중요성, 바로 그것이었다.

애첩을 죽여 빈객들을 다시 모은 평원군

조나라 평원군은 여러 형제들 가운데 가장 재능이 뛰어나고 인재를 아꼈다. 세 번 재상이 되었고, 세 번 재상 자리에서 물러났다. 평원군이 인재의 중요성을 절감하게 된 것과 관련해서는 다음과 같은 흥미로운 일화가 전한다.

평원군의 집에는 누각이 있어 민가를 내려다 볼 수 있었다. 민간에 꼽추가 살았는데 꼽추의 절룩거리는 모습을 보던 평원군의 애첩이 키득거리며 웃었다. 꼽추가 평원군의 집을 찾아와 "당신에게 인재들이 수 천리를 멀다 않고 찾아오는 것은 당신이 인재를 귀하게 여기기 때문일 것입니다. 선비에 비하면 첩 따위는 하찮게 여기겠지요. 저는 허리가 굽은 병이 있는데 당신의 첩이 저를 보고 비웃었습니다. 저를 비웃은 자의 머리를 원합니다"라고 말했다. 평원군은 웃으면서 그러겠노라 약속했다.

꼽추가 돌아가자 평원군은 어이가 없다는 듯 웃으면서 "그 자가 한 번 비웃음을 당했다는 이유로 내 애첩의 목을 달라니 너무 심하지 않은가"라며 꼽추와의 약속을 무시했다. 그런데 어찌 된 영문인지 1년 사이에 빈객들이 하나 둘 평원군의 곁을 떠나더니 반으로 줄어들었다. 평원군이 빈객들에게 떠나는 까닭을 물으니 빈객들은 꼽추와의 약속을 어긴 것을 보니 선비보다는 애첩을 더 아끼는 것 아니겠냐며 비판했다. 이에 평원군은 깨달은 바가 있어 애첩의 목을 베어 직접 꼽추에게 주며 사과했다. 그러자 떠났던 빈객들과 새로운 인재

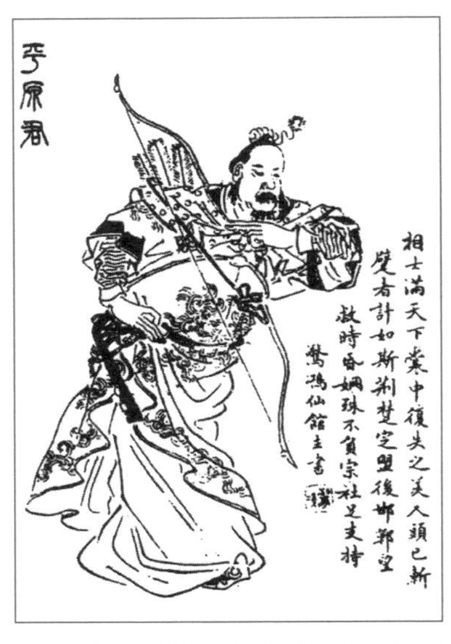

조직관리는 곧 인간관리다. 인간관리의 기초는 신뢰다. 평원군의 사례는 이 관계를 잘 드러내고 있다. 평원군의 초상화다.

들이 다시 몰려들었다. 평원군은 그냥 빈말로 한 약속도 약속이라는 점을 크게 깨달았다.

이 고사에서 꼽추는 인재를 상징한다. 겉모습은 하잘 것 없어 보이지만 내면은 세상을 품을 만큼 큰 생각과 이상을 감추고 있는 인재들은 말 그대로 자존심 하나로 살아가는 사람들이다. 평원군은 무의식적으로 그 자존심을 건드렸고, 인재들은 그런 평원군을 가차 없이 버렸다. 인재들이 신의와 명예를 중시하는 만큼 신의와 명예를 잃거나 버리게 되면 천박한 야바위꾼으로 전락하는 것이다.

전국시대 4공자들은 모두 귀한 신분이었다. 반면 식객들은 대부분 평민 아니면 천한 신분이었다. 심지어 범죄자들까지 포함되어 있었다. 따라서 이들과의 관계 설정은 대단히 미묘하고 어려울 수밖에 없었다. 그럼에도 불구하고 이 관계를 지속시키는 가장 중요한 매개체는 신뢰였다. 특히 인재를 대우하려면 하찮은 약속이라도 반드시 지키는 약속에 대한 신뢰가 관건이었다. 평원군도 꼽추를 통해 신뢰의 중요성을 새삼 깨닫고 첩의 목을 벤 것이 아니겠는가?

신릉군의 정보망과 인간관계

4공자 가운데 가장 인품이 뛰어났던 위나라 신릉군은 국가 기밀급에 해당하는 정보를 왕보다 앞서 입수하는 놀라운 정보망을 소유했던 인물이다. 그는 어진 성품에 인재를 무척이나 존중했다. 인재라면 그 자질이 좀 떨어지더라도 겸손한 예를 갖추어 사귀었고, 자신의 부귀를 가지고 교만하게 굴지 않았다. 이런 인격 때문에 사방에서 인재들이 모여들었고, 이런 막강한 실력 때문에 그가 집권한 약 20년 동안 제후국들이 위나라를 감히 넘보지 못했다고 사마천은 강조한 바 있다.

신릉군이 20년 가까이 외국의 침략을 저지할 수 있었던 것은 그의 놀라운 첩보망이 큰 몫을 했다. 『사기』 권77 「위공자열전」에는 이와 관련해 다음과 같은 일화가 전한다.

신릉군이 위나라 왕과 바둑을 두고 있던 중 북쪽 변경에서 봉화가 올랐다. 이어 조나라가 위나라를 쳐들어오고 있다는 급보가 날아들었다. 위왕은 즉각 바둑을 멈추고 대신들을 소집해 대책을 논의하려 했다. 그러자 신릉군은 "조왕이 사냥을 나온 것이지 침범하려는 것이 아닙니다"라며 태연히 바둑돌을 놓았다. 위왕은 이 말을 믿을 수 없어 바둑이 눈에 들어오지 않았다. 그런데 잠시 뒤 다시 전갈이 오길 신릉군이 말한 대로 조왕이 사냥을 나왔다는 것이었다. 위왕은 깜짝 놀라며 어떻게 그런 정보를 알았는지 물었다. 이에 신릉군은 "신의 식객 중에 조왕의 은밀한 일까지 정탐해올 수 있는 사람이 있습니다"라고 대답했다.

신릉군은 숨은 인재를 찾아 극진히 모실 정도로 인재에 대한 인식이 남달랐다. 그림은 신릉군이 위나라 수도 대량성大梁城 이문夷門의 문지기 후영侯嬴이란 은자를 찾아가 인사하는 모습을 그린 것이다.

신릉군의 첩보망은 이렇듯 조나라 최고 통치자인 왕의 비밀 정보까지 캐올 수 있을 정도였다. 그런데 신릉군의 이런 놀라운 정보력 때문에 위왕은 그날 이후 신릉군을 멀리했다고 한다. 이 일화는 조나라 왕의 은밀한 비밀 정보까지 접근할 수 있을 정도로 막강했던 신릉군의 정보력을 말해주는 흥미로운 대목이 아닐 수 없다.

신릉군의 놀라운 정보망은 평소 신릉군이 신분이나 자질 여부를 막론하고 인재들을 우대한 결과였다. 신릉군은 또 다양한 인재를 만나고 초빙하기 위한 자기만의 정보망을 별도로 갖고 있었던 것 같다. 그가 자기 나라도 아닌 조나라에 머무는 동안 도박꾼들 무리와 술집에 숨어 지내고 있던 모공毛公과 설공薛公이란 처사 두 사람을 기어이 찾아내서 은밀히 교류한 사실이 이런 추측을 뒷받침한다. 그런데 정작 자기 나라인 조나라에서 식객 3천 명을 거느리며 명성을 떨치고 있던 평원군은 이 두 처사를 단순히 도박꾼과 술주정뱅이로만 알고 있었다. 더욱이 평원군은 신릉군이 이들과 사귀고 있다는 사실을 알고는 자기 아내에게 신릉군을 비방까지 했다.*

정보력이란 면에서 신릉군은 평원군보다 몇 수 위였다. 나중에 평원군도 이를 솔직히 시인하고는 과거 자신이 신릉군을 비난한 행동을 사과했다. 그랬더니 평원군 문하에 있던 식객 절반이 평원군을 버리고 신릉군에게로 갔다고 한다. 이는 신릉군의 인품도 인품이려니와 무엇보다 정보력에서 평원군을 압도했기 때문으로 봐야 할 것이

* 신릉군은 평원군 아내의 남동생인 처남이었다.

다. 자신의 몸을 맡기려면 보다 확실하고 안전한 쪽을 택하는 것은 인지상정이 아니겠는가? 게다가 인품과 인재를 존중하고 우대하는 면에서도 신릉군이 평원군을 앞섰으니 말이다.

내부 사람을 아껴라

3천 명이 넘는 인재들을 거느린 4공자 중 맹상군, 평원군, 신릉군의 행적을 보면 '인재가 곧 정보다'라는 명제를 바탕으로 간략하게 살펴보았다. 당시 세 사람 밑에 있었던 인재들 가운데 상당수가 이름조차 남기지 못하고 사장되기도 했다. 그러나 시대의 흐름과 한계를 감안한다면 인재를 대하는 이들의 자세는 분명 본받을 점이 적지 않다. 특히 차별 없이 세심하고 공평하게 인재를 대우했던 이들의 인재 대접의 방식과 행태는 많은 생각을 하게 한다.

오늘날 조직과 기업 경영에서 정보력은 결정적인 영향을 미친다. 빠르고 정확하고 경쟁력 있는 정보, 즉 우량의 콘텐츠와 고급 정보를 누가 많이 가지고 있느냐가 조직의 성패를 결정한다. 때문에 대부분의 기업이 남들이 가지지 못한 콘텐츠를 확보하기 위해 노력을 기울이고 있다. 그런데 정작 그런 콘텐츠의 근원이 어디인가에 대해서는 그다지 깊게 생각하지 않는 것 같다. 모든 정보와 콘텐츠의 근원은 사람이다. 그런데도 우리는 사람은 언제 어디서든 구해다 쓸 수 있다는 무지하고 위험한 생각에 사로잡혀 있다. 최고 경영자 개인이나 일부 고위급 인사들의 사욕과 부귀를 위해 일반 조직원들을 마구 해치는 일이 다반사로 일어나고 있는 현실이 이를 너무나 잘 보여준다.

'개똥도 약에 쓰려면 없다'는 말이 있다. 죽을 위기에 빠진 맹상군을 구해낸 사람들은 개 울음소리와 닭 울음소리를 잘 내는 이름도 없는 자들이었다.* 맹상군이 평소 이들을 존중하고 잘 대해주지 않았던들 맹상군은 일찌감치 불귀의 객이 되었을 것이다. 평원군이 초나라와의 외교 담판에서 쩔쩔 매고 있을 때 한순간에 상황을 반전시킨 사람이 누구였던가? '모수가 스스로를 추천하다'는 '모수자천毛遂自薦'이란 고사성어의 주인공 모수 아니었던가? 3년 동안 평원군의 밥을 얻어먹으면서 별 다른 두각을 나타내지 못했던 모수를 평원군이 홀대했더라면 평원군은 임무를 완수하지 못했을 것이다.

외부로부터의 정보도 중요하지만 자신과 함께 일하고 있는 조직원들에 대한 세심한 내부 정보가 얼마나 중요한지 새삼 돌이켜 생각해볼 때다. 사실 외부 정보도 다 이들이 가져다주지 않는가? 자기 사람을 홀대하고 무시하는 리더에게 어떤 인재가 달려오겠는가? 기둥을 빼서 서까래를 받치고 서까래를 빼서 기둥으로 받치는 악순환이 조직을 좀 먹고 건전한 인재들을 병들게 만든다. 더 큰 문제는 이 인재들이 가진 고급 정보가 경쟁상대는 물론 외국으로 빠져나감으로써 좋은 인재와 국부國富의 손실까지 초래한다는 사실이다.

* 여기서 유명한 '계명구도鷄鳴狗盜'라는 고사성어가 나왔다.

시스템과 조직관리의 함수관계를 파악하자

역사상 시스템에 깊은 관심을 기울인 인물로 진시황을 들 수 있다. 각종 통일정책을 비롯해 진시황 이후 수천 년 왕조체제를 기본적으로 지탱하게 한 군현제라는 행정조직 모두 진시황의 작품이다.

사회 구성원 사이의 다양한 관계를 규정하는 규범이나 가치체계를 제도制度라고 한다. 따라서 제도는 규범의 복합체라 할 수 있다. 영어로는 인스티튜션institution이라 한다. 범위를 좁혀 특정 조직을 움직이는 규범이나 가치체계 역시 제도라 할 수 있는데, 대개는 공학의 기술용어에서 나온 시스템system인 단어를 많이 사용한다. 조직관리에는 이 용어가 더 적합하기 때문에 이하 시스템으로 용어를 통일하고자 한다.

역사상 시스템에 깊은 관심을 기울인 인물로 진시황秦始皇(기원전 259~기원전 210년)을 들 수 있다. 각종 통일정책을 비롯해 진시황 이후 수천 년 왕조체제를 기본적으로 지탱한 군현제郡縣制라는 행정조직은 진시황에게 시스템 전문가라는 별칭을 붙여도 무방하게 만드는 요소들이다. 이에 역사상 숱한 논쟁을 낳았고 지금도 여전히 논쟁의 중심이 되고 있는 진시황과 그가 최초의 통일제국에 적용한 시스템이라고 하는 조금은 생소한 문제를 다루어본다.

2천 년 논란의 중심에 있는 진시황

진시황은 중국사에서 가장 많은 이야깃거리를 제공해왔고 지금도 논란의 중심에 있는 인물이다. 그는 춘추시대부터 따져 약 500년 넘게 분열되어 있던 천하를 하나로 통일한 통일 제국의 첫 황제라는 사실만으로도 대단한 존재의 의미를 갖는다. 춘추시대 초기 160개가 넘는 나라가 약 500년 동안 하나로 통합되는 과정인 춘추전국시대(기원전 770~기원전 222년)는 중국사 최대의 변혁기였다. 진시황은 통일이라는 시대의 대세를 온몸으로 받아들이며 시대를 앞서갔고, 통일 이후에는 거대한 제국을 시스템화하는 데 모든 열정을 쏟았다.

여불위 편에서 언급된 바와 같이 진시황은 타국인 조나라에서 태어났다. 인질로 와 있던 자초와 자초를 물심양면으로 도와 끝내는 왕으로 즉위시킨 상인 여불위의 애첩 조희 사이에서 태어났다.* 서너 살 무렵 부모와 함께 조국으로 돌아왔고, 아버지 장양왕이 일찍 세상을 뜬 탓에 13세의 어린 나이로 왕위에 올랐다. 정치는 대부분 중보仲父

* 여러 기록으로 미루어 볼 때 실제로는 여불위가 생부일 가능성이 많다. 조희가 자초에게 시집올 올 당시 이미 임신한 상태였다.

진시황은 방대한 강역의 제국을 효과적으로 통치하기 위한 시스템에 대해 많은 고민을 했던 리더였다. 초상화는 39세 통일 이후 진시황의 모습이다.

로 추대된 여불위가 맡았다. 그러나 22세 무렵 노애의 반란을 진압한 다음, 여불위마저 실각시키고 친정을 시작했다. 그때가 25세였다. 친정 이후 진시황은 다양한 인재들을 발탁해 의욕적으로 천하통일이라는 대업에 나섰고 39세 때 마침내 천하를 통일했다. 이후 50세에 갑작스러운 병으로 쓰러질 때까지 엄청나게 커진 제국을 조직화하고 체계화하는 데 혼신의 힘을 기울였다.

진시황은 왕으로 즉위한 13세 때부터 50세 사망까지 38년 동안 파란만장한 정치적 역경을 경험했다. 특히 25세에 실질적인 최고 리더로서의 권한을 행사하기까지 상당한 정치적 위기를 겪었다. 어린 나이로 즉위한 탓에 실질적인 권력은 중보 여불위가 행사하는 기형적 정치구조를 경험했다. 여기에 태후 조희와 여불위의 불륜, 이어지는 조희와 무애의 난잡한 스캔들, 결국은 노애의 쿠데타까지 아주 복잡다단한 궁정 내부의 정치적 암투를 겪었다.

22세에 정치에 본격적으로 나선 진시황은 노애의 난을 진압하고 생모(태후)를 격리시켰다. 25세 때는 생모와 노애의 불륜에 빌미를 제공한 여불위마저 이 사건에 연루시켜 자결하게 만드는 기민하고 단호한 결단력으로 정국을 주도했다.

이 일련의 과정에서 진시황은 조직과 그것을 움직이는 시스템의 필요성과 중요성을 인식한 것으로 보인다. 여불위라는 특수하고 특별한 존재가 최고 리더를 젖혀놓고 조직 내부에서 어떤 부정적 영향을 끼치는가를 온몸으로 느꼈고, 생모인 태후와 노애의 난잡한 스캔들과 이어진 쿠데타는 정신적으로 큰 충격을 주었다.*

그런데 이 사건들이 결국은 최고 통치자인 자신의 위치를 위협하는 일들이었고, 이런 일련의 경험들 때문에 진시황은 권력이 최고 리더에게 집중되는 전제專制 체제를 기본으로 한 제국 전체에 대한 조직화와 그 조직의 시스템화에 몰두했던 것으로 보인다. 진시황은 세계 역사상 조직의 시스템화systematize에 가장 먼저 눈을 돌린 리더였을 것이다. 그는 약 300만km^2에 이르는 방대한 제국을 구석구석 돌며 다양한 방식으로 시스템화했으나 결국은 그 시스템을 제대로 작동시키지 못한 채 제국을 불과 15년 만에 파멸로 이끄는 원인을 제공하기도 했다. 이런 흥미로운 역사적 사실들을 염두에 두고 세계 최초의 시스템 전문가 진시황의 조직 시스템화가 갖는 의미와 그것이 조직에 미치는 함수관계 및 시스템과 리더의 역할 등을 생각해보는 것도 의미 있는 일이 될 것이다.

* 이 때문인지는 몰라도 진시황은 통일 전에는 물론 통일 후에도 정식 황후를 간택하지 않았다. 어머니 때문에 여성 혐오증을 가졌을 가능성도 있고, 여자가 정치에 개입하는 것을 아예 차단하려는 정치적 의도도 있었을 법하다.

시스템에 각별히 집착하다

제국을 통일한 진시황이 맨 처음 관심을 기울인 시스템화 작업은 제국 전체를 어떻게 재편할 것인가 하는 문제였다. 말하자면 제국이라는 하드웨어를 구동할 가장 기본적인 프로그램에 관한 구상이었다. 상당한 논의를 거친 결과 진시황은 주나라의 봉건제도를 청산하고 군현제도를 택했다.

약 700년 가까이 작동되어 온 주나라 봉건제도는 왕실의 친인척이나 공신들을 각지로 파견해 스스로 알아서 정치와 경제 문제를 해결하게 하되 주 왕실의 간판을 내걸면서 1년에 한 번 조공 등과 같은 의례적인 절차를 지키게 하는 형태였다. 각지로 보낸 리더들을 제후라 불렀고, 제후국들은 상대적으로 독립성을 유지하면서 자신들의 통치구역을 이끌었다. 당시 용어를 빌자면 주 왕실은 대종大宗이 되고, 제후는 소종小宗이 되었는데, 시간이 흐를수록 소종 밑으로 다시 더 많은 소종들이 생겨날 수밖에 없는 그런 구조였다. 오늘날로 보자면 맥도날드나 스타벅스의 프랜차이즈 시스템에 비유할 수 있다.

봉건제도는 외부, 즉 주 왕실에서 파견한 경영자가 현지에 들어와 주 왕실의 경영 방식 그대로 경영하는 시스템이었기 때문에 시간이 흐를수록 경영자가 토착화되었다. 따라서 언젠가는 시스템이 변질 내지는 붕괴될 수밖에 없었다. 또 일부 제후국(프랜차이즈)이 주 왕실(본사)의 실력과 권위를 압도할 정도로 성장해 다른 제후국(프랜차이즈)들을 통솔하는 형태로 변질되기도 했다. 이러면서 제후국들은 주 왕실의 통제에서 벗어나 완전한 독립국으로 전환했다. 전국시대에 들어서 일곱 개의 대표적인 나라들이 주 왕실과 대등하게 왕을 칭하게 된 것은 당연한 수순이었다. 이 일곱 개의 나라가 역사에서 말하는 '전국 7웅'이다.

진시황은 다소 산만하고 느슨한 조직인 봉건(프랜차이즈) 시스템을 완전히 버리고 강력하고 실질적인 권한과 권력을 가진 중앙집권을 기반으로 하는 군현제도로의 전환을 실행했다. 이를 기업에 비유하자면 본사와 지점으로 이루어진 시스템이라 할 수 있다. 진나라는 무력으로 전국시대 6국들을 차례차례 정복했다. 따라서 정복지를 확실하게 통제하기 위해서는 상대적으로 느슨한 봉건제도보다는 강력한 중앙집권이 효율적이었다. 더욱이 전국시대 대부분의 국가들이 중앙집권적 군현제도로 이행하고 있었기 때문에 진시황이 군현제도를 제국의 작동 시스템으로 결정한 것은 자연스러운 결과였다.

이 시스템은 위로부터 중앙정부-군-현으로 이루어져 있고, 군과 현의 수령은 모두 중앙에서 직접 파견된 전문 관리가 맡았다. 지방 수령은 중앙으로부터 직접 명령을 받아 직무를 수행했는데 이들 관리의 업무를 감시하기 위해 중앙정부의 승상부에서는 자사刺史를 파견함으로써 중앙집권을 보다 강력하게 담보했다. 기업으로 보자면 본사에서 직접 감사를 파견해 지점들을 상시 감시하는 시스템에 비유할 수 있다.

그런데 이런 중앙집권적 군현제도가 원활하게 작동되려면 또 다른 시스템의 정비가 전제되어야만 했다. 그것이 바로 교통망이었다.

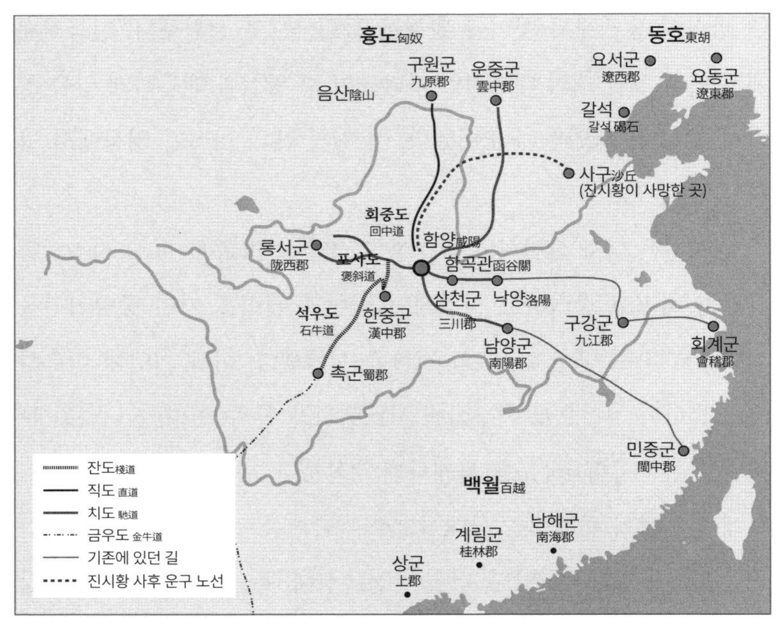

조직의 시스템이 원활하게 작동하려면 길이 있어야 한다. 하드웨어이든 소프트웨어이든 연결망이 있어야 한다는 뜻이다. 진시황은 이 점을 제대로 인식한 리더였다. 지도는 통일제국 진나라의 도로망이다.

진시황은 이 점을 명확하게 인식하고 있었다. 더욱이 교통망은 군사상 국방체계와 직결되기 때문에 더욱 중요했다. 이를 위해 진시황은 오늘날의 고속도로에 해당하는 치도馳道, 국도에 해당하는 직도直道, 전용도로에 해당하는 오척도五尺道 등과 같은 도로를 닦고, 이에 상응하는 통신 연락 시스템인 봉수烽燧(경보 시스템)와 우역郵驛(우편 통신 시스템)을 전국 각지에 설치했다. 이로써 행정과 국방을 연계시키는 완벽한 국가 비상 연락망이 구축되었고, 이는 중국 역사상 획기적인 사건으로 꼽힌다.

여기에 진시황은 정비된 도로 위를 달리는 수레의 속도를 보다 높이기 위해 수레의 규격은 물론 수레바퀴 및 수레바퀴의 살 등을 규격화하는 소위 '표준화'를 시스템으로 정착시켰다. 이로써 전국 어디서나 손쉽게 수레와 그 부속품들을 구할 수 있는 원톱 서비스 시스템이 작동하기에 이르렀다.

시스템화에 대한 진시황의 집착은 이 정도로 끝나지 않았다. 알다시피 행정과 군사를 연계한 교통 통신망을 시스템화했다는 것은 경제의 활성화와 직결된다. 경제의 가장 핵심적인 표지인 화폐를 통일시키는 조치가 따랐고, 중앙정부의 행정 명령을 신속하게 전달하기 위해 나라마다 조금씩 차이가 났던 문자도 통일하기에 이르렀다. 이밖에 최고 통치자의 호칭을 황제皇帝로 결정한 것 등은 사소한 것이지만 모두 시스템화의 일환이었다.

중국사 최초의 통일제국을 완벽하게 시스템화하려 했던 진시황의 의도는 그의 갑작스러운 죽음과 곧 이은 제국의 붕괴로 인해 절반의 성공으로 끝났다. 하지만 그것이 중국사에 미친 영향은 시간적으로만 따져도 2천 년이 넘는다.

시스템화에 따른 문제들

진시황은 통일 제국을 일사불란하게 작동시키는 완벽한 시스템을 구축하는 데 온 힘을 다 기울였다. 그 일은 전례가 없었고 그만큼 부담스러웠다. 업무량 또한 엄청났다. 이 때문에 진시황은 매일 해야 할 일의 양을 정해 놓고 그것을 다 마치지 못하면 잠도 자지 않았다고 한다. 말하자면 일 중독자, 일벌레였다. 또한 시스템 점검을 위해 매년 빠지지 않고 전국을 순시하는 강행군을 밀어붙였다. 이 순시가 시스템을 보다 완벽하게 다듬는 데 큰 도움이 되었지만, 무리하게 일에 몰두하다 보니 건강을 해쳤다. 이 때문에 결국 순시 도중 사구沙丘라는 곳에서 쓰러져 영영 일어나지 못했다. 우리 나이로 50세, 한창 일할 나이였다.

진시황은 제국을 시스템화하고 이를 작동시키는 데 필요한 인재의 중요성을 일찌감치 인식했다. 국내는 물론이고 외국 출신의 인재들까지 국적도 가리지 않고 차별 없이 두루 기용하는 열린 용인用人 정책을 보여주었다. 또 여불위와 노애의 전횡을 해결하는 과정에서 일 처리의 시기를 놓치지 않아야 한다는 점도 경험으로 체득했다. 22세 친정 이후 대단히 짧은 시간 내에 제국을 조직화하고, 그 조직을 다시 시스템화할 수 있었던 것도 그의 탁월한 능력도 능력이지만, 13세 즉위 이후 정치판의 동향과 변화를 직접 경험하면서 단련된 정치력에 힘입은 바 크다.

그러나 진시황의 시스템화 프로젝트에는 치명적인 문제들이 잠재되어 있었다. 이것이 결국은 최초의 통일 제국을 15년 만에 무너뜨리는 동인으로 작용했다. 진시황은 우선 서두르지 말아야 할 일도 서두른 탓에 위기를 자초했다. 무력으로 합병한 6국의 관습과 습성 등 토착적인 특성에 대해서는 시간을 갖고 서서히 바꾸는 정책이 효과적이었으나 이마저도 단숨에 바꾸려는 무모한 시도 때문에 각지에서 극렬한 반발을 불러 일으켰다. 진시황이 다른 것은 몰라도 '관성慣性의 법칙'에 대한 이해가 부족했던 탓이다.

또 하나는 시스템이 소통이 아닌 통제를 위한 것이었다는 점이다. 모든 시스템은 조직과 조직 사이는 물론 조직원들 사이의 소통을 최종 목표로 한다. 진시황은 시스템의 중요성을 인식하고 방향을 설정하는 데까지는 거의 완벽한 성과를 이루어냈다. 하지만 시스템이 무엇을 위한 것이냐 하는 목적과 목표 설정이 어긋났다. 중앙집권적 전제체제를 위해서는 불가피한 시스템이었다고는 하지만, 그것이 과도하게 통제 쪽으로만 작동할 때 시스템은 변질될 수밖에 없다. 작용과 반작용의 법칙을 굳이 거론하지 않더라도 말이다.

특히 이 시스템의 정점에 진시황 한 사람만 자리잡고 있었다는 점은 더 큰 문제다. 권력과 권한과 권위가 리더 한 사람에게 집중되어 있으면 시스템은 불안할 수밖에 없다. 아무리 특출나도 한 사람의 능력이란 것이 한계가 있을 수밖에 없기 때문이다. 리더에게 문제가 발생하면 즉각 작동이 중단되거나 오작동할 수밖에 없다. 개인적 권위의 이 같은 불안정성은 시스템 자체를 변화 내지 변질시키는 중요한 원인이 되며, 나아가 조직 전체를 붕괴시킬 수 있다.

진시황 자신도 이 점을 알고 있었던 것 같다. 그가 자신의 수명과 건강에 지나치게 집착한 것도 자신이 없는 제국과 그 시스템에 불안감을 가졌기 때문일 것이다. 일을 즐길 줄 모르고 일에 집착한 것도 결국 이런 불안감의 반영이었다.

시스템의 완성은 하드웨어 장착으로 끝나는 것이 아니다. 시스템은 원활하게 작동될 때 그 의미를 갖는다. 이를 위해서는 다양하고 유연한 작동 프로그램이 필수적이다. 하나의 시스템에 문제가 발생하더라도 다른 시스템이 보완해 피해를 최소화할 수 있는 유기적이고 탄력성 있는 시스템이어야 한다. 이를 위해서는 하나의 시스템을 만들면서 동시에 다음 시스템까지 준비해야 한다. 이는 결국 소프트웨어가 필요하다는 뜻이다.

기업이 어떤 형태의 조직을 취하든 그것을 시스템화하는 작업은 필수적이다. 리더의 권한을 최대한 자제하는 구조이든 그 반대이든, 문제는 시스템을 작동시키는 조직 구성원들의 의지가 얼마나 어떻게 반영되느냐 하는 것이다. 따라서 조직의 시스템화에는 조직원들의 조직에 대한 친밀도, 즉 조직원 상호관계와 조직과의 관계를 고려해야 하는 가장 큰 난제가 도사리고 있다.

기존 조직의 시스템에 젖어 있는 '관성'과 편하게 그 습관대로 움직이고자 하는 '관성의 법칙'을 충분히 인식하고 거기에 맞추어 탄력성 있는 시스템을 만들어야 한다. 그래야 다음 세대에도 좋은 시스템을 물려줄 수 있고, 정책과 사업의 일관성 및 연계성을 보장할 수 있다. 이것이 제대로 안 되면 조직의 와해로 이어진다. 나라로 말하자면 빠른 속도로 멸망의 길을 걷게 된다. 역사상 전무후무한 완벽에 가까운 시스템을 가지고도 불과 15년 만에 망한 진시황과 진나라가 그 생생한 사례다.

규제와 통제가 아닌 덕을 통한 조직관리

법으로 이끌고 형벌로 다스리면 백성들은 무슨 일을 저질러도 부끄러워하지 않는다. 도덕으로 이끌고 예로 다스려야 백성들은 비로소 부끄러움을 알고 바른 길을 가게 된다.

크게는 나라까지를 포함하는 모든 조직을 이끄는 방법은 다양하다. 하지만 기본적인 원리는 규제나 통제를 전제로 한 '법치法治'냐, 아니면 자율과 능동에 기반을 둔 '덕치德治'냐의 두 가지로 수렴된다. 이에 따라 통치자의 통치 스타일도 모든 것을 직접 챙기는 '친정親政'과 아래에 권한을 전폭적으로 주는 '위임委任'으로 갈라진다. 이 둘 중 어느 쪽이 효율적이냐를 놓고 역대로 많은 사람들이 논쟁을 벌였다. 물론 시대 상황이나 조직의 상태 등 내외적 조건이나 환경이 다 다르기 때문에 어느 한 쪽만을 고집할 수는 없을 것이다.

단기적 효율성이란 측면에서 보자면 법치와 친정이 상대적으로 강점을 가진다. 그러다 보니 지금까지 대부분의 리더들이 법치와 친정이 주는 유혹을 뿌리치지 못했다. 그런데 역설적이게도 법치와 친정을 강조한 리더들치고 성공한 경우가 드물다는 사실이다. 역사상 대체로 성공한 리더들은 거의 덕치와 위임을 실천한 인물들이었다.

좀더 깊이 있게 생각해보면, 이 문제의 핵심은 '효율성'이 아니라 통치에 대한 철학에 있다는 것을 발견하게 된다. 그래서인지 문제를 통찰한 사상가들은 대부분 덕치를 내세웠다. 이와 관련해서 공자는 다음과 같이 말한다.

> 법으로 이끌고 형벌로 다스리면 백성들은 무슨 일을 저질러도 부끄러워하지 않는다. 도덕으로 이끌고 예로 다스려야 백성들은 비로소 부끄러움을 알고 바른 길을 가게 된다.

한편 노자는 이렇게 말한다.

> 큰 덕은 덕을 의식하지 않기 때문에 덕을 유지하고, 작은 덕은 그 덕을 잃지 않으려 하기 때문에 유지할 수 없다. 법령이 치밀하게 정비될수록 도둑은 많아진다.

공자에 비해 노자는 훨씬 과격하다. 노자는 좀 심하게 말하자면 인위적인 덕치도 법치와 다를 것이 없다고 보았다. 사마천은 이 두 사람의 말을 인용한 다음 자신의 견해를 밝혔는데, 두 사람의 주장을 절충하면서 정치와 통치의 핵심을 정확하게 찌르고 있다. 그는 이렇게 말한다.

> 법령이 정치의 도구이기는 하나 백성들의 선과 악, 맑음과 흐림을 다스리는 근본적인 제도는 아니다.

법으로 인간의 본성이나 가치관을 바꿀 수는 없다는 말이다. 그러면서 사마천은 "법망이 치밀할수록 백성들은 그 법망을 피하고 빠져나가기 위해 더욱더 교활해졌다. 결국은 법망이 뚫리고 나라는 망국의 지경에 이른다"고 해 법치만능의 폐단을 엄중하게 지적하고 있다.

공자든 노자든 사마천이든 이들이 이야기하고자 하는 핵심은 법이나 규제의 한계다. 나라든 조직이든 가정이든 마찬가지다. 그저 엄하기만 한 법이나 규제로는 조화롭게 이끌 수 없다. 리더는 규제와 통제의 한계를 명확하게 인식한 다음 조직을 이끌 수 있어야 한다. 그런 점에서 많은 사람이 강조해온 '덕德'과 '덕치德治'에 새삼 눈을 돌려야 할 필요가 있다.

법치 만능이 불러온 폐단

사마천은 『사기』 권119 「순리열전」과 권122 「혹리열전」에서 역대 관료들의 행태를 기록하고, 나아가 혹리酷吏와 순리循吏라는 대조적인 두 유형의 관료들의 모습을 적나라하게 보여줌으로써 조직을 이끄는 바람직한 모델을 제시하고 있다.

사마천은 「혹리열전」에서 법을 집행하는 관리들과 법망을 빠져나가려는 백성들의 갈등이 구제불능의 상태로 빠지면, 관리들은 책임을 회피하게 되고 백성들은 법망을 뚫어 망국의 지경에까지 이른다고 경고한다. 이렇게 되면 관리들은 타오르는 불은 그대로 둔 채 끓는 물만 식히려는 일시적 방편에만 몰두해 더 혹독한 수단을 동원하고 가혹하게 법을 적용할 수밖에 없게 된다고 진단했다. 이 얼마나 자극을 주는 지적인가? 내 조직이 그런 것은 아닌지 돌아볼 일이다.

그러면서 사마천은 한나라를 세운 고조 유방 때는 배를 삼킬 만한 큰 고기도 빠져나갈 정도로 너그럽게 법을 적용했지만 관리의 실적은 더 나았고 백성들은 평화롭게 지냈다면서 "나라의 안정은 도덕의 힘에 있는 것이지 냉혹한 법령에 의존할 수 없다"고 결론을 내렸다. 요컨대 법치만능의 폐단을 이렇게 지적한 것이다.

사마천은 10여 명의 혹리들에 대한 사례를 비교적 상세히 소개하고 있는데, 무제 때의 혹리로 악명을 떨친 왕온서王溫舒의 행적을 간략하게 알아보자. 왕온서는 젊은 시절 살인 등의 나쁜 짓을 일삼다가 현의 정장이 되었으나 번번이 파면당했다. 그 후 말단 관리가 되어 잔인한 방법으로 도적 검거에 실적을 올려 승진을 거듭했다.

왕온서는 과거 중죄를 지은 자들 중 과감하고 능력 있는 10여 명을 자기 심복으로 삼아 도적 잡는 일을 전담시키는 방법으로 실적을 올렸는데, 심복 중에는 전과가 무려 100범인 자도 있었다. 말하자면 자신의 실적을 위해 범죄자들의 약점을 움켜쥐고 자기 마음대로 조종했던 것이다.

왕온서는 이런 방법뿐만 아니라 투서함을 마련해 서로 범죄 사실을 고자질하게 하는 방법도 썼다. 게다가 높은 자에게는 아부하고, 권세 없는 자는 노예처럼 취급하는 전형적인 간악한 관리여서 백성들에게 엄청난 피해를 주었다. 힘없는 백성들이 죄를 지어 잡혀 들어오면 법조문을 교묘하게 조작해 모함하고, 권세가는 중죄를 지어도 봐주었다. 부하들 역시 무자비하기 짝이 없어 "마치 인간의 탈을 쓴 호랑이 같았다"는 말이 나올 정도였다.

史記卷一百二十二
漢 太 史 令司馬遷 撰
宋 中郎外兵曹參軍裴 駰集解
唐國子博士弘文館學士司馬貞索隱
唐諸王侍讀率府長史張守節正義
酷吏列傳第六十二
孔子曰導之以政齊之以刑民免而無恥 集解 孔安國曰免苟免也 導之以德齊之以禮有恥且格 集解 何晏曰格正也 老氏稱上德不德是以有德下德不失德是以無德法令滋章盜賊多有太史公曰信哉是言也法令者治之具而非制治

법치만능은 가혹한 법집행을 일삼는 혹리들을 양산하고, 백성들은 처벌과 법망을 피하기 위해 더욱 교묘한 수단과 방법을 동원할 수밖에 없다. 그 결과는 위아래 모두에게 피해가 돌아간다. 「혹리열전」의 첫 부분이다.

더 나쁜 것은 왕온서가 이런 방식으로 여러 해 동안 엄청난 부를 축적했다는 사실이다. 결국 왕온서는 돈을 받고 군대를 면제시키고 부정한 방법으로 돈을 빼돌린 악행으로 고발 당해 자살하고 일가친척이 멸족당했다. 죽은 뒤 재산을 조사해보니 금으로 따져 1천 근에 이르렀다.

결론적으로 사마천은 가혹한 법집행을 기조로 하는 법치만능은 부정한 혹리를 양산할 뿐만 아니라 범죄도 근절시키지 못하고 오히려 더욱 증가시켰음을 상기시키고 있다. 관리들은 위아래 할 것 없이 실적을 위해 문서를 허위로 작성해 법을 피했고, 그 피해는 고스란히 힘없는 백성들에게 돌아갔다는 것이다.

덕치의 바람직한 효과

사마천은 이런 가혹한 법치와 혹리들에 의한 각종 폐단의 대척점에 덕치와 순리를 세워놓고 대비의 효과를 한껏 높이고 있다. 「순리열전」에서는 특별히 자신의 논평을 맨 뒤가 아닌 맨 앞에 제시함으로써 이 문제를 더욱 강조하는 서술의 묘미를 보여주고 있다. 그는 다음과 같은 말로 덕치의 당위성을 전제하고 있다.

> 법령이란 백성들을 잘 이끌기 위한 것이고, 형벌이란 간교한 자를 처단하기 위한 것이다. 법조문과 집행이 잘 갖추어져 있지 않으면 선량한 백성들은 겁을 먹는다. 그러나 자신의 몸을 잘 수련한 사람이 관직에 오르면 결코 문란한 적이 없었다. 직분을 다하고 이치를 따르는 것 또한 정치를 바르게 하기 위함이다. 어찌 위엄만으로 되겠는가?

그러면서 사마천은 덕치를 통해 군주를 현명하게 보필하고 백성들을 잘 다스린 5명의 순리를 소개한다. 그 중 춘추시대 초나라 장왕 때 재상을 지낸 손숙오孫叔敖의 예를 들어보자.

장왕은 당시 초나라 사람들이 보편적으로 타고 다니던 수레바퀴가 작고 높이가 낮은 수레에 불편을 느꼈다. 말이 끌기 힘들고 권위가 안 선다는 이유였다. 장왕은 법령을 내려 수레의 높이를 높이려고 했다. 이 문제에 대해 손숙오는 장왕에게 이렇게 말했다.

> 법을 자주 바꾸면 백성들이 어떤 법을 따라야 할지 몰라 좋지 않습니다. 왕께서 굳이 수레를 높이시려면 각 고을의 대문 문지방을 먼저 높이도록 하십시오. 수레를 타는 사람이면 대부분 군자들이고, 군자들은 수레에서 자주 내리기를 꺼려합니다.

문지방을 높이면 수레가 문지방을 넘기 힘들어서 타고 있던 사람이 내려서 밀거나 해야 하기 때문에 여간 불편한 것이 아니다. 그러면 할 수 없이 차츰 수레를 높이게 될 것이다. 이것이 손숙오의 논리였다. 실제로 반 년 정도가 지나자 백성들은 자발적으로 수레를 높였다. 시간이 걸리기는 하지만 법으로 명령하

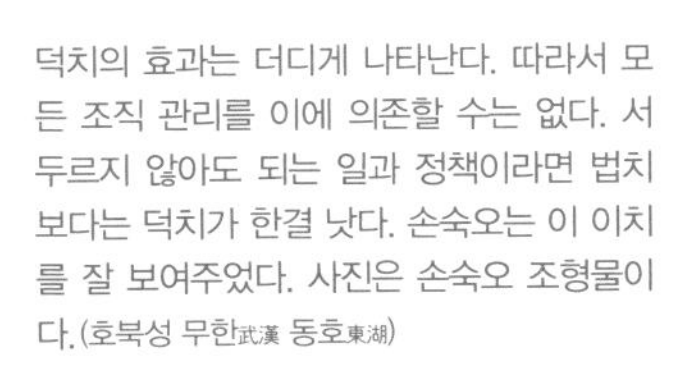
덕치의 효과는 더디게 나타난다. 따라서 모든 조직 관리를 이에 의존할 수는 없다. 서두르지 않아도 되는 일과 정책이라면 법치보다는 덕치가 한결 낫다. 손숙오는 이 이치를 잘 보여주었다. 사진은 손숙오 조형물이다.(호북성 무한武漢 동호東湖)

거나 가르치지 않아도 교화를 따르게 만드는 방법이 이런 것이다.

수레를 높이기 위해 문지방을 높이게 한 손숙오의 현명함은 결국 백성들을 생각하는 마음에서 나온 것이다. 이런 손숙오의 통치 방법이 가져온 결과에 대해 사마천은 다음과 같이 평가했다.

> 손숙오가 백성을 가르치고 잘 이끌어 위아래가 화합하게 되자 세상의 풍속은 아름다워졌다. 정치는 느슨하게 시행되었지만 금지시킬(처벌할) 일은 없었다. 관리들 중 간사한 자가 없었고 도둑도 생기지 않았다. (중략) 백성들은 저마다 편익을 얻게 되었고, 생활이 안정되고 즐거웠다.

이것이 덕치의 경지다. 그런데 덕치는 통치자와 리더의 자기수양을 전제로 한다. 자기수양을 통한 청렴결백을 지킨 리더만이 백성들의 마음을 얻을 수 있기 때문이다. 역시 춘추시대 청렴한 순리로 명망이 높았던 정나라 대부 자산子産이 죽자 모든 백성들이 "자산이 우리를 떠났으니 백성들은 이제 누구를 믿고 산단 말인가!"라며 통곡했다고 한다.

법망이 아닌 덕망으로 백성을 사로잡다

하나라의 폭정을 끝내고 상나라를 세운 상탕商湯은 일찍이 법이 아닌 덕의 중요성을 강조했다. 유명한 상탕의 '덕망德網'인데 이와 관련해서는 다음과 같은 일화가 전한다.

하루는 탕이 교외에 나갔다가 사방에 그물을 치고 "천하의 모든 것이 내 그물로 들어오게 하소서!"라고 기원하는 사람을 만나게 된다. 탕은 "어허, 한꺼번에 다 잡으려고 하다니!"라며 그물의 세 면을 거두게 한다. 그리고는 "왼쪽으로 가려는 것은 왼쪽으로 가게 하고, 오른쪽으로 가려는 것은 오른쪽으로 가게 하오. 내 명을 따르려 하지 않는 것만 내 그물로 들어오게 하오!"라고 축원했다. 이 이야기를 들은 제후들은 탕의 덕이 금수에까지 미쳤다며 감탄했다. 이것이 그물의 세 면 또는 자신이 원하는 한 면을 거두게 했다는 '망개삼면網開三面' 또는 '망개일면網開一面'이란 고사성어의 기원이다. 상탕은 이런 덕망의 정치로 민심을 얻었다.

법조문과 규정은 치밀하게 적용해야 하지만 그보다 정당하고 공평하게 적용하는 것이 더 중요하다. 무엇보다 법은 최소한의 통제 장치로만 작동되어야 한다. 백성을 잡는 빠져나갈 곳 없는 치밀한 법망으로는 백성의 마음을 잡을 수 없다. 지나친 법치만능과 공평하지 못한 법집행은 백성들의 분노만 살 뿐이다.

공자는 "소송을 처리하는 일은 나도 남과 다를 바 없다. 다른 것이 있다면 사람들로 하여금 소송이 발생하지 않도록 하는 것이다"(『논어』「안연」편)고 했고, 사마천도 결론적으로 "백성을 다스리는 근본은 혹독한 법령에 있는 것이 아니라 도덕에 있다"고 강조했다.

조직을 이끄는 리더는 규제와 통제의 유혹에서 자유롭지 못하다. 명령이나 정책이 제대로 시행되지 않거나 예상과 다르게 부진할 때

노자의 지적이 다소 과격하지만 충분히 귀담아 들을 가치가 있다. 리더의 사욕은 통제와 규제로만 조직을 지배하려는 욕망을 강화시키고, 결국은 리더 자신은 물론 조직 전체를 나쁜 길로 빠지게 만든다. 노자의 초상화다.

리더는 흔히 강력한 물리력으로 목표를 달성하려는 규제와 통제의 효율성에 눈길을 주기 마련이다. 물론 상황에 따라서는 이런 방법이 필요할 수 있다. 하지만 수많은 역사적 사례가 보여주듯 규제와 통제에 기초한 법치만능보다는 자율과 능동적 가치를 인정하는 덕치가 조직을 바른 길로 이끄는 강력한 원리임을 알 수 있다.

덕치는 효과는 더디게 나타나지만 오래 지속된다. 덕치는 리더의 자기수양을 전제로 한다. 조직원(백성)을 위해 조직을 이끌겠다는 확고한 철학을 갖춘 리더라야만 실천할 수 있다. 사리사욕에 집착하는 리더는 절대 덕으로 조직을 이끌 수 없다. 그런 점에서 노자의 다음과 같은 말은 모든 조직을 이끄는 리더에 대한 준엄한 경고로 들린다.

> 본래 나라(조직)를 다스리는 큰 원리는 아주 쉬운 것이다. 다만 군주(리더)가 흔히 나쁜 길로 빠질 따름이다. 나라의 정치를 부패하게 만들고 자연을 훼손시킴으로써 나라 창고는 텅 비게 된다. 이런 통치자들는 백성의 사활은 아랑곳 않고 화려한 비단옷을 걸치고 날카로운 보검을 차고 기름진 음식을 배불리 먹고 사회의 재부를 갉아 먹는다. 이런 통치자들은 솔직히 극악무도한 강도와 다를 바 없다.
>
> — 『노자』 35장

진정한 가치에 투자할 수 있는 조직이 성공한다

공자는 그 명성이 상당했는데 제자 한 사람의 역할이 컸다. 이 제자의 이름은 단목사였고, 흔히 자를 따서 자공子貢으로 불렸다. 공자는 그를 종묘 제사에 없어서는 안 될 그릇인 호련瑚璉에 비유한 바 있다.

공자(기원전 551~기원전 479년)는 중국에서는 물론 세계적인 명인이다. 공자가 세상을 떠난 지 2,500년이 다 되어가지만 공자의 부가가치는 조금도 시들지 않고 있다. 어떤 면에서는 존재가치가 더 커지고 있다. 최근 중국 당국이 전 세계를 대상으로 의욕적으로 벌이고 있는 국가 홍보 정책의 전면에도 공자가 버티고 있다. 중국은 세계 각지에 '공자 어학원'과 '공자 아카데미'를 설립해 중국어와 중국 문화를 홍보하고 있다. 중국은 신중화주의를 전파하기 위해 이른바 '소프트 파워'를 들고 나섰는데, 그 전면에다 중화 문화와 공자를 내세운 것이다.

공자의 위상은 사마천 당시에도 대단했다. 이런 공자의 위상을 감안해 사마천은 공자의 전기를 제후들에 관한 기록인 '세가'에 편입시키는 파격을 감행했다. 사마천 이후의 기준이 되기는 했지만 공자는 제후가 아니었을 뿐만 아니라 신분이나 벼슬로도 세가에 편입될 자격이 없는 사람이었다. 그러나 사마천은 공자가 갖는 역사적 문화적 지위를 충분히 긍정해 세가에 편입시켰고, 이는 사마천 역사관의 진보성을 잘 보여주는 부분이다.

공자는 평생 유가儒家 사상을 제후국들에 전파하기 위해 고군분투했다. 그러나 인仁과 예禮를 핵심으로 하는 그의 평화주의 사상은 약육강식으로 넘어가는 당시의 대세와는 맞지 않아서 공자의 인생은 정치적으로 실패했다고들 한다. 하지만 그는 만년에 고향인 곡부曲阜(지금의 산동성 곡부)로 돌아와 죽을 때까지 후진 교육에 종사해 기라성 같은 후학들을 길러내는 놀라운 성과를 후대에 선사했다. 이 때문에 공자는 교육사에 있어서 '사학私學의 창시자'라는 명성까지 얻게 되었다.

공자는 평생 많은 제자들을 받아들였다. 천하를 주유할 때도 제자들과 함께 다니며 동고동락했고, 이 때문에 공자는 제자들과 남다른 사제의 정을 나눌 수 있었다. 『논어』는 공자의 사상은 물론 공자와 제자들의 깊은 정을 담고 있는 언행록이다. 기록에 따르면 공자의 제자는 전후 약 3천 명에 이르렀고, 그 중에서 당시 지식인으로서 갖추어야 할 필수 교양이라 할 수 있는 육예六藝(예의, 음악, 활쏘기, 말타기, 쓰기, 셈하기)에 통달한 제자만 70명이 넘었다고 한다. 사마천은 특별히 공자 제자들의 행적을 한데 모아 「중니제자열전」을 편성하면서 공자의 말을 빌려 "내게 가르침을 받아 육예에 통달한 제자는 77명이다"라고 했다. 이들 모두가 남다른 재능을 가진 인재들이었다는 점도 빼놓지 않고 소개했다.

공자의 제자들은 기라성 같은 인재들이었다. 안빈낙도安貧樂道의 덕행으로 잘 알려진 안연顔淵을 비롯해 스승 앞에서 바른 말을 서슴지 않았던 강직한 성품의 자로子路, 효성으로 잘 알려진 민자건閔子騫, 문학의 자하子夏, 언변의 재아宰我 등 많은 제자가 후대에까지 큰 명성을 남기고 있다. 공자의 명성은 어떤 면에서는 이들 제자들의 왕성한 활동으로 세상에 더욱 널리 알려지게 되었다.

공자는 그 당시에도 제후국들 사이에서 그 명성이 상당했는데 여기에는 특별히 제자 한 사람의 역할이 컸다. 이제부터 소개할 이 제자는 오늘날 경영인들에게 조직의 미래를 위해 어디에다 누구에게 투자할 것인가에 대해 적지 않은 영감을 선사할 것이다. 이 제자의 이름은 단목사端木賜였고, 흔히 자를 따서 자공子貢으로 불렸다. 스승 공자는 그를 종묘 제사에 없어서는 안 될 제사 그릇인 호련瑚璉에 비유한 바 있다.

다재다능했던 자공

자공은 공자의 제자들 중에서 아주 특별한 존재였다. 「중니제자열전」에는 기본적으로 자공이 언변에 뛰어난 제자로 기록되어 있지만, 바로 이어서 자공은 "천명의 구속을 받지 않고 장사를 잘해서 재산을 모았으며 예측과 시세 파악을 기가 막히게 잘했다"고 해 자공이

유가가 훗날 모든 사상을 압도하고 국가 지배 이데올로기로 정착한 데는 공자가 양성한 제자들의 역할이 컸다. 그리고 그 중심에 자공이 있었다. 공자의 제자들을 나타낸 벽돌 그림이다.

사업으로 돈을 많이 번 사실을 전하고 있다. 자공은 큰 사업가였다.

70명이 넘는 공자의 수제자들 중에서 자공의 비중은 다른 제자들과는 비교가 안 될 정도로 크다. 기록의 분량만 해도 전체의 약 1/4을 차지한다. 공자가 가장 아꼈던 제자인 안회의 기록은 자공의 1/10에도 미치지 못한다. 이는 공자의 생각이나 제자들의 비중 여부를 떠나 사마천이 자공에게 큰 관심을 가졌다는 뜻이다. 더욱이 자공은 「중니제자열전」 뿐만 아니라 역대 부자들에 관한 기록인 「화식열전」에도 비중 있게 기록되고 있을 정도로 사마천의 집중 조명을 받았다.

자공은 말솜씨가 뛰어난 제자였다. 그래서 「중니제자열전」에 기록된 자공은 외교가로서의 면모가 집중 부각되어 있다. 공자는 이런 자공의 말솜씨에 대해 "늘 그 부분을 억누르곤 했다"고 한다. 외교가로서 자공은 기원전 5세기 초 제나라의 전상田常이 제나라 명문 대족들을 동원해 노나라를 공격하려 하자 자청해서 여러 나라를 돌며 화려한 언변으로 설득해 제나라의 공격을 단념시켰다.*

* 당시 자공은 제나라를 시작으로 오吳 → 월越 → 진晉 → 노魯에 이르는 관련 5개국을 단기간에 방문해 대단한 성과를 올렸다.

기록만 놓고 보더라도 자공은 마치 전국시대를 풍미했던 국제 외교관계 전문 로비스트들인 유세가遊說家들을 연상시킬 정도로 현란한 말솜씨와 화려한 행보를 선보이고 있다. 전국시대 유세가들의 원조라 해도 전혀 손색이 없을 정도다. 자공의 5개국 순방 결과가 어떠했는지는 사마천의 다음과 같은 평가만으로도 충분할 것 같다.

> 자공이 한 번 나서서 노나라를 존속시키고 제나라를 혼란에 빠뜨렸으며, 오나라가 망하고 진나라가 강국이 되었으며, 월나라는 패자가 되었다. 요컨대 자공이 한바탕 뛰어다닌 결과 국제 정세에 균열이 생겨 10년 사이에 다섯 나라 모두에 큰 변동이 생겼다.

당시 자공의 명성이 어느 정도였는지는 그가 월나라를 방문하자 월왕 구천이 직접 나서 자공이 지나가게 될 길을 청소하게 하고 몸소 마중을 나와 직접 수레를 몰아 자공을 숙소로 안내했다는 대목만 봐도 잘 알 수 있다. 이 때문에 사업가 자공의 위상을 대변하는 '분정항례分庭亢禮'라는 고사성어가 나왔다. 한 나라의 군주와 '궁궐 뜨락을 마주보고 대등하게 예를 나누었다'는 뜻이다. 당대의 유가 사상가였던 공자의 제자라는 명성만으로는 이런 대접은 결코 받을 수 없었다. 더욱이 월나라는 유가나 유가 사상과는 거리가 먼 나라였다. 그렇다면 대체 무엇 때문에 각국이 자공을 이렇게 환대했을까? 또 그가 어느 정도의 위세를 가졌길래 국제 정세에 균열까지 초래했단 말인가?

자공과 공자의 각별한 관계

사마천은 자공의 화려한 외교 행보를 상세히 소개한 다음 마무리에서 자공의 모습을 이렇게 소개하고 있다.

> 자공은 시세를 보아 물건을 사고 팔아 이익 챙기는 것을 좋아했기 때문에 때를 봐가며 그때 그때 재물을 굴렸다. 그는 남의 장점을 드러내주는 것을 좋아했으나 남의 잘못을 감춰주지도 않았다. 일찍이 노나라와 위나라에서 재상을 지냈고, 집안에는 천금을 쌓아두며 살았다. 마지막에는 제나라에서 세상을 마쳤다.

위의 대목에서 주목할 것은 자공이 남의 장점을 드러내주는 것을 좋아했다는 점이다. 자공과 공자의 특별한 관계를 암시하는 대목이다. 『논어』에도 자공의 성품을 보여주는 대목이 있다. 공자가 자공에게 너도 미워하는 것이 있냐고 묻자 자공은 이렇게 대답하고 있다.

> 남의 생각을 훔쳐서 자신의 지혜로 삼는 자를 미워하며, 불손함을 용기라고 생각하는 자를 미워하며, 남의 비밀을 들추어내며 그것을 정직이라고 생각하는 자를 미워합니다. —『논어』「양화편」

자공은 남의 생각과 장점을 존중하고 그것이 드러날 수 있도록 도와주길 좋아했던 성품을 갖고 있었다. 그리고 일반적으로 잘 알려져 있지는 않지만 공자와 자공은 상당히 각별한 관계였다. 『논어』에 보면 간혹 공자가 자공을 나무라거나 질문에 면박을 주는 대목이 눈에 띄는 등 대체로 자공에 대한 공자의 평가는 후하지는 않았다. 반면에 공자에 대한 자공의 태도는 한결 같았다. 진자금이란 자가 자공에게 당신이 공자보다 못할 것이 뭐냐고 묻자 자공은 다음과 같은 말로 진자금의 말을 일축했다.

> 군자는 말 한 마디로 지혜로운 사람이 될 수도 있고 어리석은 자가 될 수도 있기 때문에 말에 신중해야 한다. 내가 스승에 미치지 못하는 것은 사다리를 놓아도 하늘에 오르지 못하는 것과 같다. —『논어』「자장편」

이밖에도 『논어』에 보이는 공자에 대한 자공의 존경심은 실로 대단했다. 공자는 자공이 말을 앞세우는 것을 경계하는 충고를 간혹 자공에게 던지곤 했지만 자공을 종묘 제사에 쓰이는 가장 소중한 제기와 같은 사람이라고 비유할 만큼 자공의 재능과 능력을 크게 인정하고 있다.

그런데 사마천은 「화식열전」에서 자공이 국제적으로 명성을 누린 이유와 공자의 관계에 대해 아주 귀중한 정보 하나를 남겨 놓았다. 먼저 관련 기록을 살펴보자.

> 자공이 사두마차를 타고 비단 등의 선물을 가지고 제후들을 방문하면 가는 곳마다 뜰 양쪽으로 내려서서 자공과 대등하게 답례하지 않은 제후들은 없었다. 공자의 이름이 천하에 두루 알려지게 된 것도 자공이 그를 앞뒤로 모시고 도왔기 때문이다. 세력을 얻으면 세상에 더욱 드러난다는 말이 바로 이를 두고 한 말이 아니겠는가?

요컨대 자공의 재력이 제후들의 허리를 굽히게 만들었고, 또 그 재력을 바탕으로 스승과 제후들의 만남을 주선했기 때문에 공자의 명성이 천하에 알려지게 되었다는 것이다. 사마천은 공자의 명성이 사실은 자공의 재력 때문에 가능했다는 것을 강조하기 위해 자공에 관해 비교적 상세한 기록을 남겼던 것으로 보인다.

사업가 자공의 남다른 혜안

자공은 시세를 잘 살피며 물건을 사고팔아 큰 부를 축적한 사업가였다. 그리고 그 부를 이용해 제후들과 대등한 관계를 유지하면서 스승 공자의 명성을 높이는 데 힘을 보탰다. 사마천은 사업가 자공의 이런 역할에 주목했다. 자공을 부자들 내지 사업가들의 열전인 「화식열전」에 또 한 번 등장시킨 것도 자공이 공자를 앞세워 자신의 사업을 홍보한 사업적 전략을 간파했기 때문이다. 사마천의 남다른 혜안이 바로 이런 대목에서 빛을 발한다.

오늘날 대중들에게 인지도가 높은 이른바 스타들을 앞장세워 기업의 이미지를 홍보하고 광고하는 마케팅은 보편적 전략으로 자리 잡았다. 거의 모든 기업이 대중 스타를 모델로 앞세워 기업을 홍보하는 전략을 채택하고 있다. 이 마케팅 전략의 원조는 자공이었다. 자공은 자신의 스승이자 사상가이자 교육자였던 공자를 앞세워 공자의 사상과 철학을 제후들에게 알릴 수 있는 기회를 마련함으로써 스승의 명성을 높이고, 자신은 이 명성을 이용해 사업과 외교를 벌이는 고차원의 마케팅 전략을 선보였다. 일회성이나 단기 홍보가 아닌 장기 홍보 전략을 택한 것이다. 이렇게 해서 스승의 사상과 철학을 전파하는 동시에 자기 사업의 신뢰성과 명망을 높였다.

배금주의와 경제만능 의식이 만연한 오늘날 세계는 이로 인한 온갖 모순과 갈등으로 병들어가고 있다. 돈으로 돈을 벌고, 인간의 건전하고 신성한 노동력도 무조건 돈으로 환산한다. 심지어는 자연마저 돈으로 치장하고 돈으로 돌려받으려는 무모한 짓을 서슴지 않고 있다. 이 때문에 지구가 몸살을 앓고 있고, 세계가 충돌하고 있다. 이를 바로잡지 않으면 지구 전체가 심각한 위기에 직면하게 될 가능성이 크다. 투자전략도 홍보와 마케팅도 인간의 존엄성을 전제로 하지 않으면 큰 후환을 남기게 된다.

자공은 사업가였다. 자신의 재력을 이용해 제후들과 어깨를 나란히 하며 천하를 누비고 다녔다. 그의 외교 덕분에 노나라는 위기에서 벗어났고, 어떤 나라는 망했다. 국제 정세에 균열이 가게 할 정도로 영향력을 가졌던 사업가였다. 하지만 그는 타인의 장점을 칭찬하고 도울 줄 알았으며, 남의 아이디어를 훔치는 자를 미워하는 건전한 가치관을 가진 상인이었다. 그리고 당시 현실과는 맞지 않지만 인류의 보편적 가치를 외치는 스승 공자를 진정으로 존경하며 스승을 위해 자신의 부를 기꺼이 투자했다. 그 결과 공자는 천하에 이름을 알리게 되었고, 자공은 다시 스승의 명성을 자신의 사업을 홍보하는 데 적절하게 이용했다. 자공은 인간에게 필요한 진정한 가치가 무엇인지 알

자공은 스승 공자의 무덤을 6년 동안 지키면서 공문을 확실하게 세우고 다른 동문들과 함께 『논어』를 편찬하고 후원했던 것으로 보인다. 이로써 유가는 제자백가의 선두가 될 수 있었다. 자공이 6년 상을 지내는 모습을 그린 그림이다.

았고, 그 가치를 가진 사람에게 아낌없이 투자했다.

자공은 공자가 세상을 떠나자 3년 상을 지낸 다른 제자들과는 달리 6년 상을 지냈다고 기록은 전한다. 이 6년 동안 자공은 스승의 제사 때마다 천하 각지에서 달려오는 동문들을 돌보면서 유가를 하나의 학파로 확실하게 다지는 데 자신의 부를 아낌없이 투자한 것으로 보인다. 또한 『논어』에서 그가 차지하는 비중으로 보아 이 기간에 공자와 공문 제자들의 언행록인 『논어』의 편찬을 후원했던 것으로 추정할 수 있다. 자공은 스승 공자가 살아 있을 때는 스승을 앞뒤에서 도왔고, 공자 사후에는 6년 동안 스승의 무덤을 지키면서 유가를 세상에 알리고 천하제일의 학파로 위상을 굳히는 데 전폭 지원을 아끼지 않았던 것이다.

기업을 이끄는 경영자의 사회적 책임감과 부의 사회환원은 이제 경영인이 갖추어야 할 기본이 되고 있다. 경영인은 바르고 정직한 명성에 후원하고, 미래에 부가가치를 창출할 수 있는 인문 정신에 후원할 수 있어야 한다. 진정한 가치에 투자하라는 것이다. 지금이 적기이자 가장 필요한 때다. 2,500년 전의 사업가 자공에게서 인류의 보편적 가치와 미래를 내다보는 투자의 철학과 홍보 전략의 진수를 배우게 된다.

조직의 꽃은 리더와 리더십이다

조직의 꽃은 누가 뭐라 해도 그 조직을 이끄는 리더의 몫이다. 인재들은 그 꽃을 떠받치는 꽃봉오리라 할 수 있다. 리더가 조직의 꽃이 되려면 말할 필요 없이 합당한 리더십을 갖추어야 한다. 리더는 타고나는 존재가 아니라 만들어지는 존재이기 때문이다.

리더와 리더십에 관한 이론은 현대에 들어와 많은 논의가 진행되었고, 지금도 다양한 주장들이 나오고 있다. 그러나 시대를 불문하고 리더십에 대한 본질은 크게 달라진 것이 없다. 세계적인 역사학자인 쉬줘윈許卓雲 선생은 기업 경영인들을 위한 대중 역사서에서 역사로 보는 리더와 리더십을 주제로 삼아 미래의 리더상과 리더십을 아래와 같이 제시한 바 있다.

1) 힘이 아닌 설득의 리더십
2) 권력으로 사욕을 채우지 않는 리더십
3) 계기를 예견하는 식견의 리더십
4) 소통의 리더십

쉬줘윈 선생은 오늘날 세계를 '이질적 공동체'로 보면서 이 공동체에는 수직적 종속관계가 없고 상호이익을 교환하는 합작적 공동 연계망으로 결합되어 있다고 했다. 따라서 리더에게는 공존-의존의 관계를 적절하게 조종하는 자질, 리더의 의지와 희망을 조직원에게 부가할 줄 아는 리더십이 요구된다고 진단했다. 그러면서 리더는 지식과 식견을 함께 갖추어야 하는데, 지식의 축적은 사람이 알아야 할 도리를 쌓아가는 것이고, 식견은 경험과 연마를 통해 기르되 포용력과 겸손이 공존해야 한다고 강조했다. 나아가 이것이 강렬한 사회적 책임감으로 승화되어야 용기가 발휘되고 담력이 나온다고 지적했다. 리더들이 경청할 만한 견해다.

사마천은 『사기』 곳곳에서 자신이 그리는 이상적 리더의 모습에 대한 기록을 남겼다. 그 중 한나라 초기의 명장 이광李廣이 정치군인의 박해에 스스로 목숨을 끊은 사실을 안타까워하면서 민간에 전해오는 다음과 같은 속담을 인용해 이광의 리더십을 그리워하고 있다.

* 복숭아나무와 오얏나무는 말이 없지만 그 아래로 절로 길이 난다.
* 도리불언桃李不言, 하자성혜下自成蹊. —『사기』 권109 「이장군열전」

복숭아나무와 오얏나무는 말이 없지만 그 아래로 절로 길이 나는 까닭은 봄이면 향기로운 꽃을 피우고, 가을이면 맛난 열매를 맺어 놓으면 사람들이 알아서 절로 찾아오기 때문이다. 앞서 필자가 리더를 꽃에 비유한 까닭이기도 하다.

이제 『사기』 곳곳에 보이는 리더와 리더십 관련 기록들을 찾아 몇 가지 주제로 논의를 펼쳐본다. 먼저 무려 4천여 년 전에 있었던 리더십 대논쟁을 소개한 다음, 이 대논쟁을 주도했던 세계 최초의 리더십 이론가라 할 수 있는 고요와 이윤의 리더의 유형과 자질론을 집중 검토했다.

춘추전국 시대는 리더의 리더십이 화려하게 꽃을 피운 시기였다. 이에 초점을 맞추어 춘추시대 초기를 풍미했던 이른바 장자長者의 리더십이 오늘날 어떤 의미를 갖는가를 보았고, 중간 정도의 자질밖에 되지 않았던 제나라 환공이 어떻게 춘추시대 첫 패주가 되었는가를 분석했다. 이어 리더와 개혁, 자만과 나태함에 빠졌던 제나라 위왕이 심기일전하게 된 계기, 민심과 리더, 위기를 극복하기 위해 필요한 리더십, 조직과 경영에서 가장 유의해야 할 마무리의 리더십을 차례로 소개했다.

4천 년 전에 흥미로운 리더십 대토론이 있었다

고요가 큰소리로 말한다. "신하와 백성을 통솔하시고 나라 일을 크게 일으키시되 신중히 법도를 준수해 삼가 공경하십시오. 천자가 자잘해 큰 뜻이 없으면 대신들도 게을러져 만사가 엉망이 되리다."

『사기』는 인간의 교과서이자 리더를 위한 훌륭한 참고서이기도 하다. 3천 년에 걸쳐 출몰한 역대 제왕들과 국가급 리더들이 수백 명 등장해 각자의 리더십을 선보이며 흥망성쇠의 과정과 그 결과를 전하고 있기 때문이다.

사마천은 『사기』 첫 권인 「오제본기」에 이상적 리더와 리더십에 대한 심도 깊은 논의와 자신의 생각을 밝히고 있다. 특히 권력자의 권력 계승이란 미묘한 문제와 관련해 나와 가까운 사람이 아닌 능력 있는 사람에게 자리를 양보한 요堯, 순舜, 우禹의 '선양禪讓'을 높이 평가하면서 이들을 가장 이상적인 리더로 꼽았다. 이제 이들을 둘러싼 리더십 논쟁과 권력 계승 문제 등을 알아보도록 하겠다.

권력 계승을 앞둔 순 임금의 고민

순은 중국 역사상 전설 속의 제왕으로, 유가에서는 이상적 군주상의 전형으로서 요 임금과 나란히 '요, 순'으로 불리면서 후대에 큰 영향을 미쳤다. 전설에 따르면 순은 어려서부터 아버지와 형제의 박해를 받아 온갖 고생을 다한 것으로 나온다. 그 후 요 임금의 눈에 들어 정무를 도맡았고, 마침내 천자가 되었다. 말년에 남쪽을 순시하다가 세상을 떠나니 창오蒼梧 들판에 묻혔다. 한나라 이후의 전설에는 그가 회하淮河 각지를 두루 다녔다고 되어 있다.

순은 원래 황하 하류 동이東夷 부락의 유명한 군사 수장이었다. 상나라의 먼 조상이며 그가 처했던 시대는 우禹와 같았다. 동이족의 대표로 그와 요는 모두 서방의 우두머리인 황제黃帝 이후의 하족夏族과 오랫동안 교류했다. 당시 황하 중류 지구에서 황제 부락과 연맹을 맺고 번갈아 가며 군사 수장을 맡았는데, 이것이 바로 역사에서 말하는 요, 순, 우의 '선양', 즉 '삼성전수三聖傳授'의 시대다. 역사적 용어를 빌자면 그들을 거치면서 '부계 가장제 씨족부락 연맹이 해체과정을 완수'했다고 한다.

순은 임금 자리에 50년 동안이나 있었고, 100살까지 살다가 구의산九疑山(호남성 영원) 아래 장사지냈다는 설이 있고, 또 우에게 자리를 빼앗겨 쫓겨나 창오蒼梧에서 죽었다는 설도 전한다.

순 임금은 당시 황하의 범람으로 치수문제가 크게 부각되자 우를 기용해 치수사업을 맡겼고, 그가 사업에 성공하자 요 임금의 전례에 따라 아들이 아닌 우에게 자리를 양보하는 '선양'을 실천했다.

앞서 말했듯이 순 임금은 '나와 가까운 사람이 아닌 덕과 능력을 갖춘 사람에게 자리를 물려준다'는 선양을 통해 요 임금으로부터 천자 자리를 물려받았다. 홀아비이자 민간에서 발탁된 순 임금은 오랜 시간 통치자로서의 자질을 갖추는 훈련을 거친 끝에 추대되었다.

임금 자리에 오른 순은 요 임금 때부터 기용되었으나 적당한 업무를 배정받지 못하고 있던 기라성 같은 인재들에게 각자의 특기에 맞는 업무를 분배했다. 또한 자신의 집무실 문을 모두 개방해 민심과 여론을 수렴하는 열린 통치를 실천에 옮겼다.

『사기』의 첫 권 「오제본기」에 따르면 당시 순 임금이 업무를 분장한 인재가 22명이었다고 한다. 특히 용龍이란 인재를 여론을 수렴하는 '납언納言'이란 자리에 임명하면서 "용! 나는 선량한 사람을 해치는 말과 세상 이치를 파괴하는 행위를 싫어하오. 그런 언행은 내 백성들을 동요시키기 때문이오. 내 그대를 납언에 임명하니, 밤낮으로 나의 명령을 전달하고 백성의 의견을 수렴해 내가 오로지 신의信義를 얻을 수 있도록 해 주오!"라고 당부한 대목은 소

순 임금은 민간에서 발탁되어 상당히 길고 체계적인 후계자 수업을 받은 다음 통치자 자리에 올랐다. 순 임금의 초상화다.

통의 리더십과 민심을 수렴하는 행위가 곧 리더의 신의와 직결된다는 점을 강조한 것으로 오늘날 리더들이 새겨들을 만하다.

그런데 통치 후반기에 접어들면서 순 임금은 후계 문제를 놓고 고민하지 않을 수 없었다. 당시 순을 보좌하면서 큰 실적을 낸 인재로는 아버지 곤鯀의 뒤를 이어 치수사업을 맡아 전국적으로 명성을 쌓은 우를 비롯해 법을 담당하고 있는 고요皐陶와 제사를 담당한 백이伯夷 등이 있었다. 이들은 말하자면 잠재적 후계자들이었고, 순 역시 자식이 아닌 유능한 이들 중 한 사람에게 리더 자리를 물려줄 생각이었다. 이를 위해 순은 몇 차례 조정 회의를 열어 리더십과 후계 문제에 대한 대토론을 시도했는데, 『사기』 권2 「하본기」에 이와 관련된 기록이 상당히 흥미롭게 남아 있다.

4천 년 전의 흥미로운 리더십 대토론

리더의 자질과 관련한 4천 년 전의 이 흥미로운 리더십 대토론에 참여한 사람은 당시 최고 리더였던 순 임금을 비롯해 우와 백이, 고요, 이렇게 네 사람이었다.*

먼저 고요는 리더가 "진심으로 도덕에 따라 일에 임하면 계획한

* 「하본기」의 기록에 따르면 이상 네 사람 외에 음악 연주를 담당한 기夔가 더 있었지만 토론에는 참여하지 않았다. 백이의 발언도 기록에 남아 있지 않은 것으로 보아 실제로 토론을 벌인 사람은 순, 우, 고요, 이 세 사람인 셈이다.

일이 분명해지고 보필하는 사람들은 화합할 것"이라는 말로 말문을 열었다. 고요가 지적한 '도덕道德'이란 '덕정德政을 펼친다'는 뜻이다. 순이 그 방법을 묻자 고요는 리더의 자기수양을 강조하면서 "따라서 가까운 곳은 물론 먼 곳까지 잘 다스릴 수 있느냐 여부는 모두 (리더) 자신에게 달려있습니다"라고 한 다음 "아! (천하를 다스린다는 것은) 사람을 알고 백성을 편하게 하는 데 있습니다"라는 감탄조로 자신의 심경을 마무리했다. 고요는 '지인知人'과 '안민安民'을 리더가 갖추어야 할 가장 중요한 자질로 꼽았는데, 사실 이 두 개념은 별개의 것이 아니라 떼려야 뗄 수 없는 관계다. 즉 사람을 알아서 제대로 기용해야 백성을 편하게 할 수 있다는 말이다.

지인과 안민은 오늘날 리더십 항목으로 뽑아도 손색이 없다. 사람을 제대로 보고 기용해 백성과 조직원들을 안심시키는 일이야말로 나라와 조직의 발전을 위한 핵심이기 때문이다. 아주 평범하고 쉬운 네 글자 속에 통치의 본질뿐만 아니라 리더의 자질과도 관련한 핵심이 깊게 도사리고 있다.

이어 발언에 나선 사람은 우였다. 그는 먼저 지인과 안민은 성군이었던 요 임금도 이르기 어려운 경지라며 고요의 발언을 우회적으로 비판하면서, 그렇게 할 수만 있다면 백성들이 우러러보며 따르게 할 수 있다고 했다. 그러자 고요는 좀더 구체적으로 리더가 일을 처리하는 데 필요한 아홉 가지 덕행, 즉 '구덕九德'의 리더십을 설명한다. 고요가 제기한 소위 '구덕의 리더십'은 리더의 다양한 스타일과 관련해 매우 주목해볼 만한 리더십 이론인데, 이에 대해서는 별도로 검토해보겠다.

고요의 '구덕론'이 제시되자 순은 우에게도 고견을 물었다. 이에 우는 "제가 무슨 말을 하겠습니까? 저는 매일 부지런히 일할 것만 생각하고 있습니다"라는 다소 맥 빠진 말로 발을 빼려 했다. 그러자 기회를 엿보고 있던 고요는 도대체 '부지런히 일할 것만 생각한다'는 것이 무슨 말이냐며 우를 압박하고 나섰다. 여기서부터 토론회는 까칠한 논쟁으로 발전한다.

가시 돋친 토론이 남긴 여운

고요의 힐난에 우는 자신의 치수사업 경험을 회고하면서 오로지 백성들만을 위해 애쓴 점을 이야기하자, 그제야 고요는 그런 것이 바로 리더의 미덕이라며 수긍했다. 이어 우는 순에게 훌륭한 신하들이 보필하는 큰 복이 있을 것이라며 축하했고, 이에 순은 모두를 자신의 팔다리와 같은 신하, 즉 '고굉지신股肱之臣'이라며 칭찬한 다음 "나에게 치우친 점이 있으면 그대들이 나를 바로잡아 주어야 하오. 보는 '앞에서는 아첨하다가 뒤돌아서서 비방'해서는 안 될 것이오"라고 당부했다.*

이어 순은 자신의 아들인 단주丹朱는 교만하고 방종하며 주색잡

* 여기서 '면유퇴방面諛退謗'이란 성어가 나왔다.

기 등 놀기를 좋아해서 후계자로서 자격이 없음을 선언한다. 그러자 우는 자신은 치수사업을 위해 결혼한 지 4일 만에 집을 떠나는 바람에 태어난 아들 얼굴도 보지 못했다며 자신의 어려움을 피력했다. 순은 우의 공로 때문에 자신의 덕행이 빛이 난다며 우를 칭찬했고, 고요도 백성들이 모두 우를 본받도록 하라는 명령을 내림으로써 사실상 우를 순의 후계자로 인정하는 것으로 토론을 마무리했다.

토론회의 분위기는 기의 축하 음악 연주로 절정에 이르렀다. 백관이 모두 축하를 올리며 화합했고, 기분이 좋아진 순은 노래를 지어 부른 다음 "대신들이 기꺼이 일하면 천자도 분발하게 되고 모든 관리가 기쁘게 화합하리라"라고 당부했다. 토론회는 순 임금의 이 요식적인 마무리 멘트로 끝이 날 것처럼 보였다.

그런데 이때 고요가 나서 큰소리로 "유념하소서! 신하와 백성을 통솔하시고 나라 일을 크게 일으키시되 신중히 법도를 준수해 삼가 공경하십시오"라고 한 다음 노래의 가사까지 바꾸어가며 "천자가 영명하면 대신들도 현명해져 모든 일이 평안해지리다"라며 순의 마무리에 토를 달고 나섰다. 고요는 순의 반응은 기다리지도 않고 계속해서 "천자가 자잘해 큰 뜻이 없으면 대신들도 게을러져 만사가 엉망이 되리다!"라며 일순간 장내의 분위기를 썰렁하게 만들었다. 그러자 순은 고요를 향해 답례하며 "그렇소! 지금부터 모두 성실하게 노력합시다"라는 말로 어색해진 분위기를 서둘러 정리했다.

당시 리더십 대토론의 현재적 의미

무려 4천여 년 전에 벌어진 이 리더십 대토론은 지금보아도 많은 것을 생각하게 한다. 순은 후계자를 선정하기 위한 조정 회의를 열었다. 사실 이 자리는 우를 후계자로 결정하기 위한 예정된 요식 절차에 지나지 않는 것이었다. 그러나 당시 법집행을 책임지고 있던 고요는 '구덕론'과 같은 상당히 구체적인 리더십 항목을 제기하며 토론을 주도했다. 때로는 우를 압박했고, 심지어 순 임금까지 압박하는 날카로운 논리를 보여주었다.

특히 마무리 단계에서 순 임금이 신하들의 '팔로십followship'을 전제로 내세우자 서슴없이 리더십, 다시 말해 리더의 '현명한 판단력'이 전제되어야만 신하들도 따르게 되고 일도 제대로 처리된다고 반박한 다음, 리더가 큰 이상이나 비전 없이 자질구레한 일에만 집착하다가는 모든 일이 엉망이 된다고 경고하는 모습은 대단히 인상적이다.

사실 리더십과 팔로십에 관한 논의는 얼핏 동전의 양면이자 '닭이 먼저냐, 달걀이 먼저냐'는 결론이 나지 않는 뫼비우스의 띠와 같다. 그러나 분명한 것은 리더의 리더십 발휘가 없이는 팔로십 또한 있을 수 없다는 사실이다. 충실하고 충직한 팔로십을 통해 리더가 탄생하기도 하지만 여기서도 리더십이 발휘되어야 한다는 전제가 따른다.

따라주지 않고 따르려고 하지 않는데 리더가 제아무리 뛰어난 리더십을 갖추고 있으면 뭐 하느냐는 푸념은 말 그대로 푸념에 지나지 않는다. 진정한 리더는 따르지 않는 사람, 따르려 하지 않는 사람까지 포용할 줄 알아야 한다. 자기가 좋아하고 자기를 좋아하는 사람만 포용하는 리더는 리더가 아니라 골목대장과 다를 바 없기 때문이다.

요컨대 고요는 성군의 대명사 순 임금에게 리더는 이런저런 전제조건을 달아서는 안 된다는 점을 분명하게 지적한 것이다. 고요는 리더의 자질과 관련해 아주 중요한 핵심을 건드리고 있다. 이 문제는 이어지는 고요의 '구덕론'에서 좀더 살펴보고자 한다.

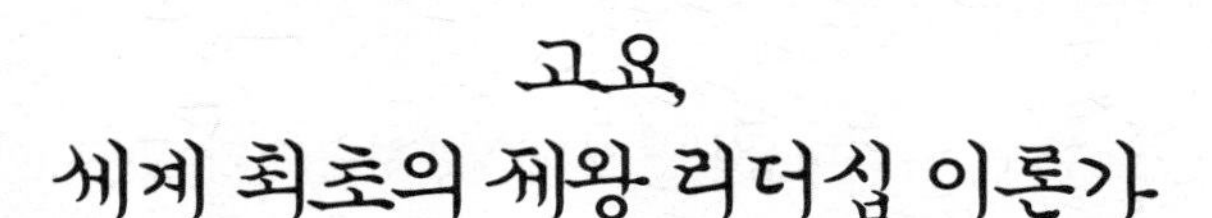

4천여 년 전 세계 최초의 리더십 이론 전문가인 고요는 '도덕정치'의 경지에 오를 수 있는 가장 바람직한 리더를 염두에 두고, 그 구체적인 실천 방안으로 '구덕론'이란 리더십 항목을 펼쳐 보였다.

치수사업을 성공시킨 우禹를 후계자로 지명하는 자리에서 순舜 임금과 우를 향해 리더십leadership과 팔로십followship에 관해 날카로운 지적을 서슴지 않았던 고요는 놀랍게도 4천년 전 리더십 이론에 관한 세계 최초의 전문가라 할 수 있다.

그는 신하들의 팔로십을 전제로 한 리더십을 은근슬쩍 거론한 순 임금을 향해 진실된 리더십 없이는 팔로십도 없다는 논리로 맞받아치면서, 삼가 법도法度를 준수하면서 현명한 판단력으로 비전과 이상을 제시하는 바람직한 리더상을 주문했다. 이는 오늘날 리더십 이론에 견주어도 전혀 손색이 없을 정도로 참신하다.

세계 최초의 리더십 이론가인 고요

고요皐陶는 4천 년 전 리더십 대논쟁 과정에서 리더가 갖추어야 할 자질로 '구덕九德'론을 제시했다. '구덕'은 단순히 리더의 자질일 뿐만 아니라 그 자체로 아홉 가지 유형의 리더이자 리더십을 구성할 정도로 그 논리가 정교하다. 4천 년이란 시간차가 믿기지 않을 뿐이다.

고요는 구요咎繇라고도 하며 요, 순 시대 인물로 전해오고 있다. 공자와 같은 산동성 곡부曲阜에서 태어났으며 성은 언偃으로 전한다. 순 임금 때 형정刑政을 주관하는 사士(사법부의 수장과 같은 자리)에 임명되었으며, 순을 계승한 우를 보좌해 큰 치적을 남김으로써 우가 자신의 후계자로 삼으려 했으나 그 전에 세상을 뜨는 바람에 이루어지지 못했다. 그 후손들이 우에 의해 지금의 안휘성 육안六安에 해당하는 영英(즉 영씨英氏)과 육六 지방에 봉해졌다. 오늘날 중국의 고皐씨와 영英씨 성을 가진 사람들은 모두 고요를 자신들의 조상으로 여기고 있다.

고요는 리더가 리더다워야 사람들이 따른다며 리더십을 특별히 강조했다. 고요는 무려 4천여 년 전에 리더십에 관한 한 확고한 입장과 논리를 펼쳐 보였다. 고요의 초상화다.

사법부 수장 자리에 있었던 만큼 고요와 관련된 전설도 공정한 법집행의 내용이 대부분이다. 대표적인 전설에 따르면 고요는 입이 마치 말馬과 같아 가장 성실하고 믿음직해 인정과 세태를 꿰뚫고 죄를 공명정대하게 판결했다고 한다. 억울하고 무고한 사람이 발생하지 않도록 최선을 다했다. 또 고요에게는 양과 비슷하게 생긴 뿔 하나 달린 '독각수獨角獸'라는 짐승이 따라다니며 그를 보좌했다고 한다. 이 짐승은 죄 지은 사람을 바로 알아보는 영물이라 판결이 어려운 사건에 부딪치면 범인을 마당에 세워놓고 독각수에게 판단하게 했다. 독각수는 죄가 있는 자라면 노려보고 뿔로 들이받으며 결코 놓아주지 않았다.

고요에 관한 기록으로는 중국 역사서의 시초로 불리는 『서書』*의 첫 편인 「우서虞書」 제4 '고요모皐陶謨'가 원전이며 『사기』의 「하본기」는 대체로 '고요모'의 내용을 인용한 것이다.

'구덕'의 구체적인 의미

이제 고요가 제시한 '구덕'의 의미부터 살펴보자. 숫자 '9'는 알다시피 동양사회에서는 더이상 갈 데 없는 '극수極數'로서 완벽한 수를 의미하며, 정치적으로는 최고 통치자인 '천자'를 상징하는 숫자이기도 하다. 고대의 천자들이 아홉 개의 큰 세발솥, 즉 '구정九鼎'을 주조해 천자의 권위를 상징하는 기물로 삼은 것도 같은 맥락이었다. 따라서

* 『상서尙書』 또는 『서경書經』이라고도 한다.

고요의 '구덕론'은 인간 세상의 최고 통치자인 천자를 겨냥한 리더십 이론이 되는 셈이다.

그런데 『서』나 『사기』와는 달리 『일주서逸周書』라고 하는 고서의 「상훈常訓」편에서는 '구덕'의 항목으로 충忠(충성), 신信(믿음), 경敬(공경), 강剛(굳셈), 유柔(부드러움), 화和(화목), 고固(한결같음), 정貞(곧음), 순順(따름)을 꼽고 있다. 고요의 '구덕론'을 이해하는 데 일정한 참고가 되는 항목들이다.

이밖에 같은 책 「문정文政」편이나 『좌전左傳』 및 『국어國語』 「주어周語」(하편) 등에도 '구덕'이 언급되어 있으나 고요의 '구덕론'과는 거리가 있어 보인다. 요컨대 고요의 '구덕론'은 그 자신이 '일을 행함에 있어서 요구되는 아홉 가지 덕행'이라고 했듯이, 리더가 일을 행할 때 요구되는 리더십이자 그 자체로 리더의 유형론인 것이다.

고요의 '구덕론'

고요가 제시하고 있는 '구덕론'을 원문과 함께 제시하면 아래와 같다.

1) 관이율寬而栗 : 너그러우면서 엄격함.

2) 유이립柔而立 : 부드러우면서 주관이 뚜렷함.

3) 원이공愿而共 : 사람과 잘 지내면서 장중함.

4) 치이경治而敬 : 나라를 다스릴 재능이 있으면서 신중함.

순 임금은 자신의 후계자를 결정하기 앞서 대신들과 리더십에 관한 논의의 장을 마련했다. 이 자리에서 중국 역사상 최초의 왕조로 인식되고 있는 하나라의 시조 우 임금은 천자에 오르기에 앞서 벌어진 리더십 대논쟁에서 고요로부터 아주 호된 리더십 교육을 받았다. 사진은 순 임금과 그 신하들의 모습을 나타낸 조형물이다.

5) 요이의擾而毅 : 순종하면서 내면은 견고함(확고함).

6) 직이온直而溫 : 정직하면서 온화함.

7) 간이염簡而廉 : 간결하면서 구차하지 않음(자질구레한 일에 매이지 않음).

8) 강이실剛而實 : 굳세면서 착실함.

9) 강이의强而義 : 강하면서 도의를 지킴.

그런 다음 고요는 이 구덕을 꾸준히 제대로 실천하면 모든 일이 잘 처리될 것이라고 덧붙였다. 이어 좀더 구체적으로 경대부급, 기업으로 말하자면 중소기업의 리더가 아홉 가지 중 세 가지를 신중하게 노력하면서 실천하면 자신의 영지(기업)를 온전하게 유지할 수 있고, 제후(대기업)가 여섯 가지를 실천하면 그 나라를 온전하게 유지할 수 있고, 천자(나라)가 아홉 가지 모두를 종합해 두루두루 시행하면 천하의 틀이 바로 잡힌다고 지적했다.

고요의 지적을 달리 풀어보자면, 아홉 가지 항목 중 세 가지만 제대로 실천해도 보통 기업 정도는 얼마든지 유지할 수 있고, 여섯 가지를 실천하면 대기업을 제대로 운영할 수 있고, 아홉 가지를 모두 실천하면 한 나라를 바르게 통치할 수 있다는 것이다. 이는 리더십의 덕목과 리더의 크기가 갖는 상관관계를 언급한 대목으로 읽힌다.

'구덕론'의 현대적 의의

고요는 리더십 대토론에서 리더의 가장 중요한 자질이자 통치의 요체로 '지인知人'과 '안민安民'을 제안한 바 있다. 이에 대해 우는 그러한 경지는 요 임금도 도달하기 어려웠을 것이라며 고요의 의견에 토를 달았다. 바로 이 대목에서 고요는 그 경지를 실천할 수 있는, 또는 실천을 가능하게 하는 실천적 이론, 즉 리더의 자질인 리더십 항목이자 그 자체로 아홉 가지 유형의 리더상이라 할 수 있는 '구덕론'을 설파한 것이다.

이 논리는 앞서 살펴본 바와 같이 대단히 구체적이고 입체적이다. 특히 한문의 접속사인 '이而'를 사이에 두고 두 글자가 역접 관계로 서로 대응하거나 순접 관계로 상호 보완작용을 하는 절묘한 안배가 돋보이는 이론이기도 하다. 접속사 '이而'는 영어 'and(그리고)'나 'or(또는)'의 뜻을 가지는 동시에 'but(그러나)'의 의미도 내포하는 접속사로서, 각각의 항목들이 갖고 있는 미묘한 어감을 복합적으로 전달하고 있다. 이는 '구덕론'의 가변성을 나타내는 것으로, 아홉 가지 항목이 모두 크로스 체크cross-check의 관계를 갖는다는 의미다.

요컨대 아홉 가지 항목이 서로 어울릴 경우 보다 다양하고 입체적인 리더나 리더십 유형이 추출될 수 있다. 예를 들어 첫 항목의 '너그러우면서 엄격함'은 '너그러우면서도 엄격함'으로 이해될 수 있고, '너그럽지만 엄격함'으로도 받아들여질 수 있다. 이 항목이 두 번째 항목인 '부드러우면서 주관이 뚜렷함'과 어울리면 보다 구체적인 리더십 항목이나 리더의 유형이 조합되어 나타난다. 이렇게 조합하면 우리가 제시하거나 상상할 수 있는 거의 모든 유형의 리더와 리더십이 추출될 수 있다.

고요도 이런 점들을 염두에 두고 세 가지를 실천하는 단계의 리더와 여섯 가지를 실천할 수 있는 단계의 리더 및 아홉 가지 모두를 종합하고 보편적으로 실천할 수 있는 차원의 리더를 나누어 보여주었던 것이다.

이처럼 정교하고 구체적인 고요의 논리를 우도 인정하지 않을 수 없었다. 그래서 우는 "당신의 이론은 실천으로 옮겨져 공적을 이룰 수 있을 것입니다"라고 했다. 그러자 고요는 "제가 잘나지는 못했지만 오직 어떻게 하면 '도덕정치'를 도울 수 있을까 하는 생각에서" '구덕론'을 제시한 것일 뿐이라고 응답했다. 요컨대 고요는 리더의 최고 덕목이자 궁극적 지향점으로 '도덕'을 염두에 두고 '구덕론'을 제시했던 것이다.

4천여 년 전 세계 최초의 리더십 이론 전문가라 할 수 있는 고요는 '구덕'의 항목을 종합적으로 이해하고 실천함으로써 '도덕정치'의 경지에 오를 수 있는 가장 바람직한 리더를 염두에 두고, 그 구체적인 실천 방안으로서 '구덕론'이란 리더십 항목을 펼쳐 보였다고 할 수 있다. '구덕론'은 어쩌면 지금 우리의 리더들에게 보다 더 절박하게 요구되는 항목들일지 모른다.

구주론, 최초로 리더의 유형을 나누다

정치가로서 이윤은 리더의 유형을 최초로 분류했다. 고요가 '구덕론'으로 리더십 이론을 제기했다면, 이윤은 아홉 가지 리더의 유형을 제시하면서 각각의 장단점을 파악했다.

이윤伊尹은 상나라 초기의 대신이다. 전설에 따르면 노예 출신으로 이수伊水 가에서 태어났다고 한다. 여기서 그의 성인 이伊가 유래되었다. 원래 유신씨有莘氏 군주 곁에서 노복으로 있었는데 상탕이 '어질고 덕이 있으며 의롭다'는 말을 듣고는 그에게 마음을 두었다. 상탕과 유신씨가 혼인관계를 맺음에 따라 이윤은 유신씨 딸의 배가陪嫁 노예, 즉 시집올 때 함께 딸려 보내는 폐백과 함께 노예로 따라와 탕의 '소신小臣'이 되었다.

이윤은 요리사였는데 언젠가 틈을 타서 요리를 예로 들어 천하의 정세를 상탕에게 이야기하면서 "하夏를 정벌해 인민들을 구하라"고 설득했다. 『한비자』「난언難言」편에 따르면 이윤이 탕에게 '70번을 설득했으나 받아주지 않았다'고 했으니, 이윤의 인내심이 어떠했는지 짐작하고 남음이 있다. 우여곡절 끝에 이윤은 탕의 눈에 들어 국정을 맡아 상탕이 하걸을 멸망시키는 데 도움을 주는 한편, 하 왕조 내부에 잠입해 '하나라를 이간시키는' 첩자 노릇까지 해냈다.

『관자管子』「지수地數」편에서는 이윤을 두고 "사물의 무게, 열고 닫음, 막히고 통하는 곳을 잘 알아 높고 낮은 곳을 서로 통하게 하고 폐단과 막힌 곳을 제거했다"고 했다. 그는 상탕을 보좌해서 차례로 갈葛, 위韋, 고顧, 곤오昆吾 등을 멸망시킨 다음 마지막으로 단숨에 하를 멸망시켜 마침내 상 왕조를 세웠다. 이 공로로 이윤은 탕에 의해 '아형阿衡(재상)'으로 추대되었다.

상나라 건국 초기 이윤은 역대로 여러 나라가 흥하고 망했던 교훈을 종합해 군신간의 관계에서 지켜야 할 준칙을 제정했다. 탕이 세상을 떠난 뒤에는 계속해서 탕의 아들 외병外丙과 중임中壬 두 왕을 보좌했다. 중임을 이어 탕의 손자 태갑太甲이 왕위를 이어받자 상 왕조의 실권은 재상 자리에 있던 이윤에게로 넘어갔다. 태갑이 국정을 돌보지 않고 상탕의 법제와 덕행을 파괴하자 이윤은 그를 동桐으로 내쫓아 가두고 스스로 국정을 섭정했다. 태갑은 3년 동안 동에 갇혀 있으면서 잘못을 뉘우치고 새롭게 태어남으로써 이윤은 다시 태갑에게 정권을 돌려주었다.

정치가로서 이윤은 리더의 유형을 최초로 분류했다. 고요가 '구덕론'으로 리더십 이론을 제기했다면, 이윤은 아홉 가지 항목으로 리더의 유형을 제시하면서 그 장단점을 파악했다. 이를 이윤의 '구주론

九主論'이라 할 수 있는데, 이를 중심으로 고대 리더와 리더십 논의를 이어가보자.

요리로 정치를 논한 이윤

역사상 성공한 리더의 뒤에는 거의 예외 없이 특출난 참모가 있다. 춘추시대 제나라 환공을 도와 제나라를 부국강병으로 이끌고 환공을 최초의 패자로 이끌었던 관중과 포숙이 가장 대표적인 경우다. 더욱이 환공과 관중 사이는 원수지간이었다. 정권을 놓고 다투던 중 관중이 활로 환공을 암살하려 한 적이 있었기 때문이다. 그러나 환공은 포숙의 건의를 받아들여 지난날의 원한을 잊고 관중을 용서한 것은 물론 재상으로 전격 발탁한다.* 포숙의 사심 없는 양보와 환공의 통큰 포용력, 관중의 재능이 결합함으로써 제나라는 제후국들을 호령하는 최강국이 될 수 있었다.

상나라를 건국한 탕 임금도 역대 명군의 반열에 올라 있는 리더다. 그런 탕에게는 이윤이라는 뛰어난 참모가 있었다. 앞서 잠깐 소개한 바와 같이 탕이 무려 다섯 차례나 이윤을 찾아가 그를 발탁했다는 이야기가 전하는데, 이것이 유명한 '오청이윤五請伊尹'이란 고사다.

탕 임금과 이윤에 관한 설화는 이밖에도 여러 가지가 전하는데 가

* '외부에서 인재를 구하되 그 사람이라면 원수라도 피하지 말라'는 '외거불피구外擧不避仇'라는 용인 원칙 하나가 나왔다고 언급한 바 있다.

이윤은 고요, 기자 등과 함께 중국 역사상 최고의 리더십 이론가다. 실천가의 반열에 오를 정도로 뛰어난 리더십론을 선보이고 있다. 그는 중국사 최초의 명재상으로 알아듣기 쉬운 언어로 통치의 본질과 리더의 자질론을 설파해 탕 임금을 명군의 길로 이끌었다. 요리용 솥을 들고 있는 이윤의 초상화다.

장 흥미로운 것이 '이윤부정伊尹負鼎'이다. 글자대로 풀이하자면 '이윤이 솥을 짊어졌다'는 뜻이다. 고대에 세발 달린 솥을 정鼎이라 했는데, 고기 같은 것을 넣고 삶는 조리 기구로 사용되었다. 말하자면 이윤이 요리사 출신이었다는 이야기에서 비롯된 고사다.*

이 설화에 따르면 이윤은 자신의 큰 뜻을 펼칠 수 있는 리더로 탕을 마음에 두었다. 그러나 좀처럼 탕을 만날 수가 없었다. 생각다 못한 이윤은 탕에 접근하기 위해 요리 기구를 전부 싸들고 탕의 아내가 될 유신씨의 혼수품에 딸려가는 노예가 되어 따라갔다.** 이렇게 탕에게로 온 이윤은 훌륭한 요리 솜씨로 일단 탕의 마음을 사로잡았다. 그리고는 기회가 있을 때마다 요리의 방법을 비유해서 나라를 다스리는 도를 탕에게 이야기했다. 당시 이윤이 탕에게 들려준 치국의 도는 다음과 같았다.

---

* 『사기』의 원문에 따르면 '부정조負鼎俎'로 나오는데 솥과 도마를 짊어지고 왔다는 뜻이 된다. 모두 같은 맥락이다.

** 이윤도 유신 부락 출신이며, 역대 이윤의 초상화는 대부분 세발솥을 들고 있는 모습으로 그려진 것도 그가 요리사 출신이었음을 보여주는 것이다.

나라를 다스리는 것과 맛있는 요리를 만드는 것은 같은 이치입니다. 모든 요리는 그에 맞는 요리법을 필요로 합니다. 나라를 다스리는 것도 다스리는 방법을 알아야 합니다. 음식을 만들 때 솥 안에서 일어나는 미묘한 변화는 쉽게 보이지 않습니다. 조미료는 언제 넣어야 하며, 얼마나 써야 하는지 등이 모두 알맞아야 합니다. 정치도 마찬가지입니다. 시국의 발전에 어떻게 순응할 것이며, 어떤 법도를 시행할 것이냐는 모두 형세에 대한 관찰이 전제되어야 합니다. 이는 요리를 할 때 불의 온도와 화력의 정도를 통제하는 것과 같은 이치입니다. 공을 성취하고 천하를 얻으려면 조건이 무르익은 상황에서 시기를 잘 파악해 과감하게 결단할 줄 알아야 합니다.

이윤은 정치의 요체란 정세 변화에 대한 정확한 인식에 있다고 보았다. 정세 변화의 기미를 제대로 파악하면 그에 맞추어 적절한 시기에 적절한 정책을 과감하게 실행할 수 있다는 것이다. 이렇게 이윤은 요리법을 치국의 도에 비유하면서 탕 임금에게 통치와 치국의 본질을 강론했고, 이윤의 수준 높은 정치론에 깊은 감명을 받은 탕은 그를 재상에 임명해 국정 전반을 이끌게 했다. 이렇게 해서 이윤은 중국 역사상 리더를 가장 훌륭하게 보필한 최초의 성공한 재상으로 남게 되었다.

'구주'와 함께 '소왕'을 거론하다

『사기』 권3 「은본기」에 나오는 이윤과 탕 임금의 관련 기록을 잘 살펴보면 이윤이 탕의 신하가 된 다음 '소왕素王'과 '구주九主'에 대해 논했다는 대목이 눈에 띈다. 그것이 어떤 내용인지에 대해서는 더이상 의 언급은 없다. 그러나 그 후 『사기』에 주석을 단 많은 사람들이 이런저런 자료들을 끌어다 '구주'에 대해 비교적 상세한 내용을 보탰고, 이것이 이윤의 '구주론'이 된 것이다.(『사기색은』 『사기집해』 『별록』 등)

이 중 한나라 때의 학자 유향劉向의 『별록別錄』의 기록이 가장 상세하고 후대의 기록들은 대부분 유향의 주석을 인용하고 있다. 유향이 말하는 이윤의 '구주'란 법군法君, 전군專君, 수군授君, 노군勞君, 등군等君, 기군寄君, 파군破君, 고군固君, 삼세사군三歲社君의 아홉 가지 유형의 리더다. 우선 이 아홉 유형의 리더들이 갖는 특징을 보기 쉽게 아래 표로 정리해보았다.

리더 유형	특징(현대 유형)	대표적인 리더	비고
법군法君	엄격하게 법을 적용하는 리더(엄격형)	진 효공, 진시황	▲
전군專君	독단적이고 인재를 배척하는 리더(독단형)	한 선제	×
노군勞君	천하를 위해 부지런히 일하는 리더(근면형)	하우, 후직	●
수군授君	권력을 신하에게 넘겨준 리더(무능형)	연왕 쾌	×
등군等君	논공행상이 공평한 리더(평등평)	한 고조 유방	●
기군寄君	백성을 고달프게 하면서 교만하게 굴어 패망을 눈앞에 둔 리더(교만형)	하 걸, 은 주	×
파군破君	적을 경시하다 몸은 죽고 나라는 망친 리더(망국형)	오왕 비	×
고군固君	덕과 수양은 무시한 채 무력만 중시하는 리더(저돌형)	지백	×
삼세사군 三歲社君	어린 나이에 리더가 됨(유아형)	주 성왕, 한 소왕	◎

● 바람직한 리더 ▲ 중간 정도의 리더 × 나쁜 리더 ◎ 판단 유보

'구주'를 좀더 설명해보고자 한다. 우선 '법군'은 비상한 시기에 필요한 리더의 유형이긴 하지만 '전군'으로 흐를 위험성이 큰 유형이다. '기군'과 '파군'은 망국의 리더로 최악이며, '수군'은 무능력한 리더의 전형이다.

'고군'은 자기수양은 등한시한 채 무력으로 주변을 위협하거나 정복하려는 유형으로 매우 위험한 리더다. '삼세사군'은 어린 나이에 통치자가 된 리더로, 어떤 대신이 보필하느냐에 따라 리더의 자질이나 리더십이 다르게 나타날 수 있는 유형이다.

가장 바람직한 리더의 유형은 백성들을 위해 노심초사 부지런히 일하는 '노군'과 모든 사람을 공평하게 대하며 논공행상 역시 원만하게 처리하는 '등군'이다.

이상 '구주'의 내용을 보면 대단히 실제적인 리더십 이론가로서 이윤의 모습이 그려진다. 이윤은 이 아홉 가지 유형의 리더 외에 '소왕'을 언급했다고 하는데, 소왕이란 말 그대로 '무관의 제왕'을 말한다. 이윤은 비록 제왕은 아니었지만 덕망이 높아 모든 사람으로부터 존경을 받았던 사람을 예로 들며 탕 임금에게 리더로서 갖추어야 할 자질을 강론한 것 같다. 그러면서 보다 구체적으로 역대 리더들을 아홉 가지 유형으로 분류하면서 그 장단점을 상세히 피력함으로써 탕 임금의 통치 철학을 정립하는 데 이론적 근거를 제공한 것이 아닌가 추측된다.

이윤이 제시하고 있는 리더의 유형은 수천 년의 시차에도 불구하고 오늘날 우리 사회의 리더 유형으로 치환해도 별 무리가 없을 정도로 참신하다. 특히 아홉 가지 리더의 유형은 조건과 환경, 자기수양 여부에 따라 언제든지 바뀔 수 있다는 사실을 잊어서는 안 된다.

또한 나쁜 리더에 속하는 유형들은 대개가 리더 한 몸에 여러 유형이 한꺼번에 겹쳐져 나타난다. '법군'과 '전군'의 경계는 사실 종이 한 장 차이나 마찬가지다. 그래서 이윤은 '구주'와 함께 '소왕'을 거론하며 고매한 인품과 덕을 갖춘 인물들을 본받거나 이런 인물의 도움을 받아 리더 자신의 언행을 바로잡으라고 충고한 것 같다.

많은 사람들이 주체적으로 리더의 삶을 살아야 한다고들 한다. 이른바 셀프 리더십self leadership의 시대다. 그리고 누구든 리더가 될 수 있다는 에브리바디 리더everybody leader의 시대이기도 하다. 하지만 시대를 막론하고 리더에게 요구되었던 가장 기본적인 자질은 '자신을 아는(지기知己)' 능력이었다.

자신의 능력과 한계 그리고 장단점을 정확하게 아는 일이야말로 제대로 된 리더로 성장하고 발전할 수 있는 필수불가결한 단계다. 이 단계가 빠지거나 제대로 거치지 않을 경우 리더는 나쁜 길로 흐르기 십상이다. 이런 점에서 이윤의 '구주론'은 리더의 유형론이자 리더의 변화 내지 변질의 단계까지 보여주는 의미심장한 리더십 이론이라 할 수 있다.

2,500년 전 춘추시대 장자의 리더십

우리 역사를 통한 우리만의 리더십이 절실한 때다. 이와 관련해 중국 역사상 가장 활기에 찼던 2,500년 전 춘추시대 초기 4인방의 리더십에서 모종의 도움을 얻을 수 있을 것이다.

오늘날 인류는 민족, 문화, 종교는 다르지만 같은 공동체, 다시 말해 '이질적 공동체' 속에서 살고 있다. 얼마 전까지만 해도 인류는 대개 같은 민족이나 종족으로 구성된 국가인 동질적 공동체에서 주로 살았다. 그러나 최근 들어 민족과 국가의 경계가 없어지고 민족과 국경을 초월해 서로 섞이고 교류하면서 살고 있고 또 그렇게 살지 않으면 안 되는 세상이 되었다. 이를 다소 전문적인 용어로 '이질적 공동체'라 부르는 것이다. 이는 인류 역사상 전례가 없는 엄청난 변화가 아닐 수 없다.

그런데 중국 역사는 이와 비슷한 이질적 공동체 시대를 일찍이 경험한 바 있다. 물론 오늘날 인류가 직면한 이질적 공동체와 그 성질이 완전히 같다고는 할 수 없지만 닮은 면이 적지 않다. 따라서 그 시대의 성격과 특징을 살펴보면 앞으로 전개될 이질적 공동체 세상을 살아가는 데 필요한 유용한 정보와 통찰력을 얻을 수 있을 것이다.

중국사에 있어서 이질적 공동체의 시대는 기원전 770년부터 시작되어 기원전 222년까지 무려 550년 동안에 걸쳐 형성되고 완성되었다. 역사에서는 이 시대를 흔히 춘추전국 시대라 부른다. 사마천도 『사기』에서 이 시기를 집중 조명하고 있다. 이 시기는 중국 역사 5천 년의 1/10에 지나지 않지만 역사상 가장 다양하고 화려했다. 리더와 리더십에 대한 사례도 풍부해 많은 공부가 된다. 먼저 이 시기에 나타난 특징들을 정리해보고 넘어가자.

춘추전국 시대의 특징

오늘날 중국 문화의 근간을 이루는 국가이자 종족은 기원전 1046년에 건국된 주周 왕조였다. 주 왕조는 주왕과 성이 같은 친족을 중심으로 건국에 공이 많은 성이 다른 공신들을 전국 각지로 보내 그 곳을 대리 통치하게 했다. 이것이 봉건제도다.* 봉건이란 땅(봉토)을 주어 나라를 세운다는 뜻이며, 봉건제도를 유지해주는 근간은 기본적으로 혈연에 기초한 친속관계에 있었다. 이 관계를 종법宗法이라 부른다.

* 오늘날 기업 경영에서 보자면 맥도날드나 스타벅스와 같은 프랜차이즈 형태의 기업 구조를 연상하면 이해가 쉽고 빠를 것이다.

중앙의 주 왕실은 대종大宗이 되고, 대종이 친족인 소종小宗들에게 땅을 나누어주어 그 지역의 인민들을 다스리며 세금을 거두게 하는 대신 왕실에 대해 제사를 비롯한 경조사 참석, 국가적 사업에 따른 노동력 제공, 군대 동원 등과 같은 의무를 지웠다. 그리고 이러한 의무와 권리를 지탱하는 윤리규범으로 효孝와 충忠을 강조했다. 요컨대 중국다운 문화의 원형을 형성했다고 하는 주 왕조는 혈연관계를 기본으로 한 동질적 공동체였던 것이다.

그러나 시간이 흐르면서 대종과 소종의 혈연적 관계가 엷어지고, 충효와 같은 윤리 규범의 구속력도 약해졌으며, 여기에 주변 이민족과의 갈등과 교류 등으로 인해 주 왕실의 권위는 점점 약화되어 갔다. 특히 기원전 771년 주 유왕幽王이 이민족인 견융犬戎의 침입을 받아 살해당하고, 기원전 770년 그 아들 평왕平王이 수도를 지금의 서안에서 낙양으로 옮기면서 주 왕실의 권위는 결정적으로 무너지기 시작한다. 이렇게 해서 춘추시대가 시작되었던 것이다. 이 시기의 가장 큰 특징은 우선 제후국의 실력이 주 왕실을 압도한 것이다.*

중앙의 주 왕실의 권위가 무너진 상황에서 각지의 제후국들이 실력을 바탕으로 주 왕실을 끼고 권력 행사를 대행하는 현상이 나타났고, 이런 제후를 패자霸者 또는 패주霸主라 불렀다. 패자들은 비상설 기구이긴 하지만 다른 제후국들을 한 자리에 모아놓고 회담을 주재하는, 말하자면 오늘날 유엔의 총회와 비슷한 조직과 모임을 장소를

* 자사나 지사의 규모나 실력이 본사를 압도할 정도로 성장한 상황에 비유할 수 있다.

옮겨가며 수시로 만들었다. 이를 회맹會盟이라 했고, 여기서 맹주盟主라는 용어도 나왔다.

춘추시대에는 다섯 제후국이 앞뒤로 패주 역할을 맡았기 때문에 이들을 합쳐 '춘추오패'라 부른다. 패주는 정해진 것이 아니라 실력으로 다른 제후국들을 압도해야 했기 때문에 제후국들 간에는 치열한 경쟁이 벌어졌다. 그러자면 자국의 실력을 키워야 했다. 자연스럽게 각종 개혁정치를 통한 부국강병의 풍조가 그 시대를 지배하기에 이르렀다. 이렇게 해서 중국 역사상 가장 활발한 개혁의 시대가 시작되었다. 개혁은 격렬한 정치·사회·경제적 변화를 동반한다. 이 과정에서 많은 정변과 전쟁이 벌어졌고, 신분과 계층의 변화 이동도 활발

춘추전국 시대는 온갖 사상의 꽃들이 일제히 피어난 '백화제방百花齊放'의 시기였다. 흔히 제자백가諸子百家라 부르는 사상의 황금기였다. 제자백가의 사상가들을 그린 그림이다.

하게 진행되었다. 말 그대로 중국 역사상 처음으로 경험하는 격변의 시대가 도래한 것이다.

춘추시대의 이 같은 변화상은 놀랍게도 오늘날 세계가 직면하고 있는 현상과 흡사하다. 특히 신분은 물론 민족과 국경을 초월한 다양한 인재의 이동과 부국강병을 향한 각국의 개혁은 춘추시대 개혁에 앞장선 제후국들의 모습을 방불케 한다. 그리고 이러한 시대적 상황과 경험하지 못했던 사회현상들을 자기 나름대로 해석하는 한편, 자신이 추구하는 이상적 세계관을 제시했던 수많은 사상가 역시 이 시대에 대거 출현했다. 유가를 대변하는 공자와 맹자와 순자, 도가를 대표하는 노자와 장자, 법가의 대표적인 인물인 한비자, 묵가의 창시자인 묵자 등 기라성 같은 사상가들이 우후죽순처럼 출현했다. 춘추시대야말로 중국사 최초의 이질적 공동체로의 전환을 경험한 중요한 시점이었던 것이다.

'춘추 4인방'의 리더십이 갖는 역사적 가치

춘추시대는 기존의 질서가 무너지면서 새로운 가치관이 형성되고 그에 맞추어 새로운 계층이 부상되면서 인간의 가치가 극대화되었던 시기였다. 기회의 시대였고, 인재 쟁탈전이 본격화되었다. 이런 격변의 시대를 통찰하고자 한 일군의 '자유민'이 출현하기도 했다. 또 사회 각 방면에서 새로운 리더십을 요구하던 시대였다. 요즘 식으로 표현하자면 '다원화된 글로벌 리더십'이란 개념이 태동한 시기라고도 할 수 있을 정도였다. 시대와 개인의 미래에 대한 낙관과 회의가 충돌했고, 이에 따라 시대의 비전을 제시하는 사상가들이 대거 출현했다. 이들을 일컬어 '제자백가'라 했고, 이와 함께 '백가제방'이란 말로 이 사상의 황금시대를 표현하기도 했다.

춘추시대가 시작되고 약 1세기가 지나면서 제후국들 중에서 주 왕실은 물론 기타 제후국들을 압도하는 실력을 갖춘 패주가 등장하기 시작했다. 지금의 산동반도에 위치한 제나라의 환공을 시작으로 기원전 7세기에 네 명의 패주가 잇따라 출현했다. 필자는 이들을 '춘추 4인방'이라 부른다. 우선 이들 춘추 4인방과 이들이 재위했던 기간을 참고로 제시해둔다.

1) 제齊나라 환공桓公(재위 기원전 685~기원전 643년)

2) 진晉나라 문공文公(재위 기원전 636~기원전 628년)

3) 진秦나라 목공穆公(재위 기원전 660~기원전 621년)

4) 초楚나라 장왕莊王(재위 기원전 614~기원전 591년)

춘추 4인방은 새롭게 변해가는 시대상에 발맞추어 자국을 개혁하면서 주 왕실이 건재하던 시대와는 다른 새로운 형태의 정치문화와 그에 따른 리더십을 발휘했다. 특히 개혁을 위해 인재들을 기용하는 문제에 있어서 각각 개성 넘치면서도 동시에 공통되는 리더십을 보여주었다.

춘추 초기 4인방이 활약하던 시대는 주 왕실을 축으로 한 전통적 권위가 무너지는 시대이긴 했지만 오늘날 우리 사회처럼 권위의 잔재가 여전하고, 지역·혈연·지연·학연 등과 같은 낡은 관념이 강하게 남아 있었다는 점에서 공통점이 적지 않다. 덧붙여 무한경쟁과 약육강식으로 전개되어가는 이후 전국시대를 염두에 둘 때 이들 4인방이 보여준 리더십에서 과연 배울 점과 부족한 점이 무엇일까 고민하게 된다.

리더십과 관련해 지난 반세기 넘게 우리 사회는 낡고 보수적인 가부장 리더십과 낯선 서양의 리더십 이론들에 지배당해 왔다. 여기에 독재시대를 겪으면서 우리는 우리만의 창조적 리더십을 만들지 못하고 왜곡된 리더와 리더십만을 경험해왔다고 할 수 있다. 우리 역사를 통한 우리만의 리더십을 도출해야 할 때다. 이와 관련해 중국 역사상 가장 활기에 찼던 약 2,500년 전 춘추시대 초기 4인방의 리더십에서 모종의 도움을 얻어낼 수 있을 것이다.

중국 리더십이 갖는 가장 큰 특징은 수천 년 동안 축적된 풍부한 경험에 바탕을 두고 있다는 점이다. 여기에 다양한 사례들까지 남아 있어 리더십의 문제를 한결 생동감 넘치게 한다. 사실 중국은 이러한 전통적 자산에다 지난 1세기 넘게 서양 문화를 접촉하고 흡수하고 충돌하면서 닦여진 새로운 체험 및 공산혁명 과정에서 축적된 투쟁 경험 등을 바탕으로 또 다른 차원의 리더십을 창출해나가고 있다.

중간 정도의 자질로 큰 리더가 된 환공

환공은 대의명분을 중시하는 리더십을 보여주었다. 대의명분은 관념적이고 실용성이 없어 보이지만 리더십 발휘에 강력한 호소력을 가진다. 오늘날에도 상당히 중요한 리더십의 한 덕목이다.

춘추 4인방의 첫 주자는 제나라 환공이다. 그는 관포지교의 주인공들인 관중과 포숙의 보좌를 받아 춘추시대 첫 패주가 되었다. 환공은 자신을 죽이려 했던 관중을 재상으로 발탁해 40년 가까이 제나라 국정을 맡겼다. 정치가이자 경제 전문가였던 관중은 전권을 위임받아 제나라를 전면 개혁했고, 그 결과 제나라는 부민부국을 이룩하고 당시 최강국으로 우뚝 설 수 있었다.

환공의 리더십은 춘추라는 시대적 산물이다. 여기에 뛰어난 인재들의 보좌를 받아 리더십을 더욱 다듬을 수 있었다. 사실 리더로서 환공의 자질은 중간 정도에 지나지 않았다는 평가가 적지 않지만 그는 이를 뛰어넘어 춘추오패의 선두가 되었다. 이미 앞서 소개한 관포지교와 다소 중복을 면하기 어렵지만 환공의 리더십에 초점을 맞추면 또 다른 면을 발견할 수 있을 것이다.

관포지교의 배경에 있는 환공

관포지교의 배경을 다시 한 번 소개해둔다. '관중과 포숙의 우정'이란 뜻을 가진 '관포지교'만큼 널리 알려진 고사성어도 드물 것이다. 하지만 이 고사의 역사적 배경을 아는 사람은 그리 많지 않다. 사실 이 아름다운 우정의 뒤에는 본격적인 춘추시대의 개막이라는 커다란 역사적 흐름이 자리 잡고 있고, 또 춘추시대를 대변하는 춘추 5패의 첫 주자인 제나라 환공이란 인물이 있었다.

이야기는 기원전 7세기 중반 무렵으로 거슬러 올라가니까 지금으로부터 2,600년이 훨씬 넘었다. 어릴 적부터 친한 친구 사이였던 관중과 포숙은 제나라의 복잡하고 어지러운 정치 상황 때문에 각각 서로 다른 공자를 주군으로 모시게 되었다. 관중은 공자 규를, 포숙은 공자 소백을 모시는 핵심 참모로 일했다.

기원전 686년 누이동생과 간음을 저지르는 등 폭정을 일삼던 제나라 양공이 대신 무지에게 살해당하고, 제나라 정국은 한순간 공황 상태에 빠졌다. 양공의 폭정을 피해 외국에 도망가 있던 양공의 동생들은 세를 규합해 속속 본국으로 돌아올 준비를 한다. 노나라로 도망가 있던 공자 규는 관중의 보좌를 받으며 귀국을 서둘렀고, 거라는 작은 나라로 도망가 있던 공자 소백은 포숙의 보좌를 받으며 귀국길에 올랐다.

두 세력은 앞을 다투어 귀국을 재촉했지만 결과적으로 공자 소백이 먼저 귀국해 국군의 자리에 오르니 이가 바로 제 환공이다. 환공은 노나라 군대를 이끌고 수도를 압박해온 규를 물리쳤다. 그 결과 환공의 요구로 규는 노나라에서 살해당하고, 관중은 죄수를 싣는 수레에 실려 제나라로 왔다. 1등 공신 포숙은 당연히 국군 다음가는 재상 자리를 보장받았다. 관중과 포숙의 이야기는 이때부터 더욱 흥미롭게 전개된다.

원수를 재상으로 기용하다

공자 규를 보좌했던 관중이 제나라로 압송되어 오는 날 제나라는 온통 흥분의 도가니였다. 모든 사람의 이목은 환공이 관중을 어떤 식으로 처형할 것인가에 쏠려 있었다. 왜냐하면 관중은 자신이 섬기는 공자 규를 먼저 제나라로 귀국시키기 위해 환공이 지나는 길목을 지키고 있다가 몰래 환공에게 활을 쏜 장본인이었기 때문이다. 당시 환공은 화살이 허리띠에 맞는 바람에 목숨을 구했고, 순간 기지를 발휘해 일부러 죽은 척해 관중과 공자 규를 안심시킨 다음, 서둘러 먼저 귀국했던 것이다. 환공은 이런 관중을 압송하라고 요구하면서 관중을 죽여 시체를 포를 떠서 젓갈을 담글 것이라고 호언장담했다.

관중을 실은 죄수용 수레가 노나라 국경을 넘어 제나라로 들어섰다. 제나라 쪽에서 관중을 인수하러 나간 사람은 얄궂게도 둘도 없는 친구 포숙이었다. 그런데 관중을 실은 수레가 제나라 국경을 넘자마자 포숙은 얼른 수레의 문을 열고 관중을 극진한 예로 맞이해 훌륭한 수레에 모시는 것이 아닌가? 누구보다 놀란 사람은 관중이었다. 죽은 목숨이라고 체념하고 있었는데 친구 포숙이 직접 나와 그것도 정중하기 짝이 없는 예로 자신을 환대하니 얼마나 놀랐겠는가?

알고 봤더니 포숙이 사전에 환공에게 관중을 적극 추천해 그를 재상으로 삼기로 약속했던 것이다. 행여 노나라에서 이 사실을 알고 관중을 죽일까봐 비밀에 부친 채 관중이 국경을 넘기만을 고대하고 있었다. 환공을 설득하는 과정에서 포숙은 "제나라 하나만을 다스리시려면 저 포숙 하나로 충분하지만 천하 제후들을 호령하는 패주가 되시고 싶다면 관중이 없으면 안 됩니다"라고 말하면서 관중이 자신보다 나은 다섯 가지 이유를 들었다.

첫째, 신은 백성을 안정시키고 생산을 늘리는 일에서 관중만 못합니다.
둘째, 신은 나라를 바르게 다스리고 제후들을 화합시키는 일에서 관중만 못합니다.
셋째, 신은 백성에게 믿음을 주고 권위를 수립하는 면에서 관중만 못합니다.
넷째, 신은 예법을 제정하고 나라를 규범화하는 일에서 관중만 못합니다.
다섯째, 신은 사기를 진작시켜 적을 제압하고 물리치는 면에서 관중만 못합니다.

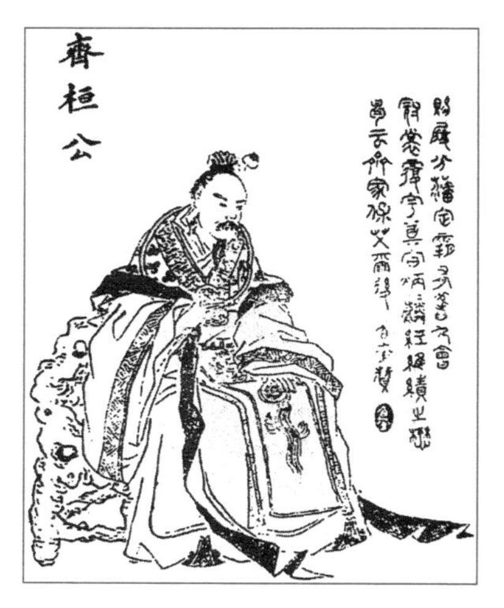

제나라 환공은 춘추 초기 새로운 리더십을 천하에 선보임으로써 춘추 5패의 첫 주자가 되었다. 그의 리더십은 현대 리더십 논의에서도 나름 의미 있는 메시지를 던진다. 환공의 초상화다.

이렇게 해서 관중은 일약 제나라 재상으로 발탁되었고 세상 사람들은 모두 깜짝 놀라지 않을 수 없었다. 사마천은 세상 사람들은 관중의 능력과 재능을 일찍부터 알아보고 있는 힘을 다해 추천하고 자신은 기꺼이 관중의 밑에서 관중을 받든 포숙아를 정말이지 침이 마르도록 칭찬했다고 기록하고 있다.

그런데 여기서 우리가 눈여겨봐야 할 또 한 사람은 환공이다. 얼마 전 자신에게 비정한 화살을 날린 원수를 자신의 참모가 추천한다고 그렇게 쉽게 받아들일 리더가 과연 몇이나 되겠는가? 특히 지금보다 은혜와 원수의 관념이 강했던 시대에 신하의 생사여탈권을 쥔 권력자가 그렇게 쉽사리 원수를 용서하고, 나아가서는 그를 자신의 바로 아래인 2인자 자리에 앉히기란 결코 쉽지 않았을 것이다. 그러나 환공은 포숙의 건의를 받아들였다. 흔쾌히 받아들였는지, 고심 끝에 받아들였는지는 알 수 없지만 어쨌든 원수를 포용했다. 환공이란 리더를 새삼 주목하는 가장 큰 이유도 여기에 있다.

24시간 불을 밝혀 인재를 맞이하다

관중을 전격 발탁했지만 새로운 정권을 유지하기 위해서는 많은 인재가 필요했다. 이에 환공은 주위의 권유를 받아들여 자신의 집무실을 24시간 개방하는 파격적인 조치를 취했다. 자신의 집무실 '앞뜰에 밤새 불을 밝혀놓고' 누구든 언제든지 찾아와 자신의 능력을 검증받게 한 것이다. 이것이 그 유명한 '정료지광庭燎之光'이란 고사성어의 배경이다. 집무실 뜰을 밝힌 횃불이란 뜻이다.

이렇게 해서 환공은 적지 않은 인재를 얻을 수 있었다. 그런데 아직도 필요한 인재는 많은데 1년 정도 지나자 자신을 찾는 인재들의 발길이 뚝 끊어졌다. 24시간 심야영업을 하면서까지 인재를 갈망했건만 겨우 1년 만에 인재가 동이 났단 말인가? 환공은 실망에 빠졌다.

그러던 어느 날 흰 수염을 길게 기른 웬 노인이 환공의 집무실을 찾아와 자신을 기용해주십사 부탁했다. 기백 넘치는 젊은 인재가 와도 시원찮을 판에 백발의 노인이라니? 환공은 실망했지만 그래도 먼 길을 온 노인이라 성의껏 맞이하면서 무슨 재능이 있냐고 물었다. 노인은 웃으면서 자신은 구구셈 하나는 기가 막히게 잘한다고 대답했다. 환공은 어이가 없었다. 구구셈을 못하는 사람이 어디 있다고? 그것도 재주라고 들이 밀다니.

환공의 심기를 알아챘는지 노인은 차분한 목소리로 지금 인재들이 환공을 찾지 않는 까닭은 군주의 눈이 너무 높고 측근 인재들이 너무 뛰어나기 때문이라고 진단했다. 웬만한 재능이 아니면 발탁되

'정료지광'의 고사는 뛰어난 인재 기용과 관련해 적지 않은 계시를 준다. 사진은 이 고사를 나타낸 관중기념관 안에 있는 관포지교관의 조형물이다.

기 힘들 것이라 지레 겁을 먹고는 인재들이 발걸음하기를 주저한다는 것이었다.

범상치 않은 노인임을 알게 된 환공은 그 대책을 물었고, 노인은 구굿셈 밖에 할 줄 모르는 자신을 기용하면 모든 문제가 절로 풀릴 것이라고 했다. 요컨대 구굿셈 정도의 재주 밖에 없는 사람이 기용되면 그보다 나은 재능을 가진 인재들이 속속 몰려올 것이라는 의미였다. 환공은 이 '구구산법 노인'을 전격 발탁해 자신의 국정 자문을 맡겼고, 구굿셈 밖에 할 줄 모르는 사람도 기용했다는 소문을 들은 인재들이 대거 몰려들었다.

환공의 리더십

춘추시대 주 왕실을 보호하며 제후들을 호령했던 강력한 제후국의 국군을 패자라 불렀다. 춘추시대를 통해 대표적인 패주가 다섯 명 출현했기 때문에 '춘추 5패'란 용어가 나왔고, 초기 패주 4인을 편의상 4인방으로 부르기로 했다는 것은 앞서 밝힌 바다. 제 환공은 바로 5패의 첫 주자였고, 그를 춘추시대 첫 패주로 만드는 데 결정적인 역할을 한 사람이 관중이었다. 환공은 통 크게 원수 관중을 받아들였고, 관중은 환공의 믿음을 저버리지 않고 그를 확실하게 보좌했던 것이다. 환공의 리더십에서 가장 빛나는 대목이다. 여기서 '능력이 있고 그가 필요하다면 원수라도 기용하라'는 리더십의 큰 원칙 하나가 탄생한 것이다.

중국 역사에는 원수를 기용한 사례가 더러 보인다. 그래서 '재능이 있다면 원수라 해서 피하지 않으며, 인척이라 해서 기피하지 않는다'는 '외거불피구外擧不避仇, 내거불피친內擧不避親'이라는 유명한 용인用人 원칙이 생겨났다. 환공은 이 원칙의 가장 이른 사례를 보여준 주인공이라 할 수 있다. 환공의 리더십에서 먼저 확인할 수 있는 포용의 리더십이다.

환공은 춘추 초기 대의명분의 현실적 가치가 사라지기 시작하던 시대에 여전히 대의명분을 중시하는 리더십도 보여주었다. 주 왕실을 존중하면서 외부의 오랑캐를 물리친다는 '존왕양이尊王攘夷'의 명분을 충실히 지키려고 애를 썼다. 이를 위해 여러 차례 제후들을 규합해 남방의 초나라 등 이적들과 싸워 중원과 중원 문화를 수호하는 데 큰 역할을 해냈다. 대의명분은 다분히 관념적이고 실용성이 없어 보이는 개념이지만 리더십 발휘에 있어서는 강력한 호소력을 가진다. 때문에 오늘날에도 상당히 중요한 리더십의 한 덕목으로 활용할 수 있다. 이와 관련해 환공은 흥미롭고 의미심장한 일화를 남겼다.

환공이 북쪽 연燕나라에서 연나라 장공莊公과 정상회담을 마치고 귀국하는 길에 일어난 일이다. 장공은 환공을 환송하다가 자기도 모르는 사이에 연나라 국경을 넘어 제나라 땅까지 오게 된다. 이에 환공은 주 왕실의 천자를 환송할 때만 국경을 넘을 수 있는 것이지 같은 제후끼리는 예의가 아니라면서 연나라 장공이 밟은 제나라 땅을 모두 연나라에게 주어 제후간의 예의와 대의명분을 지켰다.

다음으로 환공은 자기가 한 약속은 반드시 지키는 신의의 리더십을 보여주었다. 당시 제나라의 이웃이었던 노魯나라는 제나라와 사이가 원만치 못해 자주 싸움을 벌였고 그 결과 적지 않은 땅을 제나라에 빼앗겼다. 전후 문제를 처리하기 위해 환공과 노나라 장공은 가柯라는 곳에서 회맹을 가지게 되었다. 회담이 한창 진행되고 있는데 느닷없이 노나라의 조말曹沫이란 장군이 칼을 빼어들고 회담장에 난입해 빼앗은 땅을 돌려주지 않으면 환공을 해치겠다고 위협했다. 환공은 영토 반환을 약속했고, 회담이 끝난 뒤 관중과 상의해 약속대로 땅을 돌려주었다.

사실 정상회담을 하는 장소에 칼을 들고 난입한 조말의 행동이야말로 커다란 외교적 결례로 비난받아 마땅했다. 더욱이 자신이 전투에서 패해 빼앗긴 땅을 그런 식으로 돌려받겠다는 행위 역시 정당해 보이지 않는다. 따라서 이런 협박 때문에 한 약속은 지키지 않아도 그만이었다. 그래서 환공도 회담 후 성을 내며 약속을 파기하려고 했지만 관중의 충고를 받아들여 끝내 그 약속을 지켰다.

리더십은 인재 기용이 관건

춘추시대가 시작되면서 시대는 과거 의례와 종법 질서, 대의명분을 중시하던 낡은 가치관에서 탈피하기 시작했다. 리더십도 당연히 새로운 형식을 요구받게 되었다. 환공은 이 과도기의 리더를 대표하는 인물이다. 따라서 그가 보여준 리더십도 그러한 시대적 상황을 반영하고 있다.

더욱이 환공은 중간 정도의 자질을 가지고도 최초의 패자라는 큰 리더로 거듭났다. 바로 이 대목이 가장 중요하다. 환공이 원수인 관중을 재상으로 기용한 뒤 그와 나눈 다음과 같은 대화는 리더란 타고나는 것이 아니라 길러지는 것임을 잘 보여준다.

환공　불행한 사실은 내가 사냥도 좋아하고 여자도 좋아한다는 것이오. 이것이 패업에 영향을 주지 않겠소?

관중　방해가 되지 않습니다.

환공　그럼 무엇이 영향을 준단 말이오?

관중 유능한 인재를 몰라보는 것이야말로 패업에 방해가 됩니다. 또 유능한 인재를 알고도 기용하지 않는 것이야말로 패업에 방해가 됩니다. 유능한 인재를 기용하고도 소중하게 쓰지 않으면 패업에 방해가 됩니다. 소중하게 기용하겠다고 생각하면서 사사건건 간섭하고 의심하는 것이야말로 패업에 방해가 됩니다.

필자는 마지막 대목을 관중의 '리더십 5단계'로 부르는데, 사람을 아는 '지인知人', 알았으면 기용하는 '용인用人', 기용하되 소중하게 활용하는 '중용重用', 믿고 맡기는 '위임委任', 소인배를 멀리하는 '원소인遠小人'의 다섯 단계다.

환공은 또 관중에게 나라를 다스리는 데 있어서 가장 신경을 써야 할 것이 무엇인가에 대해서도 물은 바 있다. 이 장면에서 관중은 저 유명한 '사직社稷의 쥐새끼', 즉 '사서社鼠' 이야기를 들려준다. 두 사람의 대화를 현대어로 바꾸어 요점을 소개한다.

관중 사직에 살고 있는 쥐새끼가 가장 문제입니다.

환공 왜 그 쥐를 염려해야 합니까?

관중 사직을 어떻게 짓는지 보셨습니까? 큰 기둥을 세우고 보기 좋게 색을 칠합니다. 그런데 쥐새끼가 그 기둥을 파고들어가 삽니다. 문제는 이 쥐새끼를 잡으려고 불을 놓을 수도 물을 부울 수도 없다는 것입니다. 사직의 기둥이 타거나 색이 상할까봐 그렇지요. 그래서 이 쥐새끼는 제거하기가 아주 어렵습니다.

환공 그것이 국정 운영과 무슨 관계입니까?

관중 지금 군주 곁에 있는 환관들이란 존재가 바로 사직의 쥐새끼와 같다는 말씀입니다. 안으로는 패거리를 지어 군주의 눈과 귀를 가리고, 밖으로는 신하들에게 군주의 심기를 알려주는 등 긴밀한 유대관계를 맺으면서 뇌물 따위를 챙깁니다. 백성들로부터는 재물을 갈취합니다. 법관들이 이들을 처벌해야 한다는 것을 알면서도 행여 군주의 심경이 어떨지 몰라 손을 못 댑니다. 그러니 이들이 사직의 기둥을 갉아먹는 쥐새끼가 아니고 무엇입니까?

이상의 일화는 『한비자』에 실려 있다.* 한비자는 이 일화 앞에다 송나라의 술을 파는 사람과 관련해 '사나운 개새끼', 즉 '맹구猛狗' 이야기를 소개하면서 국정을 어지럽히는 권신들을 경계하라는 메시지를 던진다. 관중의 '사직의 쥐새끼' 이야기와 합쳐 흔히 '사서와 맹구'라 부르는데 '맹구' 이야기는 다음과 같다.

송나라에 술을 파는 사람이 있었다. 이 사람이 파는 술은 맛도 좋고 양도 정확하게 달아 파는 등 고객에 대한 배려가 상당했다. 주점에다는 깃발을 높이 내걸고 대대적인 홍보를 했다. 그런데도 술이 잘 팔리지 않아 술이 시큼해지고 말았다. 도대체 이해가 되지 않은 주인은 가까운 마을의 양천이란 노인에게 그 까닭을 물었다. 노인은 "당신 집에 있는 개가 사납지요?"라고 물었다. 주인은 그게 술이 팔리는

* 이밖에 거의 같은 내용이 『안자춘추』에도 나오는데, 인물이 제나라 경공과 안자로 바뀌어 있을 뿐이다.

것과 무슨 관계냐고 물었다. 그러자 노인은 "개가 하도 사납게 구니 사람들이 겁이 나서 안 가는 게지요"라고 일러주었다.

한비자는 이어 나라에도 이런 개들이 있을 수 있다고 지적한다. 환공이 말한 '사직의 쥐새끼' 같은 존재들이다. 나라를 다스리는 통치술과 관련한 관중의 탁월한 식견은 환공의 리더십을 크게 자극했다. 환공은 관중에게 나라의 정치를 전적으로 위임했고, 관중은 환공의 전폭적인 신뢰에 힘입어 40년 가까이 제나라 국정 전반을 개혁하고 발전시키는 데 총력을 기울일 수 있었다.

환공이 보여준 통 큰 정치가로서 신의와 대의명분을 중시하는 리더십, 원수를 재상에 기용하는 포용과 파격적인 리더십, 자신의 집무실을 24시간 개방하면서까지 인재들을 맞이했던 열린 리더십은 지금 보아도 많은 것을 생각하게 한다. 시대를 막론하고 원칙을 지키며 아량을 베푸는 리더십을 발휘한 리더, 목이 마른 듯 인재를 갈망했던 리더만이 역사에 이름을 오래 오래 남겼다. 그리고 그런 리더는 자신의 역량과 리더십이 궁극적으로는 어떤 인재를 기용했느냐에 의해 결정된다는 점을 자각한 리더이기도 했다.

리더라면
개혁의 주체로 우뚝 서야 한다

중국사에 있어서 본격적인 개혁은 전국시대에 들어와서 이루어진다. '약육강식' '부국강병'이란 말로 개혁의 절박함과 궁극적 목표를 간명하게 표현한다. 또 중요한 것은 지속적 개혁 여부였다.

오늘날 조직과 기업 경영은 하루하루가 개혁인 일상적 개혁에 직면해 있다고 해도 과언이 아니다. 흔히들 개혁이 혁명보다 더 어렵다고 한다. 역사는 이 점을 명백한 사실로 입증하고 있다. 하지만 개혁을 제대로 해내면 나라는 부강해지고 조직은 단단해진다. 기업은 도약의 발판을 마련하게 된다. 특히 완벽에 가까운 개혁은 조직과 나라를 오랫동안 강하게 유지시키는 원동력으로 작용한다.

역사의 법칙은 냉엄하다. 개혁을 거부한 나라는 단 하나의 예외 없이 역사의 무대에서 도태되었다. 적당하게 개혁한 나라는 잠시 반짝할 수는 있어도 언젠가는 역시 사라졌다. 오로지 전면 개혁을 이룩한 나라만이 살아남아 역사를 주도했다. 이제 중국사에서 성공한 개혁 사례들을 소개해 개혁의 의미와 그것이 리더에게 던지는 메시지가 무엇인지 생각해보고자 한다.

제대로 된 개혁의 부가가치

사마천은 기원전 7세기 춘추 5패의 선두 주자인 제나라 환공을 패자로 만드는 데 절대적인 역할을 했던 관중을 『사기』 권62 「관안열전」에서 역시 제나라 재상을 지낸 안자와 함께 소개하면서 마지막 대목을 다음과 같은 짤막한 촌평으로 마무리하고 있다.

> 관중이 죽은 후에도 제나라는 그의 정책을 계승해 언제나 다른 제후국보다 강성했다.

이는 당시 관중이 실행한 각종 개혁정책이 얼마나 큰 영향력을 발휘했는가를 간명하게 평가한 대목이지만, 동시에 제대로 된 개혁의 부가가치에 대한 사마천의 의미심장한 언급이기도 하다. 동서고금을 막론하고 개혁에 성공한 나라는 개혁의 정도에 따라 발전했고, 개혁에 나서 실패한 나라는 경쟁에서 뒤떨어졌지만 그래도 그 경험을 바탕으로 나중에 재도약할 수 있는 토대를 마련했다. 그러나 개혁을 거부한 나라는 단 하나의 예외도 없이 역사무대에서 확실하게 도태되었다.

개혁은 언젠가는 성공할 수밖에 없고 또 성공해야 하는 문제다. 개혁은 필요성의 차원이 아니라 당위성의 차원에 놓인 시대와 역사적 소명이다. 인류의 기나긴 역사 자체가 개혁의 역사였다는 사실에 눈을 돌릴 필요가 있다.

그러나 지난 개혁의 역사를 회고해보면 실패한 개혁이 훨씬 많았고, 개혁을 거부해 안쓰럽게 역사의 뒤안길로 사라진 경우도 적지 않았다. 성공한 개혁은 극소수였다. 이 때문에 혁명보다 개혁이 더 어렵다는 말까지 나왔다. 왜 그럴까?

해답은 간단하다. 제대로 된 개혁을 하지 못했거나 하지 않았기 때문이다. 제대로 된 개혁을 하지 못했던 것은 여러 가지 요인이 있겠지만 무엇보다 개혁에 저항하고 개혁을 거부하는 기득권층과의 투쟁에서 패하거나 어설프게 타협했기 때문이다. 또 초기에는 의욕적으로 개혁을 실시하다가도 시간이 흐르면서 초심을 잃고 무사안일에 빠지거나 의욕을 상실함으로써 그때까지의 개혁마저도 후퇴시키기도 했다. 개혁이 그만큼 힘들다는 것이다.

조직과 기업의 개혁은 리더의 자각이 관건이다. 리더의 개혁 의지가 충만해 있지 않으면 개혁은 불가능하다. 리더는 자신을 위해서 뿐만 아니라 자신을 믿고 따르는 조직원들을 위해, 자신의 조직과 기업을 위해, 나아가 나라와 인류에 도움이 될 수 있다는 확고한 신념으로 개혁에 임해야 한다. 바로 그것이 리더가 감당해야 할 사회적 책임이기도 하다.

성공한 대표적인 개혁 사례들

사마천의 『사기』에는 성공한 대표적인 개혁 사례들이 비교적 상세히 소개되어 있다. 개혁이 인류사를 진보시키는 원동력임을 사마천은 확실하게 인식했기 때문이다. 기원전 4세기 서방의 후진국이었던 진秦나라를 초강대국으로 완전 변모시킨 효공孝公과 상앙商鞅의 '변법變法' 개혁을 비롯해 복장과 군대를 과감하게 개혁한 조趙 무령왕武靈王의 '호복기사胡服騎射' 개혁 등은 그 대표적인 사례다.

중국사에 있어서 본격적인 개혁은 대부분 기원전 5세기부터 시작되는 전국시대에 들어와서 이루어지고 있는데, 흔히들 '약육강식' '부국강병'이란 말로 당시 개혁의 절박함과 개혁의 궁극적 목표를 간명하게 표현한다. 당시 개혁은 제도 개혁은 말할 것도 없고 의식 개혁에 이르기까지 인간의 육체적·정신적 삶의 모든 영역에까지 미쳤다. 속된 말로 바꿀 수 있는 것은 다 바꾸는, 말 그대로 전면적 심층개혁이었다. 이는 준엄한 시대적 요구였고, 이 요구에 부응한 나라들만 부국강병을 이루고 살아남을 수 있었다.

또 한 가지 중요한 것은 지속적 개혁 여부였다. 1대나 1왕에 국한된 개혁만으로는 부국강병을 지속할 수 없었고, 끊임없이 개혁해야만 생존할 수 있었다. 이는 거부할 수 없고 거역할 수 없는 역사의 요구였다. 혼란한 전국시대를 수습하고 중국사 최초의 통일 제국을 수립한 진나라는 이와 같은 시대와 역사의 요구를 온몸으로 받아들여 지속적 개혁을 수행한 대표적인 경우였다.

전면 개혁의 선구자인 위 문후

전국시대는 개혁의 시대였다. 개혁이라는 시대적 분위기의 첫 단추는 위나라의 문후가 힘차게 눌렀다. 기원전 5세기 후반부터 시작된 문후의 개혁은 말 그대로 전방위 개혁이었다.

문후는 먼저 경제 분야의 개혁 전문가인 이괴李悝(또는 이극李克)를 재상으로 발탁했다. 이괴는 경제 전문가였지만 경제는 물론 정치와 사상 분야에도 조예가 깊은 인물로 『법경法經』이라는 중국사 최초의 성문법을 남겼다. 그는 개혁의 시작을 알리는 조치로 귀족들에게 세습되던 각종 특권을 폐지할 것을 주장하면서 "먹으려면 일해야 하고, 녹봉을 받으려면 공을 세워라"는 원칙을 내세웠다.

문후의 전폭적인 지지를 받으면서 이괴는 토지를 최대한 활용한다는 기초 개혁을 시작으로 물가를 안정시키기 위한 '평적법平糴法'을 마련해 백성들의 기초 생활을 안정시켰다. 평적법은 이후 중국뿐만 아니라 우리나라 등 동양 사회에 큰 영향을 미쳤다. 균수법, 평준법, 상평창 등과 같은 물가 안정책이나 시설이 모두 여기에 기원을 두고 있다.

문후는 지방 행정 전문가로 서문표西門豹를 발탁해 업 지방을 훌륭하게 다스렸고, 군사 전문가로는 오기吳起를 기용해 군대를 개혁했다. 특히 오기의 전격적인 발탁은 당시 국제적인 사건으로 크게 이목을 끌었다.

오기는 위衛나라 출신으로 노나라에서 장수가 되기 위해 제나라

본격적인 개혁의 시대를 연 위나라의 문후는 전면 개혁의 모범 사례를 남겼다. 사진은 위 문후의 석상이다.

출신인 아내까지 죽인 비정한 인물이자, 어머니가 죽었을 때도 귀국해 상을 치르지 않아 보수파들로부터 불효자라는 비난을 받은 인물이었다.* 오기는 아내까지 죽이며 노나라에서 출세를 추구했지만 이것이 오히려 빌미가 되어 노나라에서 쫓겨나다시피 했다. 오기는 위 문후를 찾아왔고, 문후는 오기의 기용을 두고 이괴와 상의했다. 이괴는 오기가 욕심은 많지만 군대 문제에 있어서는 제나라의 명장이었던 사마양저司馬穰苴도 따를 수 없는 인재라고 평가하며 오기를 추천했고, 문후는 오기를 전격 장군에 기용했다.

장수로서 오기는 병사들과 동고동락하는 무인의 모범을 보였고, 청렴하고 공정하게 군대 개혁에 착수해 신망을 얻었다. 이런 치적을 바탕으로 그는 서하西河 지역 태수로 승진해 강력한 진나라의 동진을 막아냈다. 적어도 그가 위나라에 머무른 동안 진나라는 위나라를 감

* '아내를 죽여 장수 자리를 구하다'는 '살처구장殺妻求將'의 고사성어가 여기서 비롯되었다.

히 넘보지 못했고, 오기는 숱한 전투에서 단 한 번도 패하지 않고 '늘 이기는 장수'라는 뜻을 가진 '상승장군常勝將軍'으로 이름을 날렸다.

문후는 이밖에도 임좌(정치), 악양(군사), 자하(교육) 등 수많은 인재를 각 분야로 고루 발탁하며 전면 개혁에 박차를 가해 명실상부한 전국시대 최초의 강자로 떠올랐다.

'용병'의 차원으로까지 인식된 문후의 인재 중용

문후의 개혁 사상은 지금 보아도 깊게 생각해볼 점들이 적지 않다. 전쟁을 통해 다른 나라의 땅과 부를 약탈하는 것에 반대한 것이나, 닭을 죽여 달걀을 얻는, 즉 눈앞의 이익에만 급급하거나 단기적 성과만을 탐내는 어리석은 정책을 취하지 않은 점, 그리고 부를 놓고 백성들과 다투지 않고 세금 착취보다는 교화(홍보)를 통해 토지를 비롯한 각종 자원을 최대한 활용하도록 장려한 것 등은 개혁의 본질을 시사하는 정책들이었다.

문후의 개혁 정치에서 가장 돋보이면서 선뜻 이해하기 힘든 대목은 인재 기용에 있어서 단간목段干木이라는 현자를 우대한 것이었다. 단간목은 정치가도 행정가도 군사가도 아닌 인물이었으나 위나라 백성들로부터 큰 존경을 받고 있는 정신적 지주와 같은 존재였다. 문후는 이런 단간목을 정말 극진히 공경하며 모셨는데, 심지어는 그 집 앞을 지날 때면 수레에서 내려 집을 향해 공손히 절을 하며 경의를 표할 정도였다. 좌우 신하들이 이런 문후의 행동을 이해하지 못하자 문후는 이렇게 말했다.

> 단간목은 높은 덕으로 천하에 이름을 떨치고 있지만, 나는 넓은 땅으로 이름을 떨치고 있을 뿐이다. 단간목은 의로움이 넘치지만, 나는 재물만 넘칠 따름이다. 그러니 내가 어찌 거만하게 굴 수 있는가?

문후가 단간목을 이렇듯 지극정성으로 모시자 주변국들은 문후가 단간목을 존경하고 기용한 것은 '용병술'의 하나라며 감히 위나라를 침범하지 못했다고 한다. 바로 이 대목이 많은 것을 생각하게 한다. 별다른 능력도 없는 단간목을 극진히 받들고 기용한 것을 두고 주변국들은 이를 문후의 용병술로 인식했다는 것인데, 현자에 대한 존중을 통해 백성들의 마음을 하나로 뭉쳤다는 사실을 주변국들이 인식했기 때문이다.

위 문후가 백성의 정신적 지주와 같은 단간목을 존경한 대목은 성과에만 급급한 오늘날 리더들이 깊이 들여다봐야 한다. 단간목의 초상화다.

한 나라의 군사력은 병력의 수에 달려 있는 것이 아니라 정예병의 여부와 백성들의 단결

여부로 판가름 난다. 이런 점에서 단간목을 우대한 문후의 사려는 대단한 경지가 아닐 수 없다.

문후의 개혁은 전방위로 이루어졌다. 정치, 경제, 사회, 군사뿐만 아니라 백성들의 심리적 안정까지 고려한 차원 높은 개혁정신도 선보였다. 지금 보아도 문후의 개혁이 의미심장하다.

심기일전 리더십으로 다시 일어선 제나라 위왕

지금 우리 사회 각계각층의 리더들은 당장 눈앞에 처한 위기를 모면해보려고 부리는 얄팍한 술수는 단 하루를 가지 못한다는 사실을 뼈저리게 느껴야 한다. 제나라 위왕의 통렬한 자기반성을 되새겨야 할 때다.

전국시대 제나라는 7웅 가운데서도 강국에 속했다. 일찍이 춘추시대 초기인 기원전 7세기 관중의 보필을 받은 환공이 나라의 기틀을 탄탄히 다진 이래 제나라는 줄곧 강대국으로 행세해왔다. 그러나 위왕威王(재위 기원전 359~기원전 329년) 때 오면 통치자와 지배층이 무사안일에 빠져 국력이 기울기 시작했다.

여기에는 위왕 주변의 수많은 아첨꾼들이 저마다 사리사욕을 위해 왕에게 듣기 좋은 소리만 늘어놓아 위왕의 판단력을 흐리게 만든 것이 큰 요인으로 작용했다. 그런데도 위왕은 위왕대로 아첨꾼들의 입에 발린 말만 듣고 정사를 게을리 한 채 쾌락에 빠져 헤어나지 못하고 있었다.

위왕은 그래도 상당히 총명한 군주였는데 사방이 아첨꾼들에 포위당해 살다보니 총기를 잃고 점점 무기력해졌던 것이다. 이에 재상으로 있던 추기鄒忌는 위왕에게 단단히 충고하리라 마음을 먹고는 날을 택해 입조한 다음 위왕과 마주 앉아 대화를 나누었다.

추기의 비유와 충고

단도직입으로 위왕에게 충고했다간 위왕의 체면을 상하게 해 충고의 효과를 볼 수 없다고 판단한 추기는 자기가 겪었던 다음과 같은 경험담으로 이야기를 풀어갔다.

추기는 키가 8척(옛날 척도로 약 190cm)으로 훤칠하고 얼굴도 잘생긴 미남이었다. 당시 제나라에서 알아주는 미남이었을 뿐만 아니라 중국 역사상 이름난 미남자 명단에 늘 오르는 그런 인물이었다. 추기는 조정에 들어가기 위해 정장을 한 다음 거울 앞에 서서는 아내에게 "나하고 성 북쪽에 사는 서공徐公 중에 누가 더 잘생겼소?"라고 물

추기의 충고에 크게 깨달은 위왕은 심기일전해 박차고 일어났다. 리더는 슬럼프에 빠질 수는 있어도 거기서 헤어 나오지 못하면 안 된다. 사진은 제나라 도성박물관에 조성되어 있는 위왕의 동상이다.

었다. 아내는 서슴없이 "그야 당신이 훨씬 잘생겼지요. 서공 따위가 어찌 당신과 비교할 수 있겠어요"라고 말하는 것이 아닌가? 추기는 기분이 묘했지만 나쁜 것은 아니었다.

성 북쪽에 사는 서공 역시 제나라에서 명성이 자자한 미남자였다. 추기는 아내의 말을 믿을 수 없어 이번에는 첩에게 같은 질문을 했다. 첩의 대답 역시 서공 따위가 어떻게 당신과 비교될 수 있냐는 것이었다. 추기는 고개를 갸우뚱거리며 출근했지만 영 마음이 찜찜했다. 첩의 대답으로 마음이 편해지기는커녕 혼란만 더 커졌다. '정말 내가 서공보다 잘생겼나?'

다음날 손님이 찾아와서 대화를 나누다 문득 추기는 손님에게도 "나하고 서공하고 누가 더 잘생겼소?"라고 물었다. 손님의 대답도 마치 입이라도 맞춘 듯 아내나 첩의 대답과 하나도 다르지 않았다.

다음날 일이 있어 서공이 추기의 집을 방문했다. 서공을 만난 김에 추기는 서공의 얼굴을 찬찬히 뜯어보았다. 아무리 봐도 서공이 자기보다 잘생겼다. 거울에 비친 자신의 얼굴을 보던 추기는 마침내 이런 결론을 내리기에 이르렀다.

'아내가 서공보다 내가 더 잘생겼다고 한 것은 편견에서 비롯된 것이고, 첩이 그렇게 말한 것은 내 사랑을 잃을까 겁이 나서고, 손님이 그렇게 말한 것은 다른 욕심이 있어서다.'

리더의 자기성찰

여기까지 이야기한 다음 추기는 위왕에게 이렇게 말했다.

신은 실제로 서공보다 못났다는 것을 잘 알고 있습니다. 그런데도 아내는 편견에서, 첩은 두려움에서, 손님은 다른 욕심 때문에 죄다 제가 서공보다 잘생겼다고 말했던 것입니다. 자, 저의 경우와 우리 제나라를 비교해보겠습니다. 제나라는 사방 천 리에 120개 성을 가진 대국입니다. 그런데 지금 상황을 보면 왕의 귀여움을 먹고사는 궁녀는 물론 왕의 측근으로서 왕께 아부하지 않는 자가 없습니다. 조정의 신하들치고 왕을 두려워하지 않는 자가 없습니다. 또 내부적으로 왕으로부터 각별한 이익을 얻으려는 욕심을 품고 있지 않은 자들이 없습니다. 바로 이런 자들 때문에 왕의 총명함이 완전히 가려져 있는 것 아니겠습니까?

추기의 충고에 위왕은 깊은 한숨을 내쉬면서 동의를 표시했다. 큰 깨달음을 얻은 위왕은 바로 다음과 같은 명령을 내렸다.

조정 대신도 좋고 백성들도 좋다. 누가 되었건 과인의 면전에서 비판하는 사람에게는 가장 큰 상을 내리겠다. 글을 통해 비판하는 사람에게는 보통 상을 내릴 것이다. 시중에서 과인을 비판한 것이 과인의 귀에 들리면 그 사람에게는 그 다음가는 상을 내리겠다.

이 포고령이 하달되자 위왕에게 충고를 하거나 위왕의 잘못을 비판하려는 사람들이 줄을 서는 바람에 조정이 마치 시장 바닥과 같았다. 몇 달이 지나자 비판하는 사람의 수가 급격이 줄었고, 1년 뒤에는 비판을 하고 싶어도 위왕의 잘못이 없어 할 수 없게 되었다. 이 소식을 들은 연, 한, 조, 위 같은 이웃 나라들이 제나라를 존중하고 나섰다.

나라 안에서 다른 나라와 싸워 이기는 힘

『전국책』에 실려 있는 이 일화의 마지막 대목은 "이것이 바로 조정 안에서 다른 나라와 싸워 이긴다는 것이다"라는 것이다. 민심이 한마음이 되어 국론을 통일시키는 것, 이것이 바로 국력이며 이런 국민과 국가는 다른 나라로부터 멸시를 받지 않는다. 아니, 존중을 받는다. 국민이 뭉쳐 있으면 강대국이라도 깔보지 못하는 법이다.

그러기 위해서는 위왕의 사례에서 보았다시피 리더의 자기성찰이 있어야 한다. 위왕은 추기의 충고에 몹시 부끄러워하며 자신을 철저하게 반성해 1년 뒤에는 누구도 비판할 수 없을 정도로 완벽하게 실수와 잘못을 통제하기에 이르렀다.

앞서 전국시대 초기 위나라 문후가 정신적 지주였던 단간목을 지극히 공경하자 주변 여러 나라들이 그것을 '용병술'로 인식해 감히 위나라를 넘보지 못했다고 한 것도 곰곰이 생각해보면 한 나라의 강약 여부는 궁극적으로 민심의 결집 여부에 의해 판가름 난다는 의미심장한 메시지에 다름 아니다. '나라 안에서 다른 나라와 싸워 이기는 힘', 그 힘은 리더의 카리스마도, 리더의 총명함도, 리더의 독선도 아닌 민심의 결집에서 나온다.

공자는 "그 몸이 올바르면 명령하지 않아도 일이 이루어지지만, 그 몸이 바르지 못하면 아무리 명령해도 일이 이루어지지 않는다"고 했다. 리더의 몸가짐과 언행, 그 일거수 일투족이 모두 실시간으로 생중계되다시피 하는 오늘날 상황에서 리더의 자기 수양과 성찰은 과거보다 훨씬 더 중요해졌다. 세상과 사회의 대세가 물질과 능력 위주로 흐를수록 리더에게는 그와는 상대적으로 높은 도덕성이 더 요구된다. 세상과 사회가 그것을 더 필요로 하기 때문이다.

지금 우리 사회 각계각층의 리더들은 당장 눈앞에 처한 위기를 모면해보려고 부리는 얄팍한 술수는 단 하루를 가지 못한다는 사실을 뼈저리게 느껴야 한다. 제나라 위왕의 통렬한 자기반성을 되새겨야 할 때다.

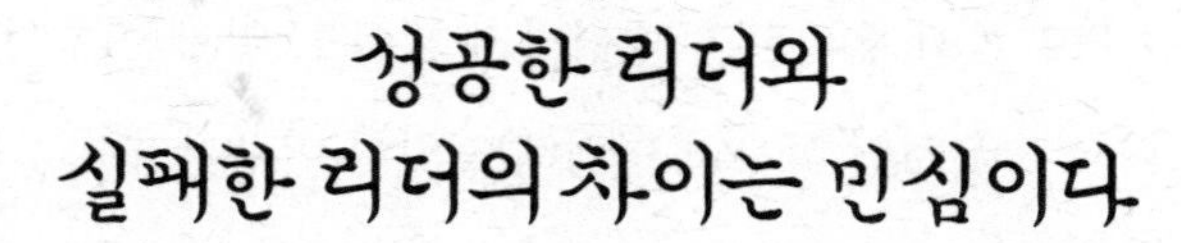

성공한 리더와 실패한 리더의 차이는 민심이다

성공한 리더와 실패한 리더의 차이는 어디에 있을까? 여러 요인 중에서도 절대 빼놓을 수 없는 것은 민심을 읽고 그것을 얼마나 정확하게 정책에 반영했는가 하는 문제다.

민심은 여론과 직통한다. 여론은 분위기라는 요소가 없지 않지만, 분명한 사실은 다수의 민심을 반영한 여론이 대세를 이끈다는 점이다. 민심의 흐름과 통치자의 정책에 대한 반응이 여론으로 표현되는 것이기 때문이다. 그래서 역대로 민심을 얻는 자가 천하를 얻는다고 했고, 민심이 곧 천심이라는 말도 나온 것이다.

민심은 무엇인가? 민심을 어떻게 아는가? 백성들의 입을 통해 민심을 알 수 있다. 백성들의 입이 곧 민심이다. 백성들의 입을 잘 쳐다보면 백성들의 마음을 알 수 있고, 그 마음을 잘 헤아려 정책에 반영하는 것이 좋은 정치다. 민심을 얻는 리더가 성공한다. 반면 민심을 거스르는 리더는 실패할 수밖에 없다. 민심, 즉 백성의 입을 막으려는 리더는 실패는 물론 나쁜 리더로 평가된다. 역사가 이를 여실히 증명하고 있다.

사마천은 민심을 거스르고 백성들의 입을 막으려다 실패한 최악의 통치자들을 여러 곳에서 소개하고 있다. 사마천의 붓을 따라가보자.

입을 막으면 눈으로 말한다

지금으로부터 약 2,900년 전, 주周 왕조의 왕 여왕厲王은 포악하고 사치스럽고 교만한 통치자였다. 이 때문에 백성들의 불만과 비방이 끊이질 않았다. 이를 견디지 못한 여왕은 이웃 위衛나라의 무당을 불러 자신을 비방하는 백성들을 감시하게 하고, 무당의 보고에 언급된 백성들은 잡아다 죽였다. 그러자 비방의 목소리는 점차 잦아들었다. 기고만장한 여왕은 더욱 엄하게 백성들의 입을 단속했고, 백성들은 내놓고 왕을 비방하지는 못한 채 어쩌다 '길에서 만나면 눈짓으로 마음을 교환'했다. '길에서 만나면 눈짓으로 서로의 마음을 나누었다'는 '도로이목道路以目'이란 성어가 여기서 나왔다.

자신을 비방하는 백성들의 입에 재갈을 확실하게 물렸다고 생각한 여왕은 기뻐 어쩔 줄 몰라하며 조정 대신 소공召公에게 비방이 완전히 사라졌다며 자화자찬을 늘어놓았다. 소공은 깊은 한숨을 내쉬며 다음과 같이 충고했는데, 『사기』의 이 대목은 정말이지 통치와 민심의 관계를 무엇보다 실감나게 묘사한 명문으로 꼽힌다.

그것은 억지로 말을 못하게 막은 것에 지나지 않습니다. '백성의 입을 막는 것은 물을 막는 것보다 더 심각한 일입니다(방민지구防民之口, 심어방수甚於防水).' 물이 막혔다 터지면 큰 피해를 주듯이 백성들 또한 마찬가지입니다. 그래서 물을 다스리는 자는 물길을 열어서 물이 흘러가게 하고, 백성을 다스리는 자는 그들이 말하도록 이끄는 것입니다. (중략)

백성에게 입이 있는 것은 대지에 산과 강이 있어서 그곳에서 재물 등이 나오는 것과 같고, 대지에 평야며 습지며 옥토가 있어서 입을 것과 먹을 것이 나오는 것과 마찬가지입니다. 백성들이 마음껏 말하도록 하면 정치를 잘하고 못하고가 다 반영되어 나오는 것입니다. 좋은 일은 밀고 나가고 잘못된 일을 방지하는 것은 대지에서 재물과 먹고 입을 것과 같습니다.

무릇 백성들이 속으로 생각해 입으로 말하는 것은 속으로 많이 생각한 다음 말하는 것입니다. 그런데 백성들의 입을 막겠다면 찬성할 사람이 몇이나 되겠습니까?

여왕은 소공의 충고를 듣지 않았고, 나라의 정치에 대해 말하는 사람은 없어졌다. 그로부터 3년 뒤인 기원전 841년 백성들이 들고 일어나 여왕을 내쫓았다. 기원전 841년은 중국사에서 정확한 연도가 기록되기 시작한 획기적인 사건이 일어난 해이기도 했다.

정권은 무엇으로 튼튼해지는가?

기원전 6세기 초반 소국 정鄭나라의 재상 정자산鄭子産은 숱한 정쟁에 따른 내부 불안과 강대국 틈바구니에 끼여 있는 불리한 외부 환경

속에서도 나라를 반세기 가까이 안정시킨 장본인이었다. 정쟁의 와중에 아버지가 살해당하는 개인적 비극을 겪기도 했다.

정자산은 정권의 기초가 민심이고, 민심을 반영하는 것이 여론이란 점을 정확하게 인식하고 있었다. 정자산의 초상화다.

그런데 자산의 아버지를 죽게 만든 정쟁의 소굴이 향교鄕校였다. 정자산의 측근은 갈수록 정자산에 대해 비방만 일삼는 장소로 변질되어 가는 향교를 폐지하자고 건의했다. 정자산은 이런 건의를 일축하면서 다음과 같이 말했다.

> 조만간 그곳에 모여 권력을 쥔 사람들의 장단점을 논의할 것이다. 그들이 칭찬하는 점은 계속 유지하고 비판하는 점은 고치면 될 터이니 우리의 스승이 될 것이다. 충정을 다해 백성을 위해 좋은 일을 하면 백성의 원성도 줄어들 것이다. 위엄과 사나움만 가지고는 원망을 막을 수 없다. 사람은 누구나 비난을 들으면 그것을 서둘러 제지하려 한다. 그러나 이는 마치 넘치는 홍수를 막으려는 것과 같다. 홍수로 인한 피해는 많은 사람들을 다치게 해 어찌해볼 수 없다. 제방을 터서 물길을 다른 곳으로 흐르게 하느니만 못하다. 향교를 남겨두는 것은 사람들의 논의를 듣는 것 자체가 좋은 약으로 병을 낫게 하는 것과 마찬가지기 때문이다.

아울러 자산은 정치와 정권의 본질을 다음과 같이 명쾌하게 진단하고 있는데 그 울림이 여간 크지 않다.

정권은 잡으면 반드시 인덕仁德으로 다스려야 한다. 정권이 무엇으로 튼튼해지는 것인지 잊어서는 안 된다!

열 손가락이 어디를 향할 것인지 생각하라

진시황은 '분서갱유焚書坑儒' 등 극단적 방법을 통해 사상과 언론을 통제하려 했다. 그 결과는 어떠했던가? 거대한 제국이 통일 후 불과 15년 만에 무너졌다.

현재 인터넷 시대가 활짝 열렸고, 백성들의 속내는 입뿐만 아니라 열 손가락을 통해 쉴 새 없이 표출되고 있다. 민심과 여론의 본질은 달라진 바 없지만 그 다양함과 질량은 상상을 초월한다. 이 때문에 이런저런 폐단과 문제점들이 함께 터져 나오고 있다. 또 온라인과 오프라인의 민심과 여론이 결합되어 엄청난 정치력으로 표출되고 있다.

여기에 놀라 얼이 빠진 정치가들은 이런저런 방법으로 백성들의 입(손가락)을 틀어막겠다고 나섰다. 참으로 가소로운 일이 아닐 수 없다. 백성들, 자신들에게 통치를 잠시 위임한 주권자들의 속내까지도 어찌 해보겠다는, 이 어처구니없는 발상에 말문이 막힌다.

굳이 역사적 사례를 들 것까지도 없는 이 유치하고 끔찍한 발상이 한심해서 『사기』 속 사실들을 통해 백성들의 입을 막는 일이 얼마나 어리석은 짓인지 지적했다. 만에 하나 백성들의 입, 아니 백성들의 열 손가락을 억지로 묶어두는 데 성공하더라도 그 다음, 묶은 백성들의 열 손가락이 어디를 향할지 생각해야 할 것이다. '백성들의 입은 쇠도 녹이며', 백성들의 열 손가락은 세상도 바꿀 수 있다는 사실을 염두에 두면서 말이다. 입도, 열 손가락도 민심이요 천심이다. 민심을 잃은 자, 갈 곳이 없다.

도대체 정권은 무엇으로 튼튼해지는 것인가?

2,500년 전 자산이 던진 이 물음을 21세기를 살아가는 모든 리더들에게 되돌려준다.

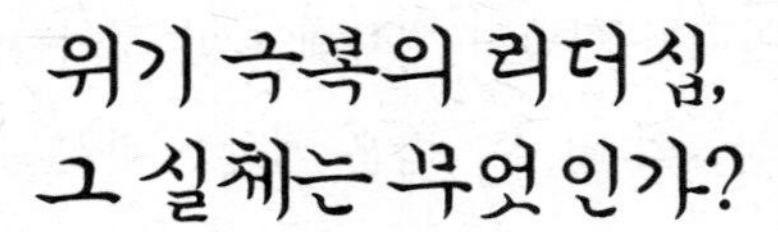

위기 극복의 리더십, 그 실체는 무엇인가?

가정이나 기업이 위기에 처했을 때 가장 필요한 것은 리더의 위기 대처능력이다. 즉 상황 대처능력이라고 할 수 있는데, 리더가 어떻게 위기 상황에 맞서 헤쳐 나가는가, 이것이 바로 리더십이다.

기업 경영의 전문가들이 제시하는 리더와 리더십 이론들을 읽어 보면, 과거 역사 속 리더들이 보여준 리더십을 알기 쉽게 정리하는 데 많은 도움을 준다. 세계적인 경영전문지 〈하버드 비즈니스 리뷰(HBR)〉에 나온 '신임 리더를 파멸로 이끄는 5가지 덫'이란 리뷰에서는 지금으로부터 약 2,200년 전 천하 패권을 놓고 다투었던 항우와 유방의 리더십을 떠올리게 했다. 리뷰가 제시한 함정들은 아래와 같았다.

첫째, 세부적인 내용에 지나치게 집착한다.

둘째, 비판에 부정적으로 반응하는 행동을 보인다.

셋째, 상대에게 위협감을 주는 행동을 보인다.

넷째, 성급하게 결론에 도달하는 행동을 보인다.

다섯째, 직속 부하 직원들의 업무에 지나치게 간섭한다.

앞에서 상세히 분석했다시피 초한쟁패는 절대적 열세를 딛고 유방이 극적으로 승리했다. 항우는 압도적인 우세에도 불구하고 이런 저런 이유 때문에 다 잡은 패권을 놓쳤다. 이와 관련해서는 항우의 리더십에 치명적인 문제가 있었다는 점을 지적했는데 공교롭게도 위에서 제시한 함정들과 유사하다.

이런 점들을 염두에 두고 지금까지와는 달리 과거 역사에서 오늘날 경영에 교훈을 주거나 계발을 줄 만한 지혜를 도출하는 것이 아닌, 현대 경영 이론을 가지고 역사적 사례를 되짚어보는 새로운 시도를 선보일까 한다. 어쩌면 이를 통해 조직이나 기업에서 직면하게 되는 위기의 리더십을 극복하는 하나의 방안이 도출되지 않을까 싶다.

리더의 위기 대처능력

가정이나 조직이나 기업이 위기에 처했을 때 가장 필요한 것은 가장과 리더의 위기 대처능력이다. 일반적으로 말하자면 상황 대처능력이 되겠는데, 리더가 어떤 자세로 어떤 철학과 비전을 가지고 위기 상황에 맞서 헤쳐 나가는가, 이것이 바로 리더십이다.

역사상 많은 리더들이 큰 고난과 역경을 겪었다. 성공한 리더들은 대부분 고난과 역경 속에서 단련되었다. 그렇기 때문에 그들의 리더십이 오래도록 주목을 받는 것이고, 위기 상황에서는 더욱더 빛이 나는 것이다.

리더의 위기 대처능력 내지 극복의 힘은 대부분 그들의 강인한 의지와 정확한 판단력에서 나온다. 이는 아마 거의 모든 리더들에게서 발견되는 공통점일 것이다. 이밖에 나름대로 독특하고 특별한 개성과 능력으로 위기를 헤쳐 나간 리더들도 있다. 이런 리더들이 남긴 사례들은 그 독특하고 특별한 능력만큼이나 흥미롭다.

춘추시대 두 번째 패자로 역사에 이름을 남긴 진晉 문공文公은 이런 유형의 리더를 대표한다고 할 정도로 색다른 리더십을 보여주었다. 그의 파란만장한 행적을 따라가다 보면 또 다른 차원의 최고 통치자의 자질, 즉 리더십과 만나게 된다.

19년간의 고난에 찬 망명

문공은 헌공獻公의 세 아들 중 셋째였다. 지금의 산서성 지역에 기반을 둔 진나라는 당시 국력이 상당히 신장되어 호시탐탐 패주의 자리를 넘볼 정도였는데, 늙은 헌공이 젊은 여희驪姬라는 여자에 빠져 어린 아들 해제奚齊를 낳으면서 상황이 달라지기 시작했다. 헌공은 젊은 첩 여희의 애교에 홀려 장성한 세 아들을 젖혀두고 어린 해제를 후계자로 삼겠다는 망령을 부렸다. 결국 큰아들 신생申生이 여희의 모함과 헌공의 못난 판단력 때문에 자살하는 비극이 발생했다.

다음 차례는 둘째 아들 이오夷吾와 셋째 아들 중이重耳(훗날 문공)였다. 이오와 중이는 하는 수 없이 망명의 길을 선택했다. 특히 중이는 어머니의 나라인 적翟을 시작으로 무려 여덟 나라를 전전하는 고난에 찬 망명 생활을 보냈다. 중이의 망명은 장장 19년이나 계속되었다. 망명길에 오를 때의 나이가 42세였고, 기나긴 망명을 끝내고 조국으로 돌아와 최고 통치자 자리에 올랐을 때의 나이가 61세였다. 장년에 길을 떠나 노년에 돌아온 것이다.

중이의 망명은 말 그대로 파란만장 그 자체였다. 조曹나라를 지날 때는 임금이 직접 중이를 보러 나왔는데, 중이를 대접하기 위해서가 아니라 '변협駢脇'이라는 중이의 특이한 가슴뼈를 구경하러 나와서는 중이의 가슴만 구경하고 그냥 가버리는 수모를 주었다. 위衛나라를 지날 때는 배가 고파서 걸식을 했는데, 지나던 위나라 농부가 그릇에다 흙덩이를 담아주면서 밥이니 먹으라고 했다. 또 한번은 굶주림에 거의 죽을 뻔한 상황에서 중이를 수행하던 충신 개자추介子推가 자신의 허벅지 살을 베어 국을 끓여주어 간신히 목숨을 건진 적도 있었다. 여기서 나온 고사성어가 저 유명한 '할고봉군割股奉君'이다. '허벅지 살을 베어 군주를 모신다'는 뜻이다.

이렇듯 고난에 찬 망명 생활을 중이는 대체 어떻게 견디고 극복해 환갑의 나이에 최고 통치자 자리에 올랐을까? 아마 이것이 가장 궁금하지 않을까 싶다. 말하자면 더할 수 없이 고통스러운 극한 상황을 이겨낸 중이의 리더십을 알고 싶은 것이다.

중이의 낙천성과 유머 감각

중이의 리더십에서 우선 돋보이는 것은 유머 감각과 낙천성이다. 중이의 인간적인 매력이라 할 수 있다. 유머 감각과 낙천성은 긍정적인 사유를 유발하고, 긍정적인 사유는 위기 상황에 대처하고 이를 극복할 수 있는 힘을 낳게 한다.

다음 일화는 중이의 유머 감각과 낙천성을 잘 보여준다. 망명을 앞두고 중이가 아내에게 재가해서 팔자를 고치라고 말하면서 나눈 대화다.

중이 25년을 기다려도 내가 오지 않으면 재가하시오.

아내 (웃으면서) 25년이면 제 무덤의 측백나무도 크게 자라 있을 겁니다. 말은 그렇게 하시지만 소첩은 당신을 기다릴 겁니다.

서둘러 망명길에 오르지 않으면 목숨이 위태로운 상황에서 중이는 천연덕스럽게 아내에게 망명이 오래 걸릴 것 같으니 기다리지 말고 팔자 고치라는 농담을 하고 있다. 절로 미소를 짓게 만드는 인생의 깊이를 느끼게 하는 유머다. 그 아내 역시 남편의 유머를 알아듣고 멋들어지게 맞받아치고 있다.

앞서 말한 농부에게 수모를 당했을 때도 중이는 측근 조최의 충고를 받아들여 흙은 토지를 상징하고 토지는 국토를 말하니 장차 군주가 되리라는 징조라며, 그 농부에게 절을 한 다음 흙을 받았다. 주어

진 어떤 고난도 자신에게 유리한 상황으로 바꾸는 중이의 낙천성은 그대로 상황대처 능력으로 연결되었다.

중이는 또 젊어서부터 많은 인재를 거느리는 인덕을 과시했다. 언제 돌아올지 기약도 없고, 언제 붙잡혀 죽을지 모르는 망명길에 수십 명이 그를 끝까지 수행한 것을 보면 그의 인품이 어떠했는지 짐작이 간다.

중이의 인간적 매력은 여성들과의 관계에서 더 잘 드러난다. 그는 가는 곳마다 여성들과 로맨스에 빠졌다. 특히 제나라에서는 한 여성과 정말 깊은 사랑에 빠져 제나라에 정변이 일어나 서둘러 도망쳐야 할 상황에서도 그 여자를 두고는 못 간다고 떼를 쓰는 통에 여자가 중이에게 술을 먹여 취하게 만든 다음 측근들이 들쳐 업고 탈출했다.

더 놀라운 사실은 훗날 최고 권력자가 된 중이는 망명 중에 관계를 맺었던 여자들을 다 데리고 와서 살았다는 것이다. 축첩이 얼마든지 허용되던 시절이었으니까 이를 중이의 허물로 보기보다는 그의 인간적 매력으로 보아도 무방할 것이다.

진 문공 중이는 인덕을 바탕으로 한 낙천과 유머, 즉 인간적 매력으로 사람을 사로잡았다. 고난 속에서 배신하지 않고 그를 따랐던 많은 인재들의 존재가 이를 잘 증명한다. 여기에 문공은 망명생활을 통해 터득한 삶의 지혜와 식견을 자신의 통치에 십분 활용해 노년의 통치자에게 거의 예외 없이 찾아드는 '판단력 상실의 문제'를 피해갔다. 진 문공 중이는 인생 역전의 주인공으로, 또 한 나라를 슬기롭게 이끈 훌륭한 리더로서 귀중한 모범이 되었다.

문공이 보여준 신의와 식견

나라를 이끄는 최고 리더로서 진 문공이 보여준 자질에 대한 기록은 많이 남아 있지 않다. 그러나 간간이 보이는 기록만으로도 리더로서 그의 자질과 능력을 알기에 부족함은 없다.

망명 기간 중 남방의 초나라에서 후한 대접을 받은 문공은 훗날 귀국하게 된다면 무엇으로 내게 보답하겠냐는 초나라 성왕成王의 농담조 질문에 문공은 "부득이하게 우리가 싸움을 하게 된다면 '삼사三舍(90리)'를 양보하겠소이다"라고 약속했다. 도망 다니는 주제에 허풍을 떤다며 성왕은 은근히 비웃었지만, 훗날 중이는 실제로 그 약속을 지켰다. 앞서 이야기한 '퇴피삼사'의 고사다.

문공의 리더십에서 특별히 주목할 것은 논공행상에 대한 그의 원칙이었다. 초나라와의 전투에서 문공은 약속대로 90리를 양보하고도 승리를 거두었다. 이 과정에서 문공은 강을 건너고 있는 초나라 군대에 대한 대응책을 신하들에게 물은 적이 있다. 이때 선진은 초나라 군대가 강을 다 건너기 전에 공격해야 한다고 했고, 호언은 대의에 어긋나는 행동이라고 반대했다. 문공은 선진의 의견을 받아들여 초나라 군대를 공격해 대승했다.

귀국 후 문공은 승리에 따른 논공행상을 벌였는데, 뜻밖에도 선진이 아닌 호언이 1등상을 받았다. 누군가 이의를 제기하자 문공은 이렇게 대답했다.

성복의 전투를 말하자면 호언은 과인에게 신의를 잃지 말라고 권했고, 선진은 "군대는 오직 이기는 것이 최고다"라고 말했다. 과인은 선진의 말을 받아들여 승리를 얻었지만 그것은 한때의 유리한 방법이고, 호언은 만세의 공덕을 말한 것이다. 한때의 유리함이 어찌 만세의 공덕을 뛰어넘을 수 있겠는가?

춘추시대는 명분과 의리 그리고 신의가 여전히 미덕인 시대였다. 전투에서도 페어플레이 정신이 살아있는 시대이기도 했다. 물론 실제 현실에서 이런 미덕들이 온전히 적용되지는 않았지만 문공은 현실과 이상 사이에서 절묘한 균형감각을 발휘한 셈이다. 돋보이는 리더십이 아닐 수 없다. 문공의 이런 균형감각은 망명 생활을 끝낸 다음 보여준 논공행상의 원칙에서도 유감없이 드러난다.

문공을 따라 망명 생활을 했던 호숙이란 자가 3차에 걸친 논공행상에서도 자신의 이름이 빠지자 문공에게 항의했다. 그러자 문공은 이렇게 말했다.

인의仁義로 과인을 이끌어준 사람과 덕과 은혜로 과인을 지켜준 사람은 1등상을 받았다. 행동으로 과인을 보좌해 끝내 공업을 이루게 한 사람은 2등상을 주었다. 목숨의 위험을 무릅쓰고 땀을 흘린 공로가 있는 사람은 그 다음 상을 받았다. 그리고 힘을 다해 과인을 섬겼으나 과인의 잘못을 보완해주지 못한 사람은 그 다음 상을 줄 것이다. 이 상들이 다 주어진 다음에는 그대에게도 상이 돌아갈 것이다.

우리가 원하는 리더를 기르자

역사상 문공만큼 논공행상의 본질과 원칙을 통찰한 리더는 드물다. 지난 10년 가까이 우리 사회 곳곳에서 벌어졌던 행태들과 비교해보라. 어떤 자들이 1등 공신이 되어 고위직을 차지하고 앉았는가? 리더의 잘못을 보완해주지도 못했으면서 죽을힘을 다했다고 거들먹거린 자들이 대부분 아닌가? 리더를 올바른 길로 이끌고 덕과 은혜를 베풀게 리더를 지켜주는 사람이 1등 공신이라는 문공의 지적은 깨어있는 리더란 어떤 존재인가를 잘 보여준다.

위기 때는 어떤 리더를 요구할까? 강력한 카리스마의 리더? 불도저 스타일의 리더? 어느 쪽이든 확고한 자기 철학과 원칙이 없다면 독재와 독단으로 빠질 수밖에 없는 리더들이다. 덕을 바탕으로 한 신의의 리더십을 보여준 문공, 거기에 낙천성과 유머 감각까지 갖춘 인간적인 문공, 정치에 있어서는 흔들리지 않는 원칙으로 신하들을 이끌었던 문공, 이 정도의 리더라면 어떤 위기든 헤쳐 나가지 않을까? 진나라 백성들은 19년 동안 한시도 문공을 잊지 않았고, 그가 귀국할 무렵에는 너나할 것 없이 암암리에 그가 돌아올 것을 알고 모두가 기뻐하고 있었을 정도로 민심을 얻었던 리더이기도 했다.

리더는 시대의 산물이고, 그 시대는 우리가 만들어간다. 따라서 우리가 원하는 리더는 우리가 길러내야 한다. 즐거운 마음으로 문공 같은 리더를 길러내는 것도 여러 위기를 넘어서는 한 방법이 될 것이다.

위기 상황에서 더욱 빛나는 것이 리더십이다. 문공은 위기 때 필요한 리더십을 고루 갖춘 보기 드문 리더였다. 사진은 패업을 성취한 문공을 나타낸 석상이다.

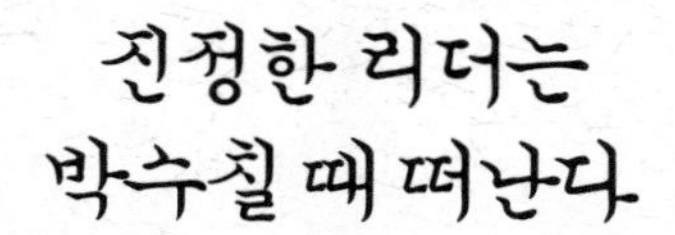

진정한 리더는 박수칠 때 떠난다

리더 자리를 영원히 지킬 수는 없다. 어느 시점에는 물러나야 한다. 리더의 마무리만큼 중요한 것도 없다. 정치에서 마무리를 제대로 하지 못해 자신과 후손은 물론 나라까지 망친 경우가 허다했다.

리더의 마무리는 대개 후계문제로 집약된다. 왕조체제에서 후계는 적장자 계승원칙이었다. 그럼에도 통치자가 말년에 판단력이 흐려져 후계문제를 제대로 처리하지 못해 정변이 터지고, 나라가 위기상황에 처한 경우가 많았다. 진시황 역시 후계문제에 미리 대비하지 않아 진나라 멸망의 원인을 제공했다.

리더는 자신의 퇴진을 두려워해서는 안 된다. 퇴진의 시기와 그 이후를 대비하는 준비를 미리 해두는 쪽이 자신과 조직을 위해 훨씬 좋다. 그러기 위해서는 퇴진이라는 심리상의 불편함과 압박을 극복하는 힘을 길러야 한다. 이와 관련해 초나라 문왕文王이 보여준 현명하고 지혜로운 마무리는 리더의 자기성찰에 도움을 줄 수 있을 것이다.

사후 문제를 지혜롭게 처리한 초나라 문왕

조직의 리더가 자리를 떠나면서 자기 시대의 문제를 다음으로 떠넘기지 않는 것도 큰 리더십이라 할 수 있다. 후계 문제를 비롯해 자신을 보필했던 측근들에 대한 처리 등을 깨끗하게 정리해주고 넘어간다면, 다음 리더가 보다 빠르게 조직을 장악해 리더십을 발휘하는 데 큰 도움이 되기 때문이다.

춘추시대 장강 이남에 초나라라는 강대국이 있었다. 초나라는 당시 중원에 위치한 천자의 나라로 불리는 주나라가 시행한 봉건제도에 따라 각지에 봉해진 제후국들과는 다른 이민족의 나라였다. 그래서 그들은 주나라와 대등하게 최고 통치자를 왕이라 불렀다.*

초나라는 기원전 8세기 후반 무왕武王 때 주변의 소국들을 정벌하면서 강역을 크게 넓혔고, 그 아들 문왕 때는 수도를 영郢으로 옮겨 보다 적극적으로 국력을 신장시켜 나갔다. 무왕과 문왕을 기점으로 초나라는 중원의 강력한 제후국들과 맞서 존재감을 과시했고, 이어 중원의 문물을 적극 수용하는 등 진취적인 기상으로 중원 제후국들과 패권을 다투었다. 이 시기를 전후해 중원의 문화와 장강 이남의 초나라 문화가 활발하게 교류하기 시작했다.

문왕은 기원전 690년부터 675년까지 16년 동안 재위했는데, 그에 대한 기록은 그 업적에 비해 상대적으로 적은 편이다. 『사기』에는

* 중원 제후국들은 주나라 외에는 왕으로 부르지 못하고 공公이라 했다.

천도 사실과 주변 소국에 대한 정벌이 간략하게 기록되어 있을 뿐이다. 그러나 『사기』는 문왕 때 "초나라가 강해져서 장강과 한수 유역의 작은 여러 나라를 괴롭히니 작은 나라들이 모두 초나라를 무서워했다"라고 해 문왕 때 초나라의 위세가 대단했음을 분명하게 언급하고 있다.

문왕에 대한 구체적인 행적은 『사기』보다는 『좌전』을 비롯해 『설원說苑』『여씨춘추呂氏春秋』 등 몇몇 기록에 흩어져서 전하는데, 그 내용이 문왕이 임종을 앞두고 사후 문제를 지혜롭게 처리한 일화여서 눈길을 끈다.

두 신하를 품평하다

중병에 든 문왕은 자신의 죽음을 예감하고는 대부를 불러 이렇게 당부했다.

> 관요管饒는 늘 예의로 나를 단속하고 일정한 틀에다 묶어두려 했다. 그래서 그와 함께 있는 것이 불편했고, 그가 없어도 생각이 나지 않았다. 하지만 그에게서 나는 유익한 것을 적지 않게 얻었다. 나를 대신해 잊지 말고 그에게 작위를 주어라. 신후백申侯伯, 이 자는 내가 하고 싶은 것은 무엇이든 하라고 부추겼고 내가 좋아하는 일은 언제나 미리 안배해두었다. 그와 함께 있으면 늘 마음이 편했다. 어쩌다 못 보게 되면 생각이 났다. 하지만 그 때문에 나는 잘못을 많이 저질렀다. 그러니 반드시 내치도록 하라!

대부는 그러겠노라 약속했다. 그리고는 관요에게는 대부 작위를 주고, 신후백에게는 상당한 재물을 주어 초나라를 떠나게 했다. 신후백은 정나라로 갈 마음을 먹고는 문왕에게 인사를 드리러 왔다. 이 자리에서 문왕은 신후백에게 다음과 같이 충고했다.

> 너는 정말이지 행동을 삼가야 할 것이다! 너는 사람으로서 인의를 추구하지 않고 남의 권력을 탐하려고 한다. 다른 나라에 가거들랑 이런 나쁜 점들은 절대 보이지 않도록 해라.

그러나 신후백은 문왕의 충고를 듣지 않았다. 정나라에 온 신후백은 3년 만에 정나라 국정에 참여할 정도로 출세했지만 그로부터 다섯 달을 넘기지 못하고 피살되었다.

상반된 두 종류의 신하가 공존한 까닭

문왕은 머지않아 세상을 떠날 것임을 알고는 자신을 모셔온 두 신하의 문제를 사전에 처리하려고 했다. 관요는 예의를 중시하는 충직한 신하였기 때문에 문왕은 대부에게 작위를 주도록 안배했다. 이런 방식으로 문왕은 관요에게 상을 준 셈이다. 반면 신후백은 군주의 비위를 잘 맞추는 아부꾼 신하였다. 문왕은 그를 내치게 함으로써 신후백에게 경고를 한 셈이다. 문왕의 경고가 정확했음은 그 뒤의 사실로 분명하게 입증되었다.

그런데 여기서 정작 우리가 주목해야 할 점은 문왕이 진작부터 두 신하의 장단점과 특징을 잘 알고 있었음에도 불구하고 왜 두 사람에 대한 처리를 죽기 직전에서야 해결하려 했는가 하는 것이다. 인간의 정리情理라는 면에서 보자면 문왕이 이렇게 한 데는 나름 까닭이 있다.

먼저 관요를 보자. 관요는 늘 따분한 도덕윤리나 예의규범으로 군왕을 통제하려 했다. 이런 행동은 인정미가 부족하다. 그래서 문왕은 그를 그다지 좋아하지 않았다. 그를 임용해 국가의 대사를 결정하는 일을 맡겼으니 아침저녁으로 그를 대할 수밖에 없고, 따라서 문왕의 개인 생활은 자연 불편해질 수밖에 없었다.

반면 신후백은 군왕에게 아부를 잘하는 인물이었다. 그런 그를 내쳤다면 문왕의 사생활이나 즐거움을 알아서 해결해주는 소위 임금의 마음을 헤아리는 신하를 잃게 되는 것이다.

새는 죽음을 앞두면 그 울음소리가 슬프고, 사람이 죽음을 앞두면 그 말이 착해진다고 했다. 문왕은 병이 위급해지자 대부에게 솔직담백하게 두 신하에 대한 자신의 감정을 밝혔는데, 이는 두 사람에 대한 안배가 이렇게 늦어진 것이 개인적인 감정 때문이었음을 은근히 내비친 것이다. 그러나 이 두 사람에 대한 상반된 처리는 문왕이 역시 현명한 군주임을 보여주는 대목이다.

문왕은 충성스럽고 믿음직한 신하가 나라에 미치는 중요성을 잘 알고 있었을 뿐만 아니라, 아첨배가 나라에 해가 된다는 점도 잘 알고 있었다. 그래서 나라의 대계를 위해 문왕은 살아 있을 때 관요는 대부에 봉하고, 신후백은 내치게 한 것이다.

후대의 평가를 두려워하라

『여씨춘추』 기록에 따르면 문왕은 자신의 사후를 위해 이렇게 안배하면서 관요와 같은 신하를 자신의 집권기에 승진시키지 못하면 후대 성인들이 자신을 욕할 것이며, 신후백과 같은 자를 내치지 못해도 욕할 것이라고 했다. 시비에 대한 문왕의 기준이 아주 분명했음을 알 수 있다. 자신의 자리를 이을 사람을 위해 건강한 정권을 넘겨주려 했음은 물론, 자신의 치세에 대한 후대의 시비평가를 염두에 두고 권력에서 손을 떼기 전에 두 사람 문제를 처리하기로 결심한 것으로 보인다. 요컨대 후대의 평가가 그로 하여금 권좌에서 떠나기 전에 신속히 이 문제를 처리하도록 압박한 것이다.

초 문왕이 임종을 앞두고 처리한 이 사건을 통해 우리는 역사상 군주들이 국정을 잘 처리하길 바라는 것과 동시에 개인적인 쾌락과 편안함을 추구했음을 알 수 있다. 다시 말해 정치를 하면서 사람을 쓰는 용인의 문제에 개인적인 감정이 끼어들어 일반적으로 경멸하는 아부꾼도 기용한 것이다. 하지만 이것으로 문왕을 어리석은 군주로 단정할 수는 없다. 단지 필요성 때문이었을 뿐이다.

이와는 반대로 강직하고 청렴한 사람이 군주의 눈에 들기란 결코 쉽지 않다. 봉건적 전제체제라는 체제 자체가 군주의 핵심적 지위는 침범당하지 않도록 보장하고 있었고, 따라서 군주 개인의 욕망은 일정한 범위 내에서 언제든지 충족이 가능했다. 동시에 이런 체제에서는 통치자의 개인적 감정이 대인관계에 영향을 줄 수밖에 없었다. 그럼에도 불구하고 통치자의 자질이 아주 떨어지는 경우가 아니라면 아부꾼이 통치자로부터 이런저런 혜택을 받기는 하지만 통치자의 존중은 얻어내지 못한다. 청렴한 사람은 청렴 자체를 큰 가치로 생각하기 때문에 심리적으로 통치자의 눈에 들거나 높은 자리를 추구하는 것 자체를 원치 않는다. 그런 사람은 마음 편안하게 자신의 고상한 절개를 지킬 뿐이다.

초 문왕의 사후처리를 통해 우리는 총명하고 능력있는 리더라면 자신이 다스리는 조직의 전체 국면을 두루 살펴서 책임감을 갖고 후대의 평가에 신경을 써야 한다는 것을 알 수 있다. 후대의 평판은 집권자에 대한 역사의 마지막 구속력이자, 총명한 권력자가 가장 두려워하는 것이기도 하다.

깨끗하게 앞길을 치워주는 마무리의 리더십

리더는 그 자리가 힘이다. 웬만한 자기 절제력 없이는 각종 유혹에 빠지기 쉽다. 리더라는 자리 자체가 그 같은 유혹에 별다른 제재 없이 손쉽게 접근할 수 있도록 해주기 때문이다. 사회적 통념도 그에 대해 상당히 너그러운 편이다. 이 때문에 리더라는 자리가 주는 특권적·배타적 유혹에서 벗어나기란 결코 쉽지 않다. 그래서 자리에서 물러나면서도 조직 곳곳에 자기 사람을 심어두고 수렴청정을 하려 드는 리더들이 적지 않다. 그 때문에 조직의 갈등과 모순이 증폭되고, 결국에 가서는 조직 전체가 와해되는 경우를 심심찮게 보게 된다. 우리 기업에서 흔히 나타나는 경영권 분쟁이나 재산 다툼 등이 다 이런 범주에 들어간다.

사마천은 『사기』 곳곳에서 리더의 사리분별을 특별히 강조하고 있다. 사리분별이야말로 깔끔한 마무리를 위해 리더가 갖추어야 할 기본 자질이다. 중국 역사상 유일무이한 여성 황제로 군림했던 무측천武則天은 자신의 통치 기간 내내 군자와 소인을 함께 기용하는 아주 특별한 용인술을 선보였다. 나라를 다스리기 위해서는 깨끗한 인품의 군자가 필요했고, 자신의 개인적 욕구를 충족시키기 위해서는 소인배들이 필요했다. 무측천은 이 두 가지를 모두 충족시키기 위해 절묘하게 군자와 소인을 함께 기용하는 통치술을 발휘했다. 무측천 역시 사리를 분별할 줄 알았기 때문에 보기에도 아슬아슬한 이런 용인 정책을 잘 수행할 수 있었던 것이다. 리더의 균형감각이기도 하다.

리더는 성인군자가 아니다. 피가 끓고 혈기왕성한 인간이다. 놀이도 있어야 하고 스트레스도 풀어야 한다. 하지만 자신이 이끄는 조직과 개인의 취향·기호는 명확하게 구별할 줄 알아야 한다. 공사구분이 안 되는 리더는 예외 없이 실패했다. 또 자기 당대에는 그럭저럭 넘어갈 수 있을지는 몰라도 후대의 평가가 기다리고 있다는 사실을 잊어서는 안 된다. 후대의 평가를 무시한 리더가 남긴 악영향은 그 여파가 대단히 컸다. 그 자리의 크기만큼 후대에 나쁜 선례와 악영향을 남겼다. 무측천이 죽기 전에 정권을 다시 당 왕조의 이씨들에게 넘겨주고, 자신의 무덤 앞에 세울 비석에다가는 한 글자도 새기지 않도록 당부한 것도 그녀 자신에 대한 후대의 평가를 무척이나 두려워했기 때문이다.

좋은 리더는 마무리에 최선을 다해야 한다. 적어도 다음 리더가 자신이 저질러놓은 문제들에 치여 귀중한 시간을 허비하게 해서는 안 되기 때문이다. 보다 나은 리더십을 발휘할 수 있도록 깨끗하게 앞길을 치워주는 마무리의 리더십이야말로 어떤 리더십 못지않게 훌륭한 리더십이라 할 수 있다.

리더의 깔끔한 마무리는 조직의 신진대사를 촉진해 조직 전체를 활기차게 만드는 거름 역할을 한다. 초나라 문왕이 발휘한 깨끗한 마무리 덕분에 초나라는 강대국으로서의 면모를 오랫동안 유지할 수 있었다.

역대로 논쟁이 끊이지 않고 있지만 후대의 평가를 두려워해서 뒷일을 확실하게 마무리했던 문왕이나 무측천의 리더십은 충분히 본받을 만하다. 사진은 무측천의 무자비다.(후대에 글을 새겼기 때문에 지금은 비문이 남아 있다.)

5장

중국 역사 속 제왕의 리더십

한 나라, 특히 세습제에 기반을 두고 수천 년 동안 존속했던 왕조체제에서 정권을 이끌었던 최고 통치자 제왕의 리더십은 역대로 큰 관심의 대상이었다. 말하자면 리더십의 고전과 같다고 할 수 있다. 3천 년 통사 『사기』에 등장하는 제왕도 수백 명에 이른다. 성공한 제왕, 실패한 제왕, 후대에 오랫동안 큰 영향을 남긴 제왕, 백성들의 깊은 사랑을 받은 제왕, 포악한 제왕, 음탕한 제왕, 나약한 제왕, 나라를 세운 제왕, 나라를 망친 제왕, 나라를 멸망으로 이끈 망국의 제왕 등 천태만상이다.

사마천은 '본기' 12편을 통해 집중적으로 제왕이라는 최고 리더의 리더십 문제를 거론하고 있다. 이에 3천 년 통사 『사기』에 족적을 남긴 제왕들의 다양한 리더십을 논의해 보고자 한다. 조직과 기업을 이끄는 리더들에게 유용한 영감과 통찰력을 제공했으면 하는 바람이다.

5장에 소개되는 제왕들은 사마천이 이상적 리더로 추앙한 요, 순을 비롯해 다양하다. 아버지의 실패와 고난을 극복해 자기만의 리더십을 수립해 순으로부터 임금 자리를 양보받은 대우, 법이 아닌 덕으로 민심을 얻어 상나라를 세운 탕 임금은 고대 제왕의 리더십의 전형을 보여준다.

권력 기반이 미미했던 상나라 무정武丁은 3년 동안 침묵하며 나라 안팎의 형세를 살핀 끝에 꿈을 빌려 자신이 원하는 인재를 발탁하는 놀라운 리더십을 보여주었다. 무정은 상황에 따라 필요하다면 리더는 '쇼'라도 할 수 있어야 한다는 점을 잘 보여준다.

역사 속 제왕의 리더십이 오늘날 리더들에게 주는 선물 가운데 하나는 성찰의 필요성이다. 리더십을 제대로 발휘하지 못해 나라를 멸망으로 이끈 리더들이 적지 않았기 때문이다. 상나라를 망국으로 이끈 주紂 임금의 리더십를 비롯해 주변의 충고를 무시하고 간신들의 말만 듣다가 쫓겨난 주 여왕厲王, 간신히 재기했으나 리더십을 계속 유지하지 못해 중흥에 실패한 주 선왕宣王의 사례는 조직과 기업을 사사로운 욕심을 채우는 대상으로만 여기는 리더들에게 반면교사가 되기에 충분할 것이다.

주 문왕과 그 아들 무왕의 리더십은 인내와 기다림의 중요성을 일깨워준다. 리더는 때가 아니면 기다릴 줄 알아야 한다. 고난의 시기에는 인내해야 한다. 섣불리 공세적인 경영을 고집하거나 상황이 조금 유리하다고 무턱대고 상대를 공격하다가 역공에 시달리는 리더들은 이 두 사례를 잘 살펴야 할 것이다.

왕족으로 조카 성왕成王을 보좌하며 주나라 초기 정권을 주도했던 주공周公 단旦의 리더십은 많은 것을 생각하게 한다. 얼마든지 실권을 행사할 수 있는 상황이었고, 또 그럴 만한 자격과 능력이 있었음에도 주공은 섭정이 끝나자 두말 없이 조카 성왕에게 권력을 돌려주었다. 힘을 가지면 휘두르고, 휘둘러 힘을 확인하면 그 힘을 계속 가지고자 하는 권력과 권력자의 속성과 함정에 빠지지 않고 경계를 지켜내는 리더십을 주공 단에게서 배우게 된다. 그런 점에서 5장은 모두 10명의 제왕들이 보여주는 리더십과 그 의미가 경영과 조직관리에 어떤 교훈과 통찰력을 줄 수 있을지 논의해보는 마당이라 할 수 있다.

백성들이 갈망한 이상적 리더인 요, 순

백성들과 함께 꿈(염원)을 꾸는 '덕의 리더십'을 갖춘 리더, 이것이 수천 년 보통 사람들이 꿈꾸어 왔던 이상적 리더상이었다. 경영을 책임진 리더 역시 이와 다를 바가 전혀 없다.

사마천의 『사기』는 첫 장부터 리더와 리더십에 관한 논의로 시작된다. 『사기』 130권의 첫 권은 「오제본기」다. 오제五帝란 전설 속 다섯 제왕을 말한다. 중화 민족의 시조로 추앙받는 황제黃帝를 시작으로 전욱顓頊 – 제곡帝嚳 – 요堯 – 순舜으로 이어지는 전설 속 다섯 제왕에 대한 기록인 셈이다. 대체적으로 전설 속 제왕들로 보고 있기 때문에 지금까지 그 사실 여부를 놓고 논쟁이 끊이질 않고 있다.

그러나 그 내용만을 파고 들면 첫 편 「오제본기」의 요점은 백성들이 가장 바라는 이상적 리더상이란 어떤 모습인가로 귀착된다. 사마천은 힘없고 의지할 데 없는 백성들의 간절한 염원을 『사기』 첫 편에 고스란히 반영했다. 『사기』를 리더와 리더십의 보물 창고라 부를 수 있는 이유도 사마천이 제시하는 리더의 모습과 리더십이 지금 우리의 문제와 절박하게 닿아 있기 때문이다.

「오제본기」는 이른바 '요, 순 시대'를 반영하고 있다. '요, 순 시대' 하면 흔히 태평성세를 대변하는 용어이자 가장 바람직한 리더와 리더십을 대변하는 단어로 알려져왔다. 요, 순으로 대표되는 「오제본기」의 다섯 리더들이 대체 어떤 모습이고, 또 어떤 리더십을 발휘했기에 수천 년 동안 유토피아처럼 인식되어왔을까? 그리고 그 리더들의 모습과 리더십이 오늘날 우리에게 던지는 메시지는 무엇일까? 참고하거나 배울 만한 것이 있을까? 이들의 모습을 통해 지금 우리 사회의 리더들이 어떤 모습을 하고 있는지 되돌아볼 일이다.

성군聖君으로 추앙받는 오제는 그 실존 여부와는 관계없이 백성들의 목소리에 귀 기울이고耳, 말을 가려서 하는口, 통치자王의 이상적 모델을 상징한다. 말하자면 오제에 대한 사마천의 리더관은 '성聖=耳+口+王'으로 대변되고 있다. 요, 순의 권력계승, 즉 선양을 나타낸 벽돌그림이다.

좋은 리더와 나쁜 리더

「오제본기」에 등장하는 다섯 리더란 말한 바와 같이 황제 – 전욱 – 제곡 – 요 – 순이다. 멀고 가까운 차이는 있지만 이들은 1조인 황제와 약 7대에 걸친 혈연관계에 있는 것으로 나온다. 사마천은 이들 다섯 리더들의 특징을 비교적 상세하게 기록하고 있다. 말하자면 리더로서의 자질, 즉 리더십을 소개하고 있는 것이다. 먼저 알기 쉽게 이들 다섯 리더들의 리더십을 표로 만들어보았다.

이름	리더십 항목	권력계승 방법
황제	견문, 사리분별, 덕, 사랑, 경청, 관찰, 근검절약, 존망의 이치 탐구, 거처없이 떠돎	손자에게 계승
전욱	침착, 지략, 사리분별	조카에게 계승
제곡	은덕, 이타, 세심한 관찰력, 백성의 절박한 요구를 잘 헤아림, 인자+위엄, 은혜+신의, 절약, 고상한 인품과 덕, 깨끗한 자기 수양, 평민 복장	작은 아들에게 계승
요	인자, 지혜, 친근, 겸손, 덕, 화목, 공명정대, 다양한 인재 기용, 정확한 평가	민간에서 순을 발탁해 선양함
순	치국의 방법 설파, 신중한 법집행 강조, 고의적 범죄와 중범은 엄벌, 정치 실적에 따른 엄정한 상벌, 끊임없는 업무 순시, 노동과 상업 종사, 다양하고 체계적인 인재 등용, 사방의 민의 파악, 덕정, 충고 수용, 아첨꾼을 멀리함	치수에 공을 세운 우에게 선양함

오제의 리더십에서 일단 주목되는 것은 기록의 양이 상대적으로 적은 전욱을 제외한 나머지 4명의 제왕들에게 공통적으로 '덕德'이라는 리더십이 발견된다는 점이다. 기타 항목들은 추상적인 개념부터

상당히 구체적인 것까지 다양하다. 그런데 이런 리더십 항목들이 오늘날 리더에게도 그대로 적용될 수 있을 뿐만 아니라, 또 어느 경우에는 적극적으로 적용해야 한다는 점에서 시사하는 바가 적지 않다. 사마천은 이런 리더십을 갖춘 리더나 이를 실천하려 한 리더를 좋은 리더, 즉 이상적인 리더로 본 것이다.

그렇다면 이런 좋은 리더의 대척점에 있는 나쁜 리더에 대한 언급은 없을까? 당연히 있다. 오제 가운데 가장 이상적 리더로 꼽히는 요의 리더십을 언급하면서 사마천은 요가 "부유했으나 교만하지 않았고, 존귀했으나 거드름을 피우거나 오만하지 않았다"고 기록했다. 그렇다면 나쁜 리더란 '교만하고 거드름 피우고 오만한' 자라는 의미다. 이밖에도 부정적 리더와 리더십에 대해서는 상호 공격, 백성을 못살게 구는 행위, 비방, 불효, 불화, 부도덕, 사심邪心, 표리부동, 무능 등을 꼽고 있다.

'덕'의 리더십을 갈망하다

오제에게서 공통적으로 나타나는 '덕'은 어떤 리더십인가? 지금 우리 사회의 리더들에게 가장 부족한 리더십으로 많은 사람이 '덕'을 꼽고 있을 정도로 '덕'의 리더십에 굶주려 있음에도 불구하고 그 정확한 의미에 대해서는 잘 모르는 편이다. 오제에게서 나타나는 다른 리더십 항목들을 종합적으로 검토해볼 때, '덕'이란 무엇보다 '각박하지 않음'을 전제로 한다. 각박한 리더를 백성들은 가장 멀리 했다는 말이다. 그런 다음 백성들의 마음을 잘 헤아려 어루만질 줄 아는 어진 정치를 희망했다.

'덕'을 전제로 한 리더에게 다음으로 발견되는 공통된 리더십은 널리 보고, 듣고, 세밀히 관찰하고, 백성들의 목소리에 귀를 기울이는 등 실질적인 경험에서 나오는 '사리분별력'이다. 다른 표현으로는 '식견識見'이다. 이 식견을 바탕으로 존망의 이치와 치국의 방법을 설파하는 단계로까지 발전하게 되는 것이다. 이것이 쉬저윈 선생이 말한 미래를 예견하는 식견이다. 이런 리더는 꿈과 비전을 갖기 마련이다. 이것이 고차원의 통치 철학이다.

이 단계에 이른 리더의 통치는 더이상 훈수가 필요 없다. 그 나머지는 리더의 개성에 따라 다양한 통치 행위나 정책으로 나타날 것이고, 백성들은 리더가 있는지조차 잊은 채 자신의 생업에 열중하면 되는 것이다. 이것이 바로 사마천과 백성들이 갈망한 '요, 순 시대'요 '이상향utopia'이었다.

이상적 리더상은 꿈인가?

「오제본기」의 첫 주인공인 황제에 대해 사마천은 '널리 보고 들어서 사리분별이 분명하고, 열심히 생각하고 실천하며, 청취하고 관찰한' 리더로 묘사하고 있다.

제곡의 경우는 '눈귀가 밝아 백성의 절박한 요구를 잘 알았으며, 자신의 이익이 아닌 덕으로 남을 이롭게 한' 리더로 묘사했다. 또 요는 '관리들에게 형벌 집행에 신중을 기하라고' 거듭 강조했으며, 민간에서 순을 발탁해 상당 기간 훈련시킨 다음 자리를 잇게 하는 이상적 권력 이양인 '선양禪讓'을 실천했다. 순 역시 아들이 아닌 치수 사업을 비롯해 나라 발전에 이바지한 우禹에게 권력을 넘겨주었다. 자기 아들이 아닌 민간인 순에게 자리를 물려주면서 요는 이렇게 말했다.

한 사람의 이익을 위해 세상 사람 모두가 손해 볼 수는 없지 않은가?

하나같이 현실과는 거리가 먼 전설 속에서나 나올 법한 리더의 모습이라고 할 수 있다. 그래서 역대로 세상에 그런 리더가 어디 있냐는 핀잔이 따르기도 했다. 하지만 사마천은 이 리더들의 유적지를 직접 탐방한 다음, 다른 곳들과는 달리 오제의 유풍이 남은 곳은 풍속이나 교화의 수준이 높았다고 지적했다. 이는 훌륭한 인물이 남긴 정신문화의 전통과 유풍이 갖는 부가가치를 언급한 것이자, 그런 훌륭한 리더에 대한 향수를 반영한 것이다.

한편 실질적으로 『사기』의 맨 마지막 권에 해당하는 권129 「화식열전」에서 사마천은 리더의 통치 행태를 다음과 같이 몇 등급으로 나눈 바 있다.

1등급 자연스러움을 따르는 정치, 즉 순리順理의 정치로 사마천은 이를 '선자인지善者因之'라 했다.

2등급 이익으로 백성을 이끄는 정치, 즉 백성을 잘 살게 만드는 정치로 '이도지利道之'라 한다.

3등급 백성들이 깨우치도록 가르치는 정치, 즉 훈계형 정치로 '교회지敎誨之'라 한다.

4등급 백성들을 일률적으로 바로잡으려는 정치, 즉 위압 정치로 '정제지整齊之'라 한다.

그런데 이것이 다가 아니다. 사마천은 여기에 가장 낮은 등급을 하나 더 꼽았는데, 바로 '가장 못난 정치란 백성들과 다투는 정치다(최하여지쟁最下與之爭)'라는 것이었다. 어쩌면 사마천은 가장 나쁜 정치를 통해 '덕의 리더십'을 갖춘 이상적 리더의 모습을 부각시키려 했는지도 모를 일이다.

『사기』에서 제왕의 기록인 '본기'의 전반부 몇 권은 사마천이 상제上帝(하늘)의 마음을 빌려 백성의 희망을 대신 표출한 것이다. 사마천은 어질고 덕 있는 리더를 추대하려는 백성들의 마음을 붓을 들어 그들 대신 표현했다. 반면 백성에게 고통을 주는 나쁜 리더에 대해서는 붓으로 매질을 가했다. 백성들이 마음으로 그리는 유토피아에 대한 추구를 대신 그린 것이고, 그것은 또한 사마천 자신의 염원이기도 했다.

백성이 꿈을 갖게 해주는 리더

자신의 입으로 직접 왕조 교체나 나쁜 통치자를 내쫓자고 할 수 없는 상황에서 사마천이 백성의 희망을 빌려 『사기』의 첫 시작으로 삼은 것은 대단히 의미심장하다. 백성의 희망과 의지를 상제의 그것으로 치환시키는 절묘한 안배도 간과해서는 안 된다.

특히 '선양'의 고사는 바로 이 의지의 극적인 표현으로 읽어야만 한다. 사마천은 『사기』 첫 권에서 제왕의 교체를 아름답고 이상적으로 묘사했을 뿐만 아니라, 이 선양을 제후의 기록인 '세가' 첫 권인 「오태백세가」에서 재연시키고, 나아가서는 '열전'의 첫 권인 「백이열전」으로까지 연장시키는 강한 집착을 보이고 있다.

사마천이 그리고 있는 전설시대 제왕의 교체, 즉 '선양'은 덕 있는 리더에게 권력을 이양한다는 기본적인 사실관계를 따르고 있지만, 그 붓끝 아래에 흐르고 있는 것은 권력과 리더의 본질을 통찰한 생명력 넘치는 감동적인 인식이며, 그 출발점에는 백성이 진심으로 갈망하는 희망의 불꽃이 반짝이고 있는 것이다.

현실과 이상이라는 두 마리 토끼를 다 잡아야 한다. 좋은 리더라면, 좋은 리더가 되고 싶다면 이를 숙명처럼 받아들여야 한다. 꿈(이상, 비전)이 없는 리더가 가장 비참한 리더이며, 그런 리더를 가진 백성들이야말로 가장 슬픈 존재들이지 않겠는가? 그리고 그 꿈은 고스란히 백성들을 향해 있어야 한다. 백성들의 꿈(염원)을 실현시켜주기 위해 백성들과 함께 꿈을 꾸는 '덕의 리더십'을 갖춘 리더, 이것이 수천 년간 보통 사람들이 꿈꾸어왔던 이상적 리더상이었다.

이것이 정녕 불가능하다고 말하는 사람이 있다면 그는 분명 꿈을 잃었거나 포기한 사람일 것이다. 백성들이 그토록 갈망하는 리더가 그저 꿈으로만 머물러야 할 이유도 없지 않은가? 경영을 책임진 기업의 리더 역시 이와 다를 바가 전혀 없다.

고난과 실패를 극복한 대우의 리더십

"우 임금은 나와는 하늘과 땅만큼 차이가 나는 분이다. 평소 옷은 검소하게 입으시되 제사 때 예복은 제대로 차려 입으셨으며, 집은 작게 짓고 사시되 물길을 만드는 데 온 힘을 기울이셨다." — 공자

중국 사람들은 자신들을 '중화中華' 또는 '화하華夏' 민족이라고 한다. 세상의 중심에서 피어난 꽃이란 뜻의 '중화'는 '중국中國'과 마찬가지로 자신들의 존재를 과시하기 위한 다소 과장된 표현이다.

그런데 '화하'는 이밖에 다른 의미를 내포하고 있다. 여름 '하夏'는 중국 역사상 최초의 왕조로 기록되어 있는 '하' 왕조를 가리키며, 보다 구체적으로는 하 왕조의 첫 왕인 '우禹' 임금을 염두에 둔 개념이기도 하다.

중국인들이 전설시대 염제炎帝(신농씨)와 황제黃帝에 빗대어 자신들을 '염황 자손'으로 자처하면서 동시에 하 왕조의 시조 우 임금을 염두에 두고 '화하' 민족이라고 하는 것은 얼핏 자기모순처럼 보인

다. 그러나 이는 현재 중국 대륙에 살았던 모든 종족을 하나의 중국으로 묶으려는 2천 년 전통의 '일통一統' 관념에서 비롯된 것으로 중국인들에게는 전혀 이상할 것이 없다.

하우를 뛰어넘어 대우로 각인되다

우 임금에 대한 인식과 전설은 어제오늘 생겨난 것이 아니다. 지금으로부터 약 2,600년 전 서주 중기부터 생겨났다. 『사기』를 비롯한 각종

상고시대 제왕들은 수천 년 동안 중화민족의 시조이자 이상적 리더로 추앙되어왔다. 사진은 정주 황하풍경구 입구에 조성되어 있는 거대한 염제와 황제의 석상이다.

고대 전적에 우에 대한 기록과 청동기에 새겨진 명문 등에 근거할 때 우는 상고시대 가장 모범적인 통치자로 묘사되어 있고, 이에 주목한 후대인들이 그와 관련한 다양한 전설과 기록들을 양산했던 것이다.

그 결과 우는 통치계급은 물론 민중들의 뇌리에 '하우'를 뛰어넘어 '위대한 우 임금'이란 뜻의 '대우'로 각인되어 지금에까지 이르렀다. 그런데 우 임금이 이렇듯 수천 년에 걸쳐 중국인들 마음속에 위대한 리더로 자리 잡은 까닭은 물론 통치계급의 정치적 목적이 크게 작용했기 때문이다. 하지만 그런 정치적 색채를 걷어내고 리더로서 우 임금의 행적 자체만을 놓고 보더라도 그가 보여준 리더십은 음미해볼 만한 가치가 충분하다.

부지런함의 대명사인 '우보'

우 임금에 관한 기록이나 전설들을 종합해보면 그는 말 그대로 '부지런함'의 대명사였다. 4천 년 전 리더십 대논쟁에서 보았다시피, 그는 '매일 부지런히 일하는 것만 생각하고 있을' 정도로 자신의 일에 열중했다. 또 일 때문에 결혼한 지 4일 만에 집을 떠나는 바람에 아들 계啓가 태어나는 것도 보지 못했다고 한다. 얼마나 일을 했던지 정강이 털이 다 닳아 없어졌고, 머리를 묶는 비녀나 모자가 땅에 떨어져도 허리를 굽혀 주울 수조차 없었다.

이 때문에 '우'의 부지런함을 상징하는 표현인 '우보禹步'라는 단어까지 생겨났다. '우보'란 말 그대로 '우의 걸음걸이'라는 뜻이다. 이 걸음걸이에 대해서는 역대로 수많은 학자들이 이런저런 해석을 내려왔는데, 'Y'자 모양의 걸음걸이라는 견해가 비교적 우세한 편이다. 즉 앞을 향해 걸을 때 그 걸음걸이가 'Y' 모양처럼 괴상했다는 것이다. 심한 팔자걸음으로 보면 되겠다.

그런데 '우보'라는 괴상한 걸음걸이는 타고난 것이 아니라 우가 10년 넘게(아버지를 따라다닌 시간을 합치면 거의 반평생) 천하를 누비고 다닌 결과였다. 그는 아버지 곤鯀의 뒤를 이어 전국의 치수사업을 담당했는데, 전국 각지를 돌며 산천지세를 살피느라 단 하루도 편히 쉬지 못하는 극심한 과로에 시달렸고, 그 때문에 다리에 병이 생겨 그런 이상한 걸음으로 걷지 않으면 안 되었던 것이다. 그는 앞서 소개한 리더십 대토론에서 자신이 산천을 누비고 다닌 상황에 대해 이렇게 말한 바 있다.

> 저는 육로는 수레를 타고 다녔고, 수로는 배를 타고 다녔으며, 진창길은 썰매를 타고 다녔고, 산은 바닥에 쇠를 박은 신발을 신고 다녔습니다.

그렇게 하길 13년이었다. '우보'는 13년 동안 부지런히 일한 결과에 대한 마음 아프지만 자랑스러운 선물이었다. 이렇게 '우보'는 '우보의 리더십'이라고 해서 부지런하고 위대한 우 임금 '대우'를 상징하는 용어로 정착했다.

기다림의 리더십인 '노신초사'

우 임금은 리더십 대토론에서 보았다시피 순에 의해 후계자로 지명되어 천자 자리에 올랐다. 그는 치수사업의 성공으로 그 공을 인정받아 대권 후보군에 합류해 비교적 순조롭게 천자 자리를 계승한 것처럼 보이지만 실상은 결코 그렇지 않았다.

사실 우는 치수사업을 담당한 이래 13년 동안을 '노심초사'하며 살았다.* 「하본기」는 이런 그의 생활을 다음과 같이 기록하고 있다.

> 우는 아버지가 치수사업 실패로 처벌받은 것을 한으로 여겨 '노신초사' 부지런히 일만 하느라 집밖에서 13년을 지내는 동안 자기 집 앞을 지나면서도 감히 들어가지 못할 정도였다.

기록에 따라서는 우가 외지 생활 13년에 세 번이나 집 앞을 지났지만 차마 들어가지 못했다고도 한다. 여기서 '삼과가문이불입三過家門而不入' 또는 '삼과불입三過不入'이란 유명한 고사가 나왔다. 그렇다면 우는 왜 13년 동안 이런 생활을 했을까? 결혼 4일 만에 집을 나와 13년 동안 외지를 떠돌며 아들이 태어나는 것을 못 보고, 세 번이나 집 대문 앞을 지났으면서 잠깐 동안도 머물지 못한 데는 무슨 속사정이 있을까?

* 「하본기」에는 '노신초사勞身焦思'로 나온다.

이에 대한 단서는 위에 인용한 『사기』에서 찾을 수 있다. 즉 아버지 곤이 치수사업에 실패해 처벌을 받았다는 대목이다.

「오제본기」에 따르면 요 임금 말기에 '홍수가 하늘까지 넘쳐' 백성들이 큰 피해를 입는 재난이 발생했다. 요는 물을 다스릴 수 있는 인재를 수소문했고, 사방 제후들을 관장하는 사악四嶽은 일제히 곤을 추천했다. 요는 곤이 '명령에 복종을 잘 하지 않고 동족 간의 친목을 해치는' 인물이라는 이유로 반대했으나 사악은 치수에 관한 한 그만한 인재가 없다며 재차 곤을 추천했다. 요는 사악의 말에 따라 곤에 치수사업을 맡겼다.

그러나 곤의 치수는 9년이 지나도록 별다른 효과를 보지 못했고, 그 사이 순이 요에 의해 계승자로 지명되었다. 순은 각지를 순시하다가 곤의 치수가 성과를 내지 못하고 있음을 발견하고는 곤을 우산羽山으로 추방해 그곳에서 죽게 했다.* 그런데 순은 곤이 하던 치수사업을 아들 우에게 계속 맡겼다.

사실 정치와 권력이란 측면에서 보자면 이 과정에는 눈에 드러나지 않는 치열한 권력 암투가 있었다. 당초 요 임금은 치수사업 등을 통해 상당한 민심을 얻고 있던 곤을 기용하길 꺼렸다. 고분고분하지 않은 그보다는 효성으로 이름난 무난한 성격의 순이 후계자로 적합하다고 판단했기 때문이다. 순 역시 곤의 존재가 껄끄럽긴 마찬가지였다. 그래서 후계자 수업을 받는 중에 치수 실패를 이유로 곤을 추

* 일설에는 곤을 우산에서 처형했다고 한다.

하 왕조의 시조 우 임금은 정쟁으로 아버지를 잃는 아픈 경험을 극복하고 위대한 리더로 우뚝 선 인물로 후대에 깊은 인상을 남기고 있다. 사진은 13년 동안 백성들과 함께 치수사업에 종사한 대우를 그린 그림이다.

방해 죽게 함으로써 잠재적 대권 경쟁자를 제거한 것이다. 그리고는 화근이 될 수 있는 그 아들 우에게 다시 치수사업을 맡기는 놀라운 정치적 수완을 발휘했다.

이런 상황에서 우의 행보는 제한적일 수밖에 없지 않았겠는가? 그래서 기록에도 13년을 '노신초사'하면서 세 번이나 집 앞을 지나면서도 들어가지 못했다고 한 것이다. 우는 13년을 기다린 것이다. 그러나 그는 13년을 그냥 기다린 것이 아니라 묵묵히 치수사업에 열중하면서 천하의 정세를 살폈다. '우보의 리더십'과 '노신초사, 기다림의 리더십'은 권력투쟁의 와중에 아버지의 죽음을 지켜보면서 우가 택할 수 있었던 불가피한 최선의 선택에 다름 아니었다. 이후 우가 보여준 리더십의 이면에는 이런 복잡한 배경이 있었다.

아버지의 실패에서 소통의 리더십을 체득하다

우는 아버지 곤鯀의 치수사업을 물려받았는데, 아버지는 치수 실패에 따른 책임을 지고 우산羽山으로 추방되었다가 그곳에서 처형당했다. 곤의 죽음은 당시 요 임금에 의해 후계자로 지명된 순의 정치적 의지가 반영된 결과였다. 말하자면 잠재적 대권 경쟁자였던 곤을 치수사업의 실패를 구실로 제거한 것이다. 게다가 순은 치수사업의 다음 책임자로 다른 사람이 아닌 곤의 아들인 우에게 계속 맡겨서 자신의 감시 하에 두는 고도의 정치력을 발휘했다.

이렇듯 아버지의 비극적인 죽음과 순의 정치적 견제 속에서 우는 장장 13년 넘게 집을 떠나 노심초사 자신을 드러내지 않으면서 치수사업에만 전념했다. 이 13년 동안 세 번씩이나 자기 집 앞을 지나면서도 집 안으로 들어가지 못했으며, 결혼 4일 만에 집을 떠나는 바람에 태어난 아들의 얼굴도 보지 못했다는 전설들이 전해온다는 것은 앞서 소개한 대로다.

우는 치수사업을 성공시켜야만 하는 압박과 순의 극심한 정치적 견제 속에서 리더로서의 자질을 키우며 마침내 순 임금으로부터 대권을 물려받고 하 왕조를 건국하게 된다. 이 과정에서 우는 엄청난 인내심으로 자신의 리더십을 단련시켰다.

우는 아버지의 치수사업을 재점검하면서 먼저 아버지가 실패한 원인을 찾았다. 그 결과 아버지 곤은 물길을 제방으로 막아서 넘치지 못하게 하는 봉쇄를 사업의 기조로 삼았고, 이것이 실패의 결정적 원인이었음을 확인했다. 제방을 제아무리 높고 튼튼하게 쌓아도 하늘에서 내리는 비의 양을 예측할 수 없는 한 언제까지고 홍수를 막을 수는 없었다. 실패의 원인을 확인한 우는 봉쇄가 아닌 소통의 방법을 택했다. 즉 큰 물줄기 사이로 작은 물줄기를 여러 갈래 만들어서 물이 고루 흘러나가도록 하는 방법을 선택함으로써 황하의 홍수를 다스린 것이다. 물은 흐를 때 제 역할을 하고, 그것이 가장 자연스러운 이치라는 점을 통찰했다. 그 결과는 대성공이었다.

그런데 이 과정에서 우는 치수의 방법보다 더 큰 것을 체득했다. 제방으로는 물줄기를 영원히 막을 수 없다는 것과, 막기보다는 터주는 것이 훨씬 힘도 덜 들고 효율적이라는 사실에서 백성들의 민심 또한 그와 같다는 것을 알게 된 것이다. 13년 넘게 외지에서 백성들과 삽과 괭이를 들고 함께 노동하면서 온몸으로 이 이치를 체득한 것이다.

사실 우는 13년을 넘게 노신초사하며 힘겨운 노동과 극심한 정신적 스트레스로 몸은 바짝 마르고 목은 가늘어졌다. 입은 새부리처럼 뾰족해졌고, 다리에는 무좀과 마비 증상 등 각종 질병이 생겨 걸음걸이가 불편해졌다.* 정강이 털은 다 빠져 더이상 자라지 않게 되었고, 허벅지에는 살이 남아 있지 않게 되었다. 하지만 그는 아버지의 실패를 거울삼아 '멸사봉공滅私奉公'의 자세로 민심과 소통함으로써 민심을 얻는 가장 보람 있는 성과를 거둘 수 있었다.

'문과즉희'와 '오읍'

치수사업의 성공과 민심의 향방을 확인한 순 임금은 대세가 우에게로 기울어졌음을 확인하고는 아들이 아닌 우에게 대권을 넘겼다. 대망의 권좌에 오른 우 임금은 최고 리더가 된 다음에도 백성들의 생활을 살피기 위해 틈만 나면 논밭에서 시간을 보냈으며, 조정의 일은 유능한 인재들을 초빙해 위임했다. 인재를 초빙하는 과정에서 우 임금은 한 끼 식사를 하다가 찾아온 인재를 맞이하느라 열 번이나 먹던 음식을 뱉었다고 할 정도로 겸손하고 열정적이고 개방적인 자세로 인재들을 발탁했다.**

우 임금은 13년이 넘는 치수사업 때의 경험을 바탕으로 백성의 의

---

* 앞서 말한 바와 같이 여기서 'Y'자 모양의 '우의 걸음걸이'라는 '우보禹步'라는 용어가 생겨났다.

** 이 전설은 흔히 '일반십토一飯十吐'라는 고사성어로 전해진다. 또 이 전설은 훗날 주나라를 건국하는 데 큰 공을 세운 주 무왕의 동생 주공周公이 식사하다가 손님을 맞느라 세 번이나 먹던 음식을 뱉어내고 달려나왔다는 '일반삼토一飯三吐'의 고사와 목욕 도중 손님을 맞느라 세 번이나 감던 머리카락을 움켜쥐고 나왔다는 '일목삼착一沐三捉'이란 고사성어의 오리지널 버전이다.

견을 제대로 청취하기 위해 '오음五音'이란 여론 청취 방법을 생각해 내 그것을 실천에 옮겼다. 오음이란 다섯 종류의 악기 소리를 뜻하는데, 이 다섯 종류의 악기를 궁궐 문에 걸어 놓고 자신에게 할 말이나 정책을 건의하러 온 사람들과 인재들을 맞이했다고 한다. 오음의 종류와 그 역할은 다음과 같았다.

1) 고鼓(북) : 자신에게 이치를 가르치려 할 경우 두드리는 악기
2) 종鐘(종) : 의로운 행위가 무엇인가를 말해주고 싶을 경우 치는 악기
3) 탁鐸(방울) : 잘 모르고 있는 일들을 알려줄 경우 흔드는 악기
4) 경磬(경쇠) : 걱정하고 있는 급한 일을 알리려는 경우에 치는 악기
5) 도鞀(손잡이가 긴 흔드는 북) : 진행 중인 소송에 대해 말하려는 경우 흔드는 악기

요, 순 때는 신문고申聞鼓나 비방목誹謗木 따위를 궁문 앞에 세워놓고 누구나 억울한 일을 호소하거나 통치자의 잘못을 지적할 수 있게 했다. 언로를 활짝 열어 백성들의 충고와 여론에 귀를 기울이고, 그 여론에 따라 통치자 자신의 행동을 점검한 것이다.

공자의 제자들 중 자로子路는 성격이 급하고 강직했지만 누구든 자신의 잘못을 지적해주면 그렇게 기뻐했다고 한다. 우 임금 역시 마찬가지였다. 여기서 '문과즉희聞過則喜'라는 고사성어가 나왔다. '오음'을 통해 백성들의 마음을 헤아리려 했던 우 임금의 리더십은 지금 보아도 대단히 참신하다.

대우의 리더십이 위대한 이유

우 임금은 백성들을 제 몸 같이 아꼈다. 길에서 끌려가는 죄인을 보고 울음을 터뜨린 일화는 이런 그의 성품을 단적으로 보여준다. 측근들이 그저 죄인일 뿐인데 왜 우시냐고 묻자 우 임금은 "천하에 도리가 있어 제대로 시행된다면 백성들이 왜 죄를 지을까? 천하가 무도하니 죄가 선한 사람에게까지 미친 것 아니겠는가?"라고 반문했다. 그리고는 자신의 부덕과 백성의 마음을 자기 마음같이 여기지 못하는 자신의 통치를 반성하면서 '백성이 죄를 짓는 것은 나 한 사람 때문이다'는 뜻의 '백성유죄재아일인百姓有罪在我一人'이라는 유명한 말을 상기시켰다. 곁에 있던 사람들이 이 말을 듣고는 모두 눈물을 흘렸다.

공자는 우 임금을 두고 "우 임금은 나와는 하늘과 땅만큼 차이가 나는 분이다. 평소 음식은 단출하게 하시되 조상의 제사는 넉넉하게 차리셨고, 평소 옷은 검소하게 입으시되 제사 때 예복은 제대로 차려입으셨으며, 집은 작게 짓고 사시되 물길을 만드는 데 온 힘을 기울이셨다"라는 평가를 남기기도 했다.(『논어』「태백」편)

우는 아버지의 죽음과 극심한 정치적 견제로 13년 이상을 노신초사하며 살았다. 하지만 그 기간에 그는 강인한 인내심으로 백성들의 삶을 직접 눈으로 보고 함께 일하면서 소통의 리더십을 길렀다. 그가 훗날 '큰 우 임금', 즉 '대우大禹'라는 별칭으로 백성들 마음에 길이 남을 수 있었던 것도 민간에서 체득한 그의 겸허하고 소탈한 생활 철학과 늘 열린 마음으로 민심을 헤아리려 했던 통치 행위 때문일 것이다.

황하를 다스리는 치수사업에서의 위대한 업적 때문에 중국 곳곳에 대우의 사당이 남아 있다. 사진은 사마천의 고향 섬서성 한성시에 남아 있는 대우묘 내의 대우상으로, 현존하는 가장 오래된 원나라 때 것이다.

대우의 리더십을 정리해본다. 그는 우선 아버지의 실패를 교훈삼아 일의 해결을 위한 정확한 방법을 찾았다. 그런 다음 그 일을 직접 담당하는 백성들에게 다가가 솔선수범 멸사봉공의 자세로 함께 일했다. 기다리고 참을 줄 알았으며 위험을 마다하지 않았다. 이런 실제 행동과 경험을 통해 백성들의 마음을 헤아리고 백성들을 진정으로 아낄 줄 아는 리더로 거듭난 것이다.

인재가 단련을 통해 크게 성장하듯 리더 역시 시련을 통해 성장한다. 그 시련과 단련과정을 극복하지 못하면 리더로 자랄 수 없다. 역사의 경험적 법칙은 이 점을 너무나 생생하게 잘 보여준다. 우 임금은 그런 수많은 사례를 대표하는 하나에 지나지 않는다.

법망이 아닌 덕망의 리더십으로 성공한 상탕

정치는 바른 마음가짐으로 백성을 위해 봉사하는 것이다. 백성을 보면 정치가 보인다. 법망法網이 아닌 백성을 고달프게 하지 않는 덕의 그물, '덕망德網'을 강조했던 상탕의 리더십이 던지는 메시지다.

사마천이 『사기』를 통해 일관되게 제시하는 이상적인 리더는 '덕德'을 갖춘 리더라는 점을 여러 차례 언급하고 강조했다. 보다 구체적으로 사마천은 덕을 갖춘 리더의 자질로 다음 세 가지를 추구하고 있다.

1) 자현自賢 : 리더 자신의 유능한 자질과 능력
2) 구현求賢 : 유능한 인재를 갈망함
3) 포현布賢 : 리더와 리더가 발탁한 인재의 자질과 능력을 실천함

특히 세 번째 '포현'의 핵심이자 마지막 단계는 백성들에게 널리 이익이 미치도록 하는 자질의 발휘다. 이 세 가지에서 '자현'과 '구

현'은 별개의 것이 아니라 상호작용하면서 세 번째 '포현'을 이끌어 낸다. 말하자면 이 세 가지 리더의 자질은 리더십의 단계이며, '포현'은 리더십의 완성 단계라 할 수 있다.

사실 리더와 리더십에 관련된 모든 논의의 핵심은 유능한 인재를 기용하는 '용인用人'의 문제로 결국 귀착된다. 인재를 기용하는 리더의 자세가 곧 백성들에 대한 리더의 태도와 직결되기 때문이다. 중국 역사상 하나라에 이어 두 번째 왕조인 상나라를 건립한 상탕은 이런 문제와 관련해 귀중한 사례를 보여준다.

'혁명'을 성공시킨 리더인 상탕

상탕商湯은 하 왕조에서 상商(또는 은殷) 종족을 이끌던 제후로서, 하 왕조의 마지막 왕인 걸桀을 내쫓고 이른바 '혁명'을 성공시킨 리더였다. 천자는 하늘의 명을 받아 하늘을 대신해 인간 세상을 다스리는 존재이므로 절대 바꿀 수 없다는 '천명天命'을 바꾸고 최초의 변혁을 이룬 것이다.

당시 걸 임금은 그의 폭정을 걱정하며 "지금 잘못을 바로 잡지 않으면 나라가 망할지도 모릅니다"라고 경고한 이윤伊尹의 충고에 "백성에게 군주는 하늘의 태양과 같은 존재다. 태양이 없어져야 나도 없어지는 것이야!"라는 말로 일축해버렸다. 이 이야기를 들은 백성들은 일제히 "태양아, 빨리 없어져라. 우리도 너와 함께 망하련다!"는 노래로 걸 임금의 오만함을 비꼬았다. 민심은 이미 걸에게서 완전히 떠나 있었다.

걸 임금은 갖가지 가혹한 형벌을 발명해 자신에게 반항하거나 비판하는 사람들을 죽였다. 하루는 혹형을 지켜보던 걸이 대신 관용봉關龍逢에게 즐겁고 통쾌하지 않냐고 물었다. 그러자 관용봉은 "이 형벌은 마치 봄날에 얼음 위를 걷는 것처럼 위태롭기 짝이 없습니다"라는 말로 에둘러 비판했다. 그러자 걸은 "다른 사람의 위험만 눈에 보이고 네 자신의 위기는 보이지 않지"라며 관용봉을 즉각 활활 타오르는 불더미 속으로 처넣어 죽였다. 관용봉은 중국 역사상 바른 말을 하다가 죽음을 당한 최초의 충직한 신하로 기록되어 있다.

한편 걸의 이런 폭정과 민심을 예의주시하던 탕은 착실하게 세력 기반을 넓혔다. 아울러 걸에게서 떠난 인재들을 자기편으로 끌어들이는 인재 회유책도 함께 실행해나갔다.

이윤을 발탁하다

탕은 많은 인재를 발탁하고 기용했다. 그 중에서도 이윤과 중훼를 좌상과 우상으로 기용한 것이 가장 돋보이는데, 출신과 지위를 불문하고 능력 위주로 선발했다. 특히 하 왕조의 속국이던 유신 부락의 이윤을 발탁한 것은 탕의 혁명에 결정적인 작용을 했다.

탕이 이윤을 발탁한 일에 대해서는 기록마다 약간의 차이는 있지만 이윤은 대체로 유신 부락의 인재로 이름이 나 있었던 것으로 보인다. 이윤에 대해서는 이미 비교적 상세히 알아본 바 있지만 다시 소개해둔다.

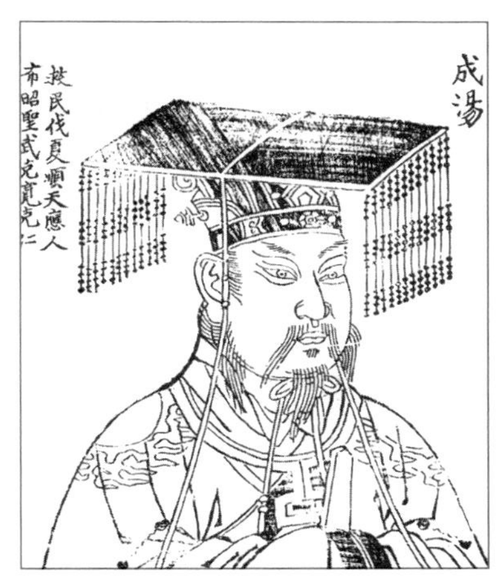

탕 임금은 인재의 중요성을 제대로 인식한 리더였다. 탕 임금의 초상화다.

걸의 폭정에 실망한 이윤은 탕이 어질다는 이야기를 듣고 탕을 만나려 했으나 방법이 없자 탕이 유신씨의 여자를 아내로 맞이할 때 딸려가는 노예가 되어 요리 기구를 둘러메고 탕에게로 갔다는 설이 있다.

또 다른 설은 이렇게 전한다. 탕이 이윤의 유능함을 알고는 그를 기용하기 위해 사람을 보냈으나 거절당했다. 탕은 포기하지 않고 다섯 번이나 사람을 보내 끝내 이윤을 맞이했다. 마지막에는 탕이 직접 이윤을 찾았다는 기록도 있다.* 훗날 유비가 제갈량을 스카웃하기 위해 제갈량의 초가집을 세 번 찾았다는 '삼고초려三顧草廬'의 원형이 바로 탕이 이윤을 맞이하는 이 대목이다.

당시 탕이 이윤을 직접 모시러 갈 때 탕의 수레를 몰던 자가 이윤처럼 비천한 자를 왜 귀하신 몸께서 직접 가서 데려오려고 하냐고 물었다. 이에 탕은 다음과 같이 말했다.

* 이로부터 '오청이윤五請伊尹'이란 고사성어가 비롯되었다.

여기 눈과 귀를 밝게 하는 영약이 있다면 누군들 먹으려 하지 않겠는가? 나라도 기꺼이 먹을 것이다. 지금 내가 이윤을 모시러 가는 것은 이런 영약이나 뛰어난 의사에 비할 수 있다. 그를 모셔오지 못한다면 얼마나 큰 손실이겠는가?

그리고는 행여나 대사를 그르칠까봐 그 마부를 도중에 내려놓고 이윤에게 갔다고 한다.

여론 조성과 정보 수집으로 집권하다

탕의 지극한 정성에 감동한 이윤은 탕을 따라 상으로 왔다. 그리고는 하나라로 다시 가서 하나라의 동정을 살피겠다고 자청했다. 말하자면 첩자 노릇을 자청한 것이다. 전하는 일부 기록에 따르면 이윤을 다시 하나라로 잠입시키기 위해 서로 짜고 이윤을 화살로 쏘아 도주하게 만드는 치밀한 '고육계苦肉計'도 동원했다. 이렇게 해서 탕은 하나라 내부의 정세에 대한 정확하고 상세한 정보를 입수했다. 이를 바탕으로 탕과 이윤은 하나라의 실력을 몇 차례 시험한 끝에 정벌을 결정하게 된다.

한편 탕은 주변 제후국들의 동향과 민심의 향배를 알아보기 위해 자신의 덕을 선전하는 이벤트 성격의 세련된 정치술을 연출하기도 했는데, 이것이 이른바 '덕망德網'의 리더십이란 것이다. 기록은 이와 관련해 다음과 같은 일화를 전한다.

하루는 탕이 교외에 나갔다가 사방에 그물을 치고 "천하의 모든 것이 내 그물로 들어오게 하소서"라고 기원하는 사람을 만나게 된다. 탕은 "한꺼번에 다 잡으려고 하다니"라며 그물의 세 면을 거두게 하면서 "왼쪽으로 가려는 것은 왼쪽으로 가게 하고, 오른쪽으로 가려는 것은 오른쪽으로 가게 하오. 내 명을 따르려 하지 않는 것만 내 그물로 들어오게 하오"라고 축원했다. 이 이야기를 들은 제후들은 탕의 덕이 금수에까지 미쳤다며 감탄했다. 이것이 그물의 세 면, 또는 자신이 원하는 한 면을 거두게 했다는 '망개삼면網開三面' 또는 '망개일면網開一面'이란 고사성어의 기원이다.

이 고사는 흔히 저인망식으로 백성들의 소소한 범법 행위를 훑어 단속하는 야박한 '법의 그물', 즉 '법망'이 아닌 덕으로 백성들을 감싸는 '덕의 그물', 즉 '덕망'의 정치를 강조하는 이야기로 남아 있다. 상탕은 이런 덕망의 정치로 민심을 얻었던 것이다.

오직 백성을 보라

탕은 '덕망'의 정치로 민심을 얻어 하나라 걸왕을 내치고 혁명을 성공시켰다. '덕망'은 탕의 리더십을 대변하는 용어로 정착했고, 그 후 수천 년 동안 법치와 덕치의 효율성을 놓고 치열한 논쟁을 불러 일으켰다. 그러나 법치가 되었건 덕치가 되었건 통치의 대상은 백성이다. 시대적 상황에 따라 그 선후가 바뀔 수는 있지만 언제나 중요한 것은 백성의 이익이 우선되어야 한다는 점이고, 이를 제대로 통찰한 리더만이 성공했다.

탕의 덕망은 늘 백성을 향하고 있었다. 그가 자신의 노선을 방해하는 갈葛이란 제후국을 정벌하기에 앞서 천명한 다음과 같은 말이 탕의 리더십을 단적으로 대변하고 있다.

> 맑은 물을 바라보면 자신의 모습을 볼 수 있는 것처럼(인시수견형人視水見形), 백성을 살펴보면 그 나라가 제대로 다스려지는지 여부를 알 수 있다(시민지치부視民知治不).

탕은 이윤을 기용해 하나라의 정세를 살피는 첩자로 활용했고, 자신의 덕을 선전하기 위해 그물의 세 면을 트게 하라는 '덕망'의 이벤트를 연출해 여론을 자기 쪽으로 유도했다. 말하자면 그는 노회한 리더의 표본이었다. 하지만 탕의 리더십의 근저에는 늘 백성이 자리 잡고 있었다. '백성을 보면 그 나라가 제대로 다스려지는지 여부를 알 수 있다'는 그의 말은 수천 년이 지난 지금 오히려 그 울림이 더 크게 느껴질 정도로 강한 인상을 준다.

정치가 유별난 것인가? 정치가 어려운 것인가? 정치는 '바른' 마음가짐으로 '백성'을 위해 봉사하는 것, 그 이상도 그 이하도 아니다. 백성을 보라, 그러면 정치가 보인다. 백성을 고달프게 하지 않는 '덕망'을 강조했던 상탕의 리더십이 던지는 메시지다.

법의 그물은 한계가 빤하지만 덕의 그물에는 한계가 없다. 고래가 빠져나갈 정도로 성긴 그물이라도 그것을 용인하는 '덕망'이 공존하는 한 백성의 삶은 넉넉하다. 상탕이 보여준 '덕망'의 리더십이 갈망하는 세상이 어쩌면 지금 우리가 갈망하는 세상과 그리도 닮았는지 소름이 끼친다. 사진은 안휘성 박주亳州에 남아 있는 상탕의 무덤이다.

인재를 얻기 위해 쇼도 마다하지 않은 무정

리더의 몸과 마음은 리더의 것이 아니다. 자신을 믿고 따르는 조직원들과 백성들이 그 주인임을 명심하라. 3천 수백 년 전의 리더인 무정도 그 점을 잘 알고 인재를 얻기 위해 멋진 '쇼'를 성공적으로 해냈다.

고대 중국 리더들의 리더십과 관련해 '삼년불언三年不言'이니 심지어 '구년불언九年不言'이니 하는 고사성어가 전한다. 직역하자면 3년 또는 9년 동안 말하지 않았다가 된다. 리더가 자리에 올라 3년 동안 또는 9년 동안 말이 없었다는 것인데 정치를 돌보지 않았다는 비유다.

그렇다면 이 고사성어들은 무능한 리더들을 비유하는 것일까? 그렇지 않다. 그와는 반대로 뛰어난 리더, 식견 있는 리더, 기다릴 줄 아는 리더를 대변하는 표현들이다. 말하자면 상당 기간 차분히 주위를 지켜보면서 상황을 분석하고 사람을 파악해 때가 오면 힘차게 떨치고 나갔던 리더들을 비유하는 성어인 셈이다.

삼년불언이나 구년불언은 중국 리더들을 상징하는 특유의 고사성어이기도 하다. 중국 사람들은 좀처럼 자신의 속내를 드러내지 않는다고 하지 않는가. 바로 그에 딱 맞아떨어지는 용어들이다. 따라서 중국의 리더들을 이해하는 데 있어서 이 고사성어는 좋은 참고자료가 된다. 이런 점을 생각하면서 상나라 무정의 이야기를 따라 가보자.

즉위 후 3년을 묵묵히 기다리다

중국 역사상 두 번째 왕조로 기원전 17세기에 건국한 상商*은 약 550년 동안 왕조를 유지했다. 그 550년 동안 약 30명의 제왕, 즉 국가 최고 리더가 부침을 거듭했다. 상 왕조는 제20대 제왕인 반경盤庚 때 은殷으로 도읍을 옮기는 등 국정 전반에 변화를 주어 쇠약해가던 나라의 기운을 되살리는 중흥을 위한 기반을 닦았다. 그러나 다음 임금인 소신小辛과 소을小乙 때 다시 국력이 쇠퇴해져 백성들은 노래까지 지어 부르며 죽은 반경을 그리워했다.

이런 침체된 분위기 속에서 소을의 뒤를 이어 즉위한 리더가 무정武丁이었다. 무정은 왕조의 부흥에 강력한 의욕을 보였다. 하지만 국정은 전반적으로 대대적인 개혁을 하지 않으면 안 되는 상황이었다. 무정은 선불리 움직이지 않았다. 아니, 선불리 움직일 수가 없었다. 왜냐하면 무정의 출신 내력으로 볼 때 즉위하자마자 전권을 휘두르

* 『사기』에는 은殷으로 기록되어 있다.

상나라를 중흥시키기 위해 무정은 즉위 후 3년 동안 묵묵히 기회를 기다렸다. 도면은 무정의 초상화다.

며 개혁에 나설 정치적 기반이 없었기 때문이다.

민간 전설에 따르면 무정은 왕위에 오르기 전까지 궁정이 아닌 민간에서 생활했다. 소을이 죽은 뒤 마땅한 계승자가 없어 수소문한 끝에 몰락한 왕족 무정을 찾아내서 즉위시킨 것이다. 그러니 궁정 내의 정치적 기반은 물론 궁중 일을 믿고 맡길 만한 측근도 전무했다. 일단 무정은 기다리기로 했다. 그렇게 무정은 3년을 기다렸다. 하지만 무작정 마냥 기다리기만 한 것은 결코 아니었다. 무정은 정치는 기존의 총재(재상)에게 맡기고 자신은 아무 말도 하지 않은 채 국정 전반을 유심히 관찰했다.*

한바탕 '쇼'를 하다

3년을 기다린 무정이 실질적인 리더로서 기지개를 켜면서 처음으로 한 일이 요즘 식으로 표현하자면 한바탕 '쇼'였다. 어느 날 대신들과 연회를 베풀던 무정이 일 없이 쓰러지더니 깨어나질 않았다. 신하들

* 여기서 '삼년불언三年不言' 또는 '삼년무언三年無言'의 고사가 나왔다.

은 당황해서 어쩔 줄 몰랐다. 의원을 부르고 복사卜師(점을 치는 사람으로 제사장에 가까움)를 동원해 점을 치고 굿을 하며 이런저런 방법을 동원했지만 무정은 깨어나지 않았다. 신하들은 또 임금을 모셔야 하는 것 아니냐며 후계자 문제를 놓고 논쟁을 벌이는 등 분위기가 여간 뒤숭숭한 것이 아니었다.

그런데 혼절한 지 사흘 째 되던 날 무정은 아무 일 없었다는 듯 기적처럼 자리에서 벌떡 일어나 대신들을 불렀다. 대신들은 기쁨에 앞서 황당했다. 자리에서 일어난 무정은 대신들에게 난데 없이 꿈 이야기를 들려주었다.

> 내가 누워 있는 동안 하늘에 올라가서 천제를 만났다. 천제께서는 나더러 온 힘을 다해 나라를 다스리되 지난날의 법이나 습속에 매이지 말고 유능한 인재를 기용해 나라를 부흥시키라고 하셨다. 천제께서 떠나면서 '열說'이란 이름을 가진 현명하고 유능한 노예가 있으니 내게 주신다고 했다. 그대들은 얼른 사방으로 흩어져 변방에서 고된 일을 하고 있는 열이란 이름을 가진 자를 찾아라.

당시 사람들은 천명天命이나 상제上帝의 신탁神託 등과 같은 미신을 굳게 믿고 있었기 때문에 사흘 만에 깨어난 무정이 신탁을 받고 돌아왔다고 하자 믿어 의심치 않았다. 더욱이 무정은 화공을 불러 열이란 자의 모습까지 상세히 설명하며 초상화를 그리게 해서는 그것을 들고 찾게 했으니 대신들은 더더욱 믿을 수밖에 없었다.*

---

* 이 고사를 후세 사람들은 '탁몽득부열托夢得傅說' 또는 '탁몽용부열托夢用傅說', 즉 '꿈을 빌려 부열을 얻었다'는 성어로 요약했다.

무정의 극적인 한바탕 꿈 소동으로 발탁된 부열은 기대를 저버리지 않고 무정을 훌륭히 보좌했다. 부열의 초상화다.

무정의 명령, 아니 천제의 신탁을 받든 신하들은 사방으로 흩어져 부험傅險(지금의 산서성 평륙현平陸縣 동쪽으로 추정)이란 곳에서 마침내 열이란 이름을 가진 노예를 찾아냈다. 열은 마침 부험 일대에서 성을 쌓고 있었다. 이름은 물론 얼굴 생김새도 무정이 말한 그대로였다.

무정의 신통함에 다시 한 번 감탄한 대신들은 열을 극진히 모시고 무정에게로 데려왔다. 무정은 바로 이 사람이라며 그를 재상에 임명해 국정을 이끌게 했다. 열을 부험이란 곳에서 찾았기 때문에 '부열'이란 이름을 지어주었다.

조기의 충고와 리더론

부열을 재상으로 맞아들인 상 왕조는 크게 발전했고, 무정은 상 왕조를 중흥시킨 중흥조로서의 역할을 인정받아 훗날 상나라 왕으로서는 보기 드문 고종高宗이란 시호를 받았다.

무정은 이렇게 3년을 기다리면서 자신을 도와 나라를 중흥시킬 인재를 발탁할 방법을 고민한 끝에 당시 상나라 사람들이 절대적으로 믿고 있던 신탁을 이용해 부열을 전격 기용했다. 무정은 또 주변의 충고에 귀를 늘 열고 있었던 리더이기도 했다.

무정이 시조 탕 임금에게 제사를 올린 다음날, 꿩이 세발솥 손잡이에 앉아서 우는 모습을 보고는 불길하게 여겼다. 이에 대신 조기는 다음과 같이 무정에게 충고했다.

> 하늘이 인간을 감시하고 살필 때는 인간의 도의를 기준으로 삼습니다. 하늘이 내린 수명에 길고 짧음은 있으나 하늘이 인간을 요절시키는 경우는 결코 없습니다. 인간들이 자기들 행동으로 수명을 단축할 뿐입니다. 어떤 인간은 도덕을 무시하고 자신의 잘못을 인정하지 않기 때문에 하늘이 재앙을 내려 행동을 바로 잡으려는 것입니다. 사람들은 그제야 '이를 어쩌나'며 한탄합니다. 오, 임금이시여! 임금께서 백성을 위해 힘껏 일하는 것이 하늘의 뜻을 계승하는 것이며, 버려야 할 잘못된 방법에 집착하거나 매이지 마십시오!

조기의 충고에 무정은 한층 더 분발해 정치를 바로잡고 은혜와 덕을 베풀었다. 천하 백성들이 모두 기뻐했고, 상나라는 중흥의 기운으로 흘러 넘쳤다.

인재의 기용으로 리더십은 완성된다

무정은 나라와 조직의 중흥이 필요한 때의 리더십과 관련해 많은 것을 생각하게 한다. 조직이 침체기나 쇠퇴기로 접어들었을 때 대부분의 리더들은 현상유지에 급급하거나 단기간에 조직을 완전히 뜯어 고치려고 한다. 위기를 과장하는 리더까지 있다. 그러나 대개는 모두 좋지 않은 결과를 가져온다. 나라도 그렇듯 조직이나 기업 경영에도 큰 흐름이란 것이 있다. 이른바 대세라는 것이다. 이에 저항하거나 막는 것은 어렵기도 하거니와 불가능하다. 이럴 때 리더는 자신을 도와 조직을 추스르고 도약의 발판을 마련할 수 있는 인재에 눈을 돌려야 한다.

무정이 부열을 발탁한 과정은 얼핏 보면 황당무계한 일 같다. 하지만 그 이면에는 흥미로운 사실이 깔려 있다. 사실 무정은 젊은 날 민간에서 생활할 때부터 부열을 잘 알고 있었다. 그리고 부열의 능력과 인품을 존경하게 되었다. 그래서 왕이 되자 바로 부열을 생각해냈다. 권력 기반이 없는 무정에게는 부열 같은 인재가 제격이었기 때문이다.

하지만 부열의 노예 신분이 문제였다. 신분과 출신이 열악한 데다 아무런 인적 기반이 없었으니 여간 큰 걸림돌이 아닐 수 없었다. 여기에 조정 내의 기득권을 가진 대신들을 설득해야 하는 난제까지 겹쳐 있었다. 정상적인 방법으로는 부열을 데려올 수 없다고 판단한 끝에 무정은 그런 '쇼'를 벌였고, 대신들은 신탁에 따라 자발적으로 부열을 모셔왔던 것이다.

무정이 3년을 침묵으로 일관한 것도 그 나름의 노림수가 있었다. 리더의 침묵은 대개 주변을 초조하게 만든다. 리더가 침묵하면 조직원들은 이런저런 방식으로 자신들의 심경과 상태를 드러내려 한다. 이런 심리상태를 이용해 무정은 은밀히 주위 인물들을 관찰했고, 그 결과 부열을 데려오기 위한 '쇼'를 극적으로 연출했던 것이다.

노예 신분이었던 부열은 극적으로 무정에 의해 발탁된 다음, 무정을 도와 상나라의 부흥에 결정적인 역할을 해냈다. 사진은 산서성 평륙에 남아 있는 부열의 무덤이다.

현명하고 유능한 인재를 기용하려면 리더는 출신을 비롯한 어떤 외적 조건에 매이거나 집착해서는 안 된다. 주위의 편견과 반대에 대해서는 충분한 시간을 갖고 설득해 모두가 마음으로 인정한 상태에서 인재를 모셔야 한다. 진정한 리더십은 올바르고 제대로 된 인재를 기용함으로써 완성된다는 사실을 잊지 말자. 그러기까지의 과정은 리더가 리더십을 기르는 중대한 과정이기도 하다.

조직과 나라를 발전시키고, 조직원과 백성들을 잘 살게 할 수 있는 길이라면 리더가 마다할 일이 어디 있단 말인가? 출신과 학연과 지연이란 거추장스럽고 못된 굴레를 훌훌 벗어던지는 '인재해방을 위한 쇼'를 벌여라. 아울러 리더의 몸과 마음은 리더의 것이 아님을 알아라. 자신을 믿고 따르는 조직원과 백성들이 그 주인임을 명심하라. 3천 수백 년 전의 무정도 그 점을 잘 알고 멋진 '쇼'를 성공적으로 해냈다.

상주의 망국 리더십에서 실패를 배운다

은나라의 마지막 제왕이었던 주 임금의 경우는 리더와 리더십의 변질 과정을 잘 보여주고 있다. 오늘날 실패한 리더들의 모습과 대비해보면 흥미롭게도 적지 않은 공통점을 발견할 수 있다.

『사기』에는 성공한 리더와 리더십에 관한 사실 못지않게 실패한 리더와 리더십에 관한 사실도 많다. 인간의 작용을 기록한 역사는 늘 상대적일 수밖에 없다. 존망을 다투는 경쟁 속에서 성공한 리더 뒤에는 실패한 리더가 있을 수밖에 없고, 그 역도 마찬가지이기 때문이다. 이 때문에 성공한 리더의 성공 원인에 대한 분석과 함께 실패한 리더의 실패 원인에 대한 분석과 비판이 수천 년 동안 끊이지 않았고, 『사기』에는 실패한 리더십에 관해 심층적으로 분석을 가하고 있는 부분이 많다. 이 또한 『사기』의 매력이다.

사마천은 결과로서의 성공과 실패만을 가지고 인간을 판단하지 않았다. 수단과 방법을 가리지 않고 승리만 하면 권력과 영광을 모조리 누리는 '승자독식the winner takes all'을 사마천은 찬성하지도 인정하지도 않았다. 그는 부도덕하고 비정상적인 방법으로 성공하고 출세하려는 자들은 경멸했다. 대신 성공과 실패에 이르는 과정을 면밀히 관찰해 그 인과관계를 실사구시적으로 논증했다. 그래서인지 『사기』에는 실패한 영웅들에 대한 애틋한 동정심이 넘쳐흐른다.

그러나 자기 한 몸을 망치는 것은 물론 백성을 도탄에 빠뜨리고, 나아가서는 나라를 멸망으로 이끈 통치자에 대해서는 추호의 동정심도 허용하지 않는다. 역사가의 냉엄한 붓으로 가차 없이 비판을 가해 후세의 귀감이 되도록 했다. 사마천은 '역사가의 붓이 세상을 밝힌다'는 '사필소세史筆昭世'의 자세와 정신을 굳건히 견지했던 것이다.

실패한 리더 뒤에는 반드시 실패의 과정이 있다

『사기』에 기록된 실패한 리더의 대명사는 이른바 '걸주桀紂'로 대변되는 폭군들이다. 걸은 중국사 최초의 왕조로 기록되어 있는 하나라의 마지막 임금으로 백성들을 잔인하게 억압하는 등 폭정을 일삼다 탕 임금에게 추방되어 죽었으며, 주 임금은 은나라의 마지막 임금으로 걸과 쌍벽을 이루는 폭군이다. 두 사람은 모두 한 왕조의 제왕으로서 지고무상한 권력을 누렸지만 그 권력을 사리사욕을 채우고 백성들을 괴롭히는 도구로만 사용해 결국은 나라를 망친 주범으로 기록되어 있다. 특히 은나라의 마지막 제왕이었던 주 임금의 경우는 리더와 리더십의 변질 과정을 적나라하게 보여주고 있는데, 오늘날 사회 각계각층의 실패한 리더들의 모습과 대비해보면 흥미롭게도 적지 않은 공통점을 발견할 수 있다.

리더는 하루아침에 몰락하지 않는다. 리더십 역시 어느 날 갑자기 추락하거나 상실되는 것이 아니다. 단순히 흘러가는 것이 아니라 쌓이는 것이 시간이듯이 한 리더의 몰락 역시 복합적인 요인들이 오랜 시간을 두고 쌓인 결과다. 따라서 실패한 리더와 리더십의 이면에는 반드시 그것을 초래한 과정이 있기 마련이다. 그 인과관계를 면밀히 검토해 깊이 성찰한다면 최소한 그와 비슷한 실수나 실패는 피할 수 있을 것이다. 이것이 바로 역사의 힘이다.

리더로서의 자질은 뛰어났던 주 임금

주 임금은 폭정과 폭군의 대명사로, 수천 년이 지난 지금까지도 사람들의 뇌리에 깊이 각인되어 있다. 백성에게는 세금을 과중하게 부과했고, 그 세금으로 자신은 온갖 놀이와 사치스러운 생활을 즐겼다. 소위 '주지육림酒池肉林'*은 주 임금의 방탕한 생활을 대변하는 성어로 지금도 심심치 않게 오르내린다.

자신을 비판하거나 등을 돌리는 백성과 제후들을 탄압하기 위해

* 술을 가득채운 연못 주위 나무 가지에 고기를 매달아놓고 남녀가 벌거벗은 채로 연못으로 뛰어들어 미친 듯 술을 마시며 놀았다는 것에서 유래된 고사다.

불에 달군 쇠기둥 위를 걷게 해 결국은 불구덩이로 떨어져 죽게 만드는 '포락炮烙(또는 포격炮格)'이라는 잔혹한 형벌을 발명하기도 했다. 자신의 처첩인 구후의 딸이 음탕한 짓을 거부한다고 해서 화를 내며 그녀를 죽인 것은 물론, 그 아버지마저 처형한 다음 시체를 포를 떠서 소금에 절였다. 이에 항의하는 악후도 포를 떠서 죽였다.

이런 폭정과 만행 때문에 주 임금은 지난 수천 년 동안 폭군의 대명사로 악명을 떨쳐왔다. 그러나 사실 주 임금에 대한 비판과 비난은 다분히 감정적인 측면이 강했다. 그저 단순한 선악관념에 입각해 선의 대척점에 있는 악을 대표하는 인물로 지목해 집중 공격을 퍼부었던 것이다.

걸과 함께 역사상 폭군의 대명사로 꼽히는 주 임금은 대단히 뛰어난 자질을 갖춘 리더였다. 그 자질은 공교롭게 우리 주위의 리더들과 많이 닮아 있다. 사진은 주 임금의 석상이다.

물론 이런 비판과 비난이 잘못되었다거나 정당하지 않다는 것은 아니다. 다만 치밀한 원인 분석이 결여되어 있다 보니 주 임금의 실패와 관련해 얻을 수 있는 보다 더 설득력 있는 교훈과 통찰력을 놓쳐왔던 것이다.

주 임금의 리더십이 실패한 원인을 분석하려 할 때 우선 알아야 할 기본정보는 리더로서 주 임금이 갖추고 있던 자질이다. 기록에 따르면 주 임금의 자질은 누구 못지않게 뛰어났다. 『사기』의 기록이다(권3 「은본기」).

> 주 임금은 타고난 바탕이 총명하고, 말재주가 뛰어날 뿐만 아니라 일처리가 신속하며, 힘이 남달라 맨손으로 맹수와 싸울 정도였다. 또한 그의 지혜는 신하의 충고를 필요로 하지 않을 정도였고, 말재주는 자신의 허물을 교묘하게 감출 수 있을 정도였다. 그는 자신의 재능을 신하들에게 과시해 천하에 그 명성을 높이려 하였으며, 다른 사람은 모두 자기만 못하다고 여겼다.

요컨대 주 임금의 자질은 사실 우리 주위에서 어렵지 않게 볼 수 있는 유능한 리더들의 자질과 닮은 점이 많다. 총명하고 일 잘하고, 자신의 사소한 실수 정도는 지식과 말로 얼마든지 감출 수 있으며, 자신의 능력을 주위에 과시하는 데 능숙한 리더…. 전형적인 현대판 한국형 리더의 모습이 아닌가? 리더의 이 같은 자질은 단점이라기보다는 장점으로 봐야 한다. 문제는 이런 자질을 어떤 방향으로 무엇을 위해 발휘해 나갈 것인가에 있다.

리더십의 변질과 그 원인

리더십이 제대로 발휘되려면 팔로십followship이 전제되어야 한다. 팔로십은 리더십을 뒷받침하는 필수불가결한 요소다. 따라서 리더십은 팔로십을 이끌어내는 작용을 해야 하며, 팔로십은 그런 리더십에 대해서는 흔쾌히 따라야 한다. 이때 팔로십에 요구되는 것은 리더십이 불량한 쪽으로 가려 할 때 솔직하게 충고할 줄 아는 자세다. 물론 리더십은 이 충고를 허심탄회하게 받아들일 것을 요구받는다. 이것이 바로 리더십과 팔로십의 조화다.*

그런데 주 임금의 리더십을 들여다보면 자칫 잘못하면 팔로십을 끌어내지 못하는 것은 물론 팔로십 자체를 인정하지 않으려는 요인이 잠재되어 있음을 발견할 수 있다. 그것이 바로 '지혜는 신하의 충고를 필요로 하지 않을 정도였고, 말재주는 자신의 허물을 교묘하게 감출 수 있을 정도였다'는 부분이다. 또 자신의 재능을 과시하려는 과시욕과 명성에 대한 집착, 다른 사람에 대한 무시 등도 언제든지 리더십을 망칠 수 있는 위험한 요소들이라 할 수 있다.

그런데 주 임금은 리더십을 나쁜 쪽으로 이끌 수 있는 이런 잠재적 요소들을 결정적으로 부추기는 또 다른 요소를 갖고 있었다. 사마천은 주 임금의 자질을 소개한 다음 바로 이어서 '술과 여자를 지나치게 좋아했으며, 특히 여자를 좋아했다'라고 기록했다.

축첩이 허용되던 시대에 여자를 좋아한다는 것이 리더십의 성패에 결정적인 요인이 될 수는 없다. 술도 마찬가지였다. 춘추시대 초기 최초의 패주로서 명성을 떨쳤던 제나라 환공도 술과 여자를 좋아했다. 그는 자신의 이러한 성향을 잘 알고 있었고, 이것이 천하의 패주가 되는 데 걸림돌이 되지 않을까 걱정했다. 이에 대해 환공을 보필해

* 이 관계의 가장 모범적이고 이상적인 모델은 '관포지교管鮑之交'로 널리 알려진 관중과 포숙이다. 이에 대해서는 앞에서 여러 차례 언급한 바 있다.

패주로 만드는 데 결정적인 공을 세웠던 관중은 '사람을 잘 알아(지인知人) 그 사람을 쓰되(용인用人) 소중하게 쓰면서(중용重用) 믿고 맡길 수만 있다면(위임委任)' 술과 여자는 그리 문제가 되지 않는다고 했다.

하지만 주 임금의 경우는 이와는 달랐다. 그가 가진 남다른 자질에다가 주색이 보태진 것이 문제였다. 이 때문에 그의 리더십이 변질되고 실패할 확률이 크게 높아졌다고 봐야 할 것이다.

이와 관련해 당시 주 임금의 친척이었던 기자箕子가 주 임금이 상아 젓가락을 사용하는 것을 보고는 주의 멸망을 예언했던 것도 같은 맥락이다. 기자는 상아 젓가락을 사용한 이상 다음에는 옥으로 만든 술잔을 사용할 것이며, 그 다음에는 산해진미가 따를 것이라면서, 이렇게 먹고 마시는 데 신경을 쓰면서 호화사치에 빠지면 부패하고 나태해지며 결국은 멸망에 이를 것이라 예상했던 것이다.*

주 임금의 실패에서 우리 리더들의 실패를 본다

주 임금은 총명했다. 남의 충고가 필요로 없을 정도였다. 자신의 사소한 잘못 정도는 얼마든지 말재주로 변명할 수 있었다. 기본 자질도 그를 능가할 사람이 거의 없었다. 그에게 적절한 자기절제와 자기수양의 자질만 갖추어져 있었더라면 그는 대단히 뛰어난 리더이자 크

* 여기서 유명한 '사소한 것을 보고 드러날 것을 알았다'는 '견미지저見微知著'의 고사성어가 나왔다.

게 성공한 리더로 역사에 남았을 것이다. 그러나 그는 실패했다. 처절하게 실패했을 뿐만 아니라 나라를 망국으로 이끌었다.

총명함과 힘(건강)에 대한 과도한 자신감은 리더는 '술도 좋아하고 여자도 좋아해야 한다'는 전혀 근거 없는 자기미신을 만들었다. 여기에 자기 말이라면 개처럼 따르는 측근, 즉 간신들까지 요직에 임명함으로써 주 임금의 패망은 가속도가 붙었다. 이 과정에서 주 임금의 잘못에 대해 직언하고 충고하는 충직한 인재들이 많이 박해를 받았다.

당시 드러나지 않게 선정을 베풀며 민심을 얻어가던 서백西伯 희창姬昌(훗날 주나라를 시조로 추존된 문왕)이 여러 제후들이 잇따라 살해되는 것을 보고는 한숨을 쉬자 간신 숭후호崇侯虎가 바로 이를 주 임금에게 고자질했다. 주 임금은 희창을 유리羑里란 곳에 감금했다. 희창은 측근들과 상의한 끝에 주 임금이 좋아하는 미녀와 보물을 바치고 간신히 풀려났다. 그리고는 서쪽의 자기 땅을 바치며 포락형을 폐지해줄 것을 간청해 허락을 받아냈다. 이 일로 희창은 제후들의 신임을 더욱 얻게 되었다. 그러나 주 임금은 자신의 능력을 과신하고 미녀와 재물에만 눈이 어두워 희창의 능력을 깔보았다.

주 임금은 강력한 경쟁 상대인 희창의 잠재력과 명성을 과소평가했다. 오히려 아부에만 능하고 사리사욕을 채우는 데 급급했던 비중費仲을 비롯해 남을 비방하고 은 왕실과 제후들의 관계를 이간질하는 데만 몰두했던 숭후호나 오래惡來 등과 같은 간신들을 측근으로 중용해 상황을 더욱 악화시켰다. 결국 주 임금은 제후들과 백성들의 마음을 얻은 희창의 아들 희발姬發(훗날 무왕)의 공격을 받아 제대로 싸워 보지도 못하고 패한다.

주 임금은 죽으면서도 자신의 잘못이 무엇인지 파악하지 못하고 그저 자신을 망하게 한 희창을 그 당시 죽이지 못한 것이 한이라면서 자살로 삶을 마감했다. 은 왕조도 따라서 멸망했다.

주 임금처럼 죽어도 잘못을 인정하지 않으려는 사람은 잘못을 지적받으면 자신의 행위가 타당했는지를 되돌아보지 않고 모든 잘못을 객관적 환경 탓으로 돌리면서 온갖 변명거리를 찾아 자신을 변명한다. 못난 리더와 실패한 리더의 공통점 가운데 하나는 실패하고도 '폭력' 또는 '권력'의 효능을 맹신한다는 것이다. 이런 리더에게는 백약이 무효다. 반면 솔직하게 잘못을 인정하고 객관적 환경을 탓하기보다는 자신에게서 원인을 찾고, 변명거리를 찾는 대신 실제 행동으로 잘못을 고치려는 리더는 성공에 성큼 다가설 수 있다.

실패한 리더와 리더십은 성공을 위한 쓴 처방약이나 마찬가지다. 다만 지나간 역사의 약방에서 처방전을 받아 사전에 예방해야지, 현재의 약방에서 처방전을 받으려 할 때는 이미 실패한 다음이라는 사실을 알아야 한다. 그런데도 굳이 꾸역꾸역 실패의 길로 가는 리더들이 너무 많다. 주 임금 못지않게 총명한 자질을 갖춘 수준급 리더들이 말이다. 백성들이 그 처방전을 준비하기에는 너무 힘이 들다. 역사가 때때로 비명을 지르는 까닭은 이 때문이다.

인내와 기다림의 리더십으로 빛난 주왕

7년 동안 유리성에 갇혀 있으면서 주왕은 '기다림과 인내의 리더십'을 터득했다. 다시 말해 보다 완벽한 기회를 만들어주는 사다리 리더십을 체득한 것이다.

우리가 앞에서 검토하고 분석했던 상 왕조의 마지막 임금 주는 하 왕조의 마지막 임금 걸과 함께 흔히 '걸주'라 해 포악한 통치자의 대명사로 불린다. 복기삼아 그가 몰락하는 과정을 다시 한번 돌이켜보자.

주왕은 술과 놀이, 여자를 탐해 자제할 줄 몰랐다. 그는 자질이 뛰어난 통치자였다. 하지만 이 때문에 자기과시에 빠져 충고에 귀를 닫았다. 백성들에게는 과중한 세금을 매겨 자신의 사욕을 채웠다. 사구沙丘라는 곳에다 엄청난 규모의 악단을 부르고, 술로 연못을 채우고 고기를 나무에다 매달아 숲처럼 만들어놓고는 나체의 남녀들로 하여금 숨바꼭질 놀이를 시키며 밤새 마시고 놀았다. 폭정과 폭군을 대변하는 '주지육림酒池肉林'이란 고사성어가 여기서 나왔다.

주왕의 리더십은 유리성에 감금되어 있었던 7년 동안 더욱 단련되었다. 리더와 리더십은 시련을 통해 성장하고 발전한다. 사진은 문왕이 감금되어 있었던 유리성 입구와 주 문왕의 석상 모습이다.

백성들 사이에서는 원망의 소리가 높아갔고, 제후들은 등을 돌렸다. 그러자 주는 형벌을 더욱 강화해 '포락'이라는 혹형을 창안해냈다. 자신의 말을 듣지 않거나 마음에 들지 않는 사람을 잡아 시뻘겋게 불에 달군 쇠구덩이 위를 걷게 했다. 쇠기둥 아래에는 불이 활활 타오르고 있었다. 불에 달구어진 쇠기둥 위를 어떻게 걷겠는가? 몇 걸음 내딛지 못하고 불속으로 떨어져 타죽을 수밖에.

구후는 아리따운 딸을 주에게 바쳤는데, 딸이 주의 음탕한 짓거리에 동참하길 거부하자 주는 그녀를 죽이고 그것도 모자라 그 아버지 구후까지 죽였다. 그냥 죽인 것이 아니라 포를 떠서 젓갈을 담갔다. 이에 항의하는 악후까지 포를 떠서 죽였다.

훗날 주나라 건국의 터전을 닦아 문왕으로 추증되는 서백 창은 이런 참담한 현실에 탄식했다. 그러자 창을 감시하던 숭후호라는 간신이 잽싸게 주 임금에게 이를 고자질했다. 주는 창을 잡아들여 유리성에 구금했다. 창은 유리성에 7년을 억류당한 채 수 많은 백성들이 폭정에 신음하며 죽어가는 모습을 지켜볼 수밖에 없었다.

아들 삶은 국을 다 마시다

주는 창의 마음을 떠보기 위해 창의 큰아들인 백읍고伯邑考를 잡아다 끓는 물에 던져 푹 삶아서는 곰탕을 만들었다. 주는 이것을 창에게 보내 고깃국이라며 마시게 했다. 창은 그것이 아들을 삶은 국이라는 사실을 알고 있었다. 창은 말할 수 없는 비통함을 속으로 삭히며 다 받아 마셨다.

전설에 따르면 주 임금은 창의 아들을 삶은 국을 창이 다 마실 때까지 보냈고, 창이 그것을 다 마시던 날 그때까지 먹은 것을 다 토해냈더니 토사물이 하얀 비둘기로 변해 날아갔다고 한다. 또 일설에는 그 토사물이 얼마나 많았던지 작은 무덤 하나를 이룰 정도였다고 한다.*

창은 7년을 유리성에 갇혀 있었다. 그 사이 큰아들 백읍고를 삶은 국을 마셔야 하는 정말 견딜 수 없는 수모도 당했다. 그래도 창은 참고 기다렸다. 하지만 창이 마냥 자포자기 상태로 참고 기다린 것은

* 이 무덤은 다음 페이지의 사진에서 보다시피 창이 구금되었던 유리성 뒤쪽 담장 밑에 쓸쓸히 남아 있다.

유리성 한 귀퉁이에 남아 있는 문왕의 큰아들 백읍고의 무덤은 당시 문왕이 당했던 고통을 말없이 전하고 있다.

아니었다. 그는 유리성에 구금된 7년 동안 전설시대부터 전해오던 8괘를 64괘로 늘이고 각각의 괘에 대해 나름대로 해석해내는 일을 했다. 이것이 바로 『주역周易』이다. 즉 전설시대의 성인 복희伏羲가 발명했다는 기존의 8괘를 주 문왕이 64괘로 풀이했다고 해서 『주역』이란 이름이 붙은 것이다.

창은 『주역』을 지으면서 만물의 이치와 변화 그리고 통치에 대해 깊게 생각했다. 통치자의 자질에 대해서는 더 많은 고민을 했다. 인내는 자연스럽게 터득되었다. 그는 그렇게 7년을 기다렸다.

기다리고 또 기다린 창

창의 측근인 굉요와 산의생은 은둔 생활을 하고 있던 강태공姜太公을 찾아내어 그와 상의한 다음 주 임금에게 진귀한 보물과 여자를 바치고 창의 석방을 얻어냈다. 풀려난 창이 맨 처음 한 일은 폭군 주 임금에게 낙수洛水 서쪽 땅을 바치며 포락이란 형벌을 폐지시켜 달라고 부탁한 것이었다. 뇌물과 창의 땅을 받은 주는 경계심을 늦추고 창에게 다른 제후들을 정벌할 수 있는 권리를 주면서 서백西伯으로 삼았다.

그러는 사이 주 임금의 폭정은 점점 더 심해졌다. 강력하게 충고하던 비간比干에 대해서는 "성인의 심장에는 구멍이 일곱 개나 있다던데"라면서 심장을 갈라 죽였고, 미친 척하며 노비가 된 자신의 숙부 기자箕子도 그냥 두지 않고 가두어버렸다.

주 임금은 인심을 잃었다. 백성들은 주 임금이 얼른 죽기를 갈망했다. 주 임금이 자신을 태양에 비유하자 '몹쓸 놈의 저 태양은 언제나 사라지려나. 내가 저 태양과 함께 죽으리'라는 노래를 불렀다. 백성들이 리더나 리더의 통치에 불만을 품고 민심을 표출하는 여러 방법에는 여러 가지가 있다. 말과 글이라는 언론 수단을 통한 비판적 저항도 있는가 하면, 노래를 지어 퍼뜨리는 그들만의 방식도 있다. 주 임금에 대한 불만을 백성들은 노래로 표출했던 것이다.

민심이 기울어지자 제후들도 하나 둘 주 임금 곁을 떠났다. 예악을 담당하고 있던 태사와 소사는 국가의 상징물인 제기와 악기를 들고 주나라의 창에게로 도망쳤다. 서백 창의 세력은 점점 커져 주 임금을 압도하기에 이르렀다.

하지만 서백 창은 섣불리 움직이지 않았다. 여전히 주 임금에게 충성을 하는 기국 같은 나라를 정벌하면서 자신의 세력을 확대했지만 주 임금을 직접 자극하는 행동은 삼갔다. 주 임금의 충직한 신하인 조이祖伊는 천하대세가 창에게로 넘어가고 있음을 직감하고는 주 임금을 찾아가 천명이 바뀌고 있다며 이렇게 충고했다.

> 하늘이 이미 우리 은의 명을 끊으려 하기 때문에 형세를 아는 자가 거북점을 쳐봐도 좋은 것은 아무것도 안 나옵니다. 선왕들께서 우리 후손을 돕지 않으려는 것이 아니라 왕이 포악해 제 손으로 끊으려 하기 때문에 하늘이 우리를 버리시는 것입니다. 백성을 편히 먹이지도 못했고, 하늘의 뜻도 제대로 살피지 못했으며, 선왕의 법도도 지키지 못했습니다. 지금 우리 백성들은 하나 같이 멸망을 바라면서 '하늘이시여, 어찌 해 천벌을 내리시지 않는 것이며, 어찌 해 천명은 빨리 오지 않는 것입니까?'라고 말합니다. 이제 왕께서는 어찌 하시렵니까?

이 절박한 충고에도 불구하고 주는 "내가 바로 천명이거늘 무슨 걱정인가?"라는 반응이었다. 이에 조이는 "주 임금은 말로는 안 되겠다"며 물러났다.

정권교체의 시기가 무르익었다. 하지만 창은 여전히 움직이지 않았다. 조용히 덕을 닦고 선정을 베풀며 기다리고 또 기다렸다.

독기가 서린 기다림

주 임금을 권좌에서 끌어내린 사람은 창이 아니라 그 아들 발發이었다. 창이 세상을 떠난 뒤였다. 이가 바로 주 왕조를 건국한 무왕武王이다. 무왕도 아버지 창의 지혜를 전수받아 섣불리 움직이지 않았다.

동방을 정벌하고 맹진盟津에 이르렀을 때 무려 800명이 넘는 제후들이 모여들어 내친 김에 주 임금까지 정벌하자고 외쳤지만 무왕은 때가 아니라며 군사를 물렸다.

얼마 뒤 주 임금이 완전히 민심을 잃었다고 확신하자 무왕은 지체 없이 주 임금을 공격했다. 주 임금은 목야牧野에서 무왕과 맞붙었지만 힘 한 번 써보지 못하고 무너졌다. 민심이 떠난 권력은 들판에 뒹구는 해골만도 못한 것이다. 주 임금은 자기 생전에 만들었던 호화스러운 녹대鹿臺에 올라가 보물로 장식된 옷을 입고 불에 뛰어들어 자결했다. 집권 30년의 영욕이 잿더미로 변하는 순간이었다. 그는 죽는 순간까지도 탐욕의 찌꺼기에 집착하는 추악한 모습을 보였다.

주 문왕 서백 창은 생전에 주 임금을 얼마든지 제거하고 자신의 나라를 세울 수 있었다. 하지만 그는 서두르지 않았다. 7년 동안 유리성에 갇혀 있으면서 그는 말하자면 '기다림과 인내의 리더십waiting and enduring leadership'을 터득했던 것이다. 다시 말해 보다 완벽한 기회를 만들어주는 사다리 리더십ladder leadership or supporting leadership을 체득한 것이다. '소나기는 피해가라'는 속언처럼 그는 가능한 백성들에게 피해가 덜 가도록 주변 여건을 조성하면서 주 임금이 절로 무너지기를 기다렸던 것이다.

통치의 본질은 안정감이다. 제아무리 뛰어난 인재들로 구성된 정권이라도 불안정하면 성공할 수 없다. 안정의 바로미터는 민심이다. 주 왕조를 세우는 데 결정적인 기반을 닦은 서백 창은 안정감을 전제로 한 기다림의 리더십을 보여주었다. 그의 기다림은 수수방관이 결코 아니었다. 자신을 수양하고 선정을 베풀며 민심을 다독이면서 기다렸다. 백성들은 미래의 리더와 함께 차분하게 기회를 기다렸다.

그 기다림은 정말 무서운 기다림이었다. 무왕의 단 일격을 견디지 못하고 주 임금이 쓰러진 배경에는 다름 아닌 서백 창과 백성들의 무서운 기다림이 있었던 것이다.

독기毒氣가 서늘하게 서린 기다림을 통치자는 두려워할 줄 알아야 한다. 백성들은 참을 때까지 참는다. 하지만 그 인내와 기다림 뒤에는 시퍼렇게 날이 선 칼이 함께 서서 기다리고 있다는 사실을 명심해야 할 것이다. 성난 백성을 마냥 기다리게 해서는 큰일 난다.

제국의 창업을 마무리한 주 무왕의 리더십

무왕은 인재들을 적재적소에 기용하고 우대하는 절제된 리더십을 발휘했고, 결국 상 왕조를 무너뜨리고 주 왕조를 건국했다. 무왕은 '때를 기다릴 줄 아는 식견'을 가지고 있었다.

주 무왕은 아버지 문왕, 앞에서 살펴보았던 서백 창의 유업을 받아 상을 멸망시키고 주 왕조를 창건했다. 무왕의 아버지 문왕은 유리성에 7년이나 구금되어 큰아들 백읍고를 삶은 국을 다 마셔야 하는 등 정말 견딜 수 없는 극한 상황을 극복해내는 인내의 리더십을 발휘했다. 안으로는 자신을 수양하고, 밖으로는 덕정을 베풀어 민심을 얻었다.

문왕은 인재를 제대로 대우할 줄 알았던 리더였다. 『사기』 권4 「주본기」의 기록에 따르면, 그는 '정오가 될 때까지 밥 먹을 시간도 없이 선비들을 만났다'고 한다. 이른바 '일중불가식이대사日中不暇食以待士'라는 유명한 고사다. 문왕은 조용히 선행을 실천했고, 제후들은 무슨 일이 발생하면 모두 그에게 와서 공정한 판결을 요청했다. 다음 일화는 그가 자신의 나라를 어떻게 다스렸는지 잘 보여주는 대목이다.

우虞와 예芮라는 지역 사람들 사이에 다툼이 발생했다. 해결이 나지 않자 두 지역의 우두머리는 문왕을 찾아가 중재를 부탁하기로 했다. 두 사람이 주나라 경계에 들어서서 처음 본 것은 농사짓는 주나라 사람들이 하나 같이 밭과 밭 사이에 난 경계 지점의 땅을 서로에게 양보하는 모습이었다. 백성들은 또 연장자에게 모든 것을 양보하는 풍속도 갖고 있었다. 이에 두 사람은 문왕을 만나봤자 자신들만 부끄러워진다며 서로 양보하며 되돌아갔다.

'밭고랑을 양보하고, 나이든 사람에게 양보한다'는 '양반양장讓畔讓長'이라는 고사성어로 대변되는 문왕의 덕을 칭송하는 소리가 사방에서 들렸고, 기라성 같은 인재들이 그의 곁으로 몰려들었다. 훗날 주나라 창건의 주역이 되는 강태공을 비롯해 태전, 굉요, 산의생, 육자, 신갑대부 등이 문왕을 따랐다. 고죽국의 왕자들인 백이와 숙제는 왕 자리도 버린 채 문왕에게로 왔다.

무왕은 아버지 무왕이 닦아놓은 이 같이 훌륭한 창업의 터전 위에서 유업을 잇는 리더십을 발휘해야 하는 시대적 소명을 타고 났다.

부담스러운 선대의 기반

아버지 문왕이 닦아놓은 기반은 무왕에게 더 없이 훌륭한 밑천이었다. 하지만 달리 보면 적지 않은 부담으로 작용할 수도 있는 기반이었다. 아버지 밑의 기라성 같은 인재들은 무왕을 주눅들게 할 수 있을 정도로 대단했다. 특히 강태공은 '천하의 2/3가 주나라에 복종하게 만든' 계책의 대부분이 그에게서 나왔다고 할 정도로 출중한 능력의 인물이었다. 특히 그는 육순이 넘은 고령이 될 때까지 자신을 알아줄 리더를 기다렸던 깊은 내공의 인재였다.

신갑대부辛甲大夫는 상의 주 임금을 섬기면서 무려 75차례나 직간을 올렸던 꼬장꼬장한 인물이었다. 소공召公이 신갑과 이야기를 나누어보고는 필요한 인재라고 판단해 문왕에게 소개했고, 문왕은 직접 뛰어나가 그를 맞아들였다.

백이伯夷와 숙제叔弟는 문왕이 장자를 우대한다는 이야기를 듣고 나라까지 팽개치고 달려온 사람들이다. 이들은 훗날 무왕이 주 임금을 정벌하러 나서자 아버지 문왕의 상도 끝나지 않은 상태에서 신하가 임금을 친다는 것은 도에 어긋난다며 무왕의 말고삐를 잡았다. 주위에서 이들을 죽이려 하자 강태공이 이를 말려 돌려보냈다.

이렇듯 문왕의 주변에는 무왕에게 부담스러울 정도로 특출난 인재들이 많았다. 하지만 무왕은 이 인재들을 적재적소에 기용하고 우대하는 절제된 리더십을 발휘했고, 결국 상 왕조를 무너뜨려 주 왕조를 건국했다.

균형과 견제의 리더십

무왕의 리더십에서 우선 주목되는 점은 아버지로부터 물려받은 것으로 보이는 '때를 기다릴 줄 아는 식견'이다.

아버지 문왕의 위패를 앞세우고 군대를 동원해 상 정벌에 나선 무왕의 출정식에는 사전 통보도 없었고 별다른 약속도 없었는데도 불구하고 무려 800명의 제후가 맹진에 몰려들어 상의 토벌을 외쳤다. 그런데 이 순간, 무왕은 한 발 물러서 '아직 천명天命을 알 수 없다'며 군대를 철수시켰다. 무왕은 아버지의 유업을 앞세워 여론을 탐색함과 동시에 상의 정벌에 따른 대의명분을 확보했던 것이다. 무왕은 그로부터 2년을 더 기다린 끝에 상을 정벌했다.

무왕의 리더십은 상을 멸망시킨 후 더 빛나기 시작한다. 우선 무왕은 망한 상의 유민들을 안심시키는 일에 최선을 다했다. 민심이 새로운 정권에 마음을 주기까지는 상당한 시간을 필요로 한다. 아무리 포악한 정권이었다 하더라도 다수의 민심에는 전 정권 밑에서 길들여지거나 익숙해진 '관성慣性'이 남아 있기 때문이다. 무왕은 민심의 움직임에 작용하는 '관성의 법칙'을 체득하고 있었다. 그래서 상의 마지막 임금인 주의 아들인 무경武庚 녹보祿父를 죽이지 않고 남은 유민들을 관리하는 자리에 앉혔다. 이와 함께 상의 종친이었던 기자를 석방하고, 어질고 유능한 인재였지만 주 임금에게 박해받고 죽었던 상용商容의 마을을 표창했으며, 주 임금에게 처참하게 죽음을 당했던 비간의 무덤을 돌보게 해 남은 상 유민들의 마음을 어루만졌다.

그러면서도 무왕은 혹시나 있을지 모르는 상 유민들의 반발이나 녹보의 배반을 방지하기 위해 자신의 동생들인 관숙管叔 선鮮과 채숙蔡叔 탁度을 녹보를 보좌하는 역할에 배치해 실제로는 녹보를 감시하게 했다.

강태공에 대해서는 사상보師尙父라는 극존칭으로 높여 부르며 국정 전반과 군사를 맡겼다. 그와 동시에 자신의 동생이자 왕조 건립에 절대적인 역할을 해낸 주공周公 단旦을 중용해 강태공과 함께 국정을 돌보며 그를 견제하게 했다. 그런 다음 국정이 어느 정도 안정되자 강태공은 지금의 산동성 바닷가 지역인 제나라를 봉지로 주어 보냈다. 동생 주공도 제나라와 국경을 접한 노나라를 봉지로 주었다. 하지만 무왕은 주공은 봉지로 보내지 않고 중앙 정부에 남아 자신을 돕게 했다.

이렇게 해서 자신을 제외하고 가장 강력한 권력을 쥐고 있던 강태공을 일시적으로 중앙 정부에서 떼어놓고 동생 주공의 보좌를 받아 자신의 권력 기반을 강화시켰던 것이다. 무왕은 최고 리더에게 가장 요구되는 '균형과 견제의 리더십'을 적절하게 발휘할 줄 알았던 수준 높은 통치력을 보여주었다.

리더의 자기반성

상을 멸망시키고 대업을 이룬 무왕이었지만 결코 자만하지 않았다. 그는 밤늦도록 잠도 못자면서 주 왕조가 정말 천명을 받아 창건된 나라인지 잘 모르겠다며 고민했다. 상나라가 너무 무도해 절로 무너진 덕이 컸다는 사실을 무왕은 잘 알았다. 상나라는 건국 당시 360명이나 되는 현자들이 조정에 가득 찰 정도였지만 결국은 민심을 돌리지 못해 무너졌다. 무왕은 상나라가 멸망한 원인에 대해 깊게 생각하고,

어떻게 하면 민심을 제대로 얻어야 할지 고민했다.

무왕은 정권 초기 자칫하면 흔들릴 수 있는 리더십을 적절한 견제와 균형 그리고 자기반성으로 한 단계 승화시킴으로써 병목위기를 넘겼다. 주 무왕의 초상화다.

고민 끝에 무왕이 취한 조치는 무기와 병사를 거두어들이고 군대를 해산하는 일이었다. 무장해제라는 극적이고 상징적인 조치를 통해 다시는 무기와 군대를 사용하지 않을 것임을 온 천하에 알렸다. 망한 상의 유민들에게 어떤 보복도 가하지 않을 것이며, 어떤 불이익도 돌아가지 않을 것임을 천명한 것에 다름 아니었다.

리더가 각박하면 백성들도 각박해진다. 리더가 관용과 양보를 모르면 백성들도 야박해져 양보를 모르게 된다. '윗물이 맑아야 아랫물도 맑다'는 말은 무조건 윗물만 맑아야 한다는 일방적 강요처럼 들리기도 하지만, 윗물이 없으면 아랫물도 없다는 사실만 명심한다면 귀에 못이 박히도록 들어도 무방한 격언이다. 윗물이 될 것이냐 아랫물이 될 것이냐는 선택만 있을 뿐이다. 누군들 윗물이 되고 싶지 않겠는가? 아랫물더러 맑으라고 할 수 없는 노릇 아닌가? 물이 거꾸로 흐르지 않을 바에야. 그래서 중국 역사상 최고의 리더로 평가받고 있는 당 태종은 근원이 흐리고서야 어찌 백성들에게 맑으라고 큰소리를 칠 수 있겠냐고 일갈했던 것이다. 이것이 깨어있는 리더의 모습이다.

권력의 유혹을 이겨낸 주공 단의 리더십

주공은 '주나라의 예'라고 불리는 '주례'로 대변되는 예악을 제정해 나라를 떠받치는 양대 기둥으로 삼았다. 공자는 이런 주공을 꿈속에서조차 사모했을 정도였고, 유가에서는 주공을 성인으로 떠받들었다.

기원전 11세기 상나라를 멸망시키고 주나라를 건국한 무왕은 기라성 같은 인재를 적재적소에 기용하고 이를 적절하게 견제함으로써 주나라의 기반을 닦아나갔다. 그런데 무왕을 보좌한 인재들 가운데 가장 눈에 띄는 존재는 무왕의 친동생인 주공周公이었다.

주공은 문왕의 10명의 아들 중 넷째로 태어났다. 성은 희姬, 이름은 단旦이다. 주 무왕 희발의 동생이고, 주 성왕成王 희송姬誦의 삼촌이 된다. 그는 무왕을 도와 상의 마지막 왕 주紂를 토벌하고 주 왕국을 건립하는 데 절대적인 공을 세운 개국공신이기도 했다.

무왕이 죽고 어린 성왕이 뒤를 잇게 되자 주공은 조카를 도와 국정을 살피지 않을 수 없었다. 주공은 상의 후예인 무경武庚이 일으킨

어린 리더에게는 권력을 믿고 맡길 수 있는 든든한 보좌가 반드시 필요하다. 어린 성왕에게 주공 단이 그런 존재였고, 단은 이런 상황에서 최선의 리더십을 보여주었다. 어린 성공을 보좌하는 주공 단의 모습을 나타낸 벽돌그림이다.

반란과 자신의 섭정에 불만을 품은 '삼감三監'의 반발 등을 진압해 병목 위기에 처한 주 왕조를 살리고 권력기반을 단단히 다지는 데 절대적인 역할을 해냈다.

주공은 또 '주나라의 예' 또는 '주공의 예'라고 불리는 '주례周禮'로 대변되는 예악禮樂을 제정해 나라를 떠받치는 양대 기둥으로 삼았다. 그는 또 역사상 가장 중국적인 제도로 평가받는 봉건제도라는 통치 질서를 창안한 장본인이었다. 봉건과 예악은 이후 중국의 모든 왕조를 지탱하는 기본질서로서 수천 년 동안 절대적인 영향을 미쳤다.

공자는 이런 주공을 꿈속에서조차 사모했을 정도였고, 유가에서는 주공을 성인으로 떠받들었다. 주공은 형님인 무왕이 일찍 세상을 뜬 탓에 자신의 리더십을 더 많이 발휘해야 하는 책임을 떠안게 되었다. 그리고 이 때문에 평생 주변으로부터 의심의 눈초리를 받으면서 살았던 리더이기도 했다.

의심과 반발을 강온책으로 대응하다

어린 조카 성왕이 즉위하자 주공은 선왕들에게 고하는 의식도 생략한 채 즉각 섭정攝政을 실시해 대권을 완전히 장악했다. 어린 왕의 즉위로 인해 민심이 흩어지고, 이민족이 침입할 것을 염려했기 때문이다. 그러자 자신의 친형인 관숙과 친동생인 채숙이 멸망한 상나라 유민들을 이끌고 있던 무경과 결탁해 주공이 장차 성왕을 해치고 자신이 왕위에 오를 것이라는 유언비어를 퍼뜨렸다. 주공의 섭정을 인정할 수 없다는 것이었다.

또 평소 주공을 잘 알고 이해하던 집안 형제인 소공召公조차 주공을 의심하고 나섰을 뿐만 아니라, 심지어 개국공신이자 아버지 문왕의 스승과도 같았던 강태공마저 의심의 눈초리를 거두지 않았다. 여기에 변방의 이민족들도 호시탐탐 주 왕조의 내분을 예의주시하며 기다리는 등 그야말로 주 왕조는 정권 초기에 겪는 심각한 병목 위기에 봉착했다. 이에 주공은 강태공과 소공 앞에서 자신의 행동에 대해 이렇게 해명했다.

> 내가 오해를 무릅쓰고 섭정하려는 것은 천하 백성들이 우리 주나라로부터 마음이 떠나는 것이 두렵기 때문이었습니다. 그래서 태왕, 왕계, 문왕 세 왕께 고하지 않았던 것입니다. 세 왕께서 오랫동안 걱정하고 애쓴 끝에 천하가 지금에 이른 것입니다. 그런데 무왕께서 일찍 세상을 떠나셨고 성왕은 아직 어립니다. 이런 상황에서 주나라를 일으키려는 것, 이것이 바로 내가 섭정하는 목적입니다.

주공은 진솔하게 자신의 의도를 밝혀 강태공과 소공의 의심을 거두었다. 관숙과 채숙은 이를 받아들이기는커녕 이민족까지 끌어들여 아예 반란을 일으켰다. 주공은 왕명을 받들어 이들에 대한 정벌에 나서 형인 관숙은 죽이고 동생 채숙은 추방함으로써 난을 진압했다. 상의 유민들은 잘 다독거려 용서하고, 동생 강숙康叔과 집안 형님인 미자微子로 하여금 이들을 다스리게 했다.

이렇게 주공은 정권 초기의 위기상황을 무력을 동원한 강경책과 진심어린 설득을 통한 온건책으로 극복하면서 주나라를 반석에 올려놓는 데 성공했다.

권력욕으로부터 자유로운 영혼

조카 성왕이 19세가 되자 주공은 그 즉시 정권을 조카에게 넘기고 북면해 신하의 자리로 되돌아갔다. 그때까지 주공에 대한 의심을 풀지 않고 있던 조정 신하들과 일부 불온 세력들은 비로소 주공의 진심을 확인하게 되었다.

주공에 대한 의구심은 조카에게 정권을 깨끗하게 돌려준 뒤로도 완전히 가시지 않았다. 누군가 성왕에게 주공에 대해 모함을 하자 성왕은 숙부에 대해 잠깐이나마 의심을 가졌다. 다시 섭정하던 때로 돌아가지 않을까 하는 두려움 때문이었을 것이다. 그러자 주공은 어떤 변명도 하지 않은 채 남방 초나라로 망명해버렸다.

숙부의 예상 밖 행동에 성왕은 크게 놀랐다. 그러다 우연한 기회에 문서 보관실에 보관되어 있는 주공의 축문을 읽게 되었다. 거기에는 자신이 어렸을 때 큰 병이 나자 숙부 주공이 자신의 손톱을 잘라 황하에 던지면서 '왕이 아직 어려 식견이 없사옵니다. 하늘의 명을 어지럽히는 자는 바로 저 단입니다. 그러니 병이 나더라도 제가 나야 합니다'라고 말한 내용이 적혀 있었다. 그 후 성왕의 병은 완쾌되었다. 뒤늦게나마 숙부의 마음을 알게 된 성왕은 눈물을 흘리며 주공을 귀국시켰다.

귀국한 후로도 주공은 조카 성왕이 행여 정치를 잘 못할까 걱정이 되어 과거 역사에서 성공한 제왕과 실패한 제왕의 사례를 일일이 들어가며 성왕에게 간곡하게 충고했다.

주공은 죽기에 앞서 "내가 죽으면 동도인 성주成周에 묻어 내가 감히 지금 왕의 곁을 떠나지 않겠다는 마음을 전하라"는 유언을 남겼다. 왕의 숙부이긴 하지만 어디까지나 왕의 신하로서 왕이 머물고 있는 성주에 묻히겠다는 뜻이었다.

하지만 조카 성왕은 주공을 동도에 묻지 않고 할아버지 문왕과 아버지 무왕이 묻혀 있는 필畢이란 곳에다 장사를 지냈다. 그러면서 "내가 숙부의 유언을 따르지 않는 것은 우리 주 왕조의 대업을 문왕께서 여셨기에 주공은 당연히 문왕께로 돌아가야 한다고 생각했기 때문이다"라고 했다. 조카 성왕은 숙부 주공을 문왕이나 무왕과 같은 반열에 올려놓고 대우했던 것이다.

사후에 인정받는 리더

주공은 살아서는 내내 주변의 의심으로부터 자유롭지 못했다. 한 번의 섭정이 죽는 순간까지 그의 발목을 잡았다고 할 수 있다. 하지만 주공은 그것에 연연해하거나 개의치 않았다. 그는 자신이 해야 할 역할을 분명하게 알고 있었기 때문이다.

그는 자신을 대신해 노나라 봉지로 떠나는 아들 백금伯禽을 앉혀 놓고 이렇게 말한 바 있다.

> 나는 문왕의 아들이자 무왕의 동생이며, 지금 왕인 성왕의 숙부다. 어디로 보나 나는 결코 천한 신분이 아니다. 하지만 나는 '목욕 한 번 하다가 감던 머리카락을 세 번씩이나 움켜쥐고 나오고, 밥 한 끼 먹다가 세 번씩이나 먹던 것을 토해내면서'까지 인재를 우대했다. 오로지 천하의 유능한 인재를 잃지 않을까 걱정이 되었기 때문이다. 노나라로 가더라도 결코 사람들에게 교만하게 굴지 않도록 신중해야 한다.

'목욕 한 번 하다가 감던 머리카락을 세 번씩이나 움켜쥐고 나오고, 밥 한 끼 먹다가 세 번씩이나 먹던 것을 토해내다'는 '일목삼착一沐三捉, 일반삼토一飯三吐'라는 천고의 유명한 고사성어가 나왔다.

예악을 제정할 당시 주공은 아침에는 백 편의 글을 쓰고, 저녁에는 70여 명의 인재들과 면담했다는 전설적인 이야기가 남아 있다. 그가 면담한 사람들 중에는 하층민이 다수 포함되어 있었고, 유능한 인재라면 천 리 길을 마다하지 않고 직접 찾아가 모셔왔다. 좋은 정책

권력욕으로부터 자유롭기란 거의 불가능하다고 한다. 하지만 주공은 그것을 해냈고, 그렇기 때문에 그의 리더십이 오늘날까지 부가가치를 발휘하고 있는 것이다. 사진은 공자의 고향인 산동성 곡부의 주공사당이다.

과 솔직한 의견을 제안하는 자문 그룹은 그 수가 무려 100명이 넘었다고 한다.

그는 평생을 주나라와 백성들을 위해 침식을 잊어가며 고군분투했다. 이런 그를 주위에서는 색안경을 끼고 오해했고, 심지어는 이민족까지 끌어들여 반란을 일으키기까지 했다. 그는 평생 의심 속에서 살았다. 하지만 그는 누가 뭐라 해도 권력욕으로부터 자유로운 영혼의 소유자였다. 그는 망명에서 돌아와 조카 성왕에게 이렇게 충고했다.

> 부모가 오랜 세월 이룩한 창업을 자손들이 교만과 사치에 빠져 잊어버리고, 결국은 그 때문에 가업을 망치니 자식된 자로서 어찌 몸과 마음을 근신하지 않으리오!

'사람되기 어렵다'는 말이 있지만 사실 기본과 상식만 지키면 사람다운 사람이 되는 일은 그리 어렵지 않다. 특히 리더는 공사 구분만 확실하게 하면 리더십의 절반은 확보하고 들어가는 것이나 마찬가지다.

3,100년 전 주공의 리더십에서 우리는 사욕에서 벗어난 경지에서 오로지 나라와 백성들만을 위해 봉사하는 참으로 21세기가 요구하는 리더의 모습을 발견하게 된다. 그 자신, 당대 최고의 능력 있는 통치자이자 인재였음에도 불구하고 결코 자만하지 않았다. 사람이 찾아오면 누가 되었건 '일목삼착, 일반삼토' 하면서까지 맞이했다. 주나라가 서주 400년 동주 500년, 총 900년 동안 존속한 것이 우연이거나 운이 좋아서가 결코 아니었다. 공자가 왜 꿈에서조차 그를 그리워했겠는가?

『상서대전』에는 주공의 생애와 업적을 다음과 같이 간결하게 기록되어 있다.

주공이 섭정하니 1년에 난을 평정했고, 2년에 은(유민)을 극복했으며, 3년에 엄을 정복하고, 4년에 제후를 세웠다. 5년에 성주를 조성하고, 6년에는 예악을 제정하고, 7년에 성왕에게 정치를 돌려주었다.

직언과 충고를 무시해 결국 쫓겨난 주 여왕

좋은 약은 흔히 입에 쓰다. 그러나 현명한 자는 그것을 먹으라고 권한다. 그래야 병에 좋다는 것을 알기 때문이다. —『한비자』「외저설」 좌상

직언이나 충언과 같은 충고는 좋은 약과 같아 듣기에 거슬리나 행동에는 유익하다. 충고는 나 자신의 부족한 점을 발견하게 해준다. 허심탄회하게 경청하면 더 많은 도움이 된다.

리더는 특히 더 그렇다. 타인의 충고를 수용하느냐 여부는 리더의 포용력과 리더십을 판단하는 중요한 기준이 된다. 직언이나 충고는 대개 민심을 대변하는 여론을 집약한 것이기 때문에 리더에게 특히 중요하다.

역사상 충언, 직언, 충고를 듣지 않거나 무시하다 낭패를 본 리더는 수를 헤아리기 어려울 정도로 많다. 반면에 마음을 열고 충고와 직언을 흔쾌히 받아들인 리더는 손가락으로 꼽을 정도로 적었다. 귀

에 거슬리는 충고를 받아들이기가 결코 쉽지 않다는 반증이다. 하지만 충고를 받아들이고 그것을 실행한 리더만이 성공했다는 사실도 분명하다.

상나라의 마지막 왕이었던 주는 나라의 멸망을 걱정하며 목숨을 걸고 직언하는 비간에 대해 "성인의 심장에는 구멍이 일곱 개나 있다고 들었다"며 진짜인지 어쩐지 보겠다고 비간의 심장을 도려냈다. 그런 포악한 통치의 결과는 주 무왕과의 전쟁에서 패해 그 자신은 분신자살하고, 상나라는 망국의 운명을 맞이했다.

춘추시대 오吳나라의 충신 오자서伍子胥는 오왕 부차夫差에게 여러 차례 월越나라의 야심을 경계하라고 충고했다. 이전의 승리에 도취되어 있던 부차는 간신배 백비의 이간질과 주색에 빠져 오자서의 충고를 무시한 것은 물론 오자서에게 자살을 강요했다. 그 결과 20년 동안 절치부심 재기한 월나라의 공격을 받아 나라는 망하고, 부차는 자결했다.

주왕도 부차도 지략을 겸비한 대단한 리더들이었다. 이들은 출중한 능력으로 자신들의 나라를 강국으로 만들었다. 그러나 끝내는 망국의 화를 면치 못했다. 왜? 위기의 조짐을 간파한 충직한 신하들의 충고와 백성들의 목소리를 무시하고 탄압했기 때문이다. 리더십에서 충고를 받아들이는 열린 가슴과 포용력이 얼마나 중요한가를 잘 보여주는 대표적인 사례들이다.

여론 탄압의 원조인 여왕

서주 왕조의 제10대 왕이었던 여왕厲王은 기원전 9세기 무렵 30년 동안 왕위를 지키면서 나라를 이끈 리더였다. 그러나 그는 재위하는 동안 자신이 총애하는 소인배를 기용해 사리사욕을 채우는 데 몰두하다 결국은 나라를 위기로 몰았다. 대부 예량부芮良夫는 일찌감치 이런 위기 상황을 예감하고 다음과 같이 충고했다.

> 왕실이 쇠약해지고 있습니다. 영이공榮夷公은 이익을 독점하는 것에만 관심이 있고 닥쳐올 큰 재앙은 모릅니다. 무릇 이익이란 만물과 천지자연에서 생겨나는 것으로 독점하면 그 피해가 커집니다. 천지 만물은 모든 사람들이 같이 나누어 써야 하거늘 어찌 독점할 수 있겠습니까? 많은 사람들의 분노를 초래할 것이며, 그렇게 되면 큰 재앙에 대비할 수 없습니다. 이런 식으로 왕을 이끌어서야 왕이 오래 자리를 지킬 수 있겠습니까? 무릇 왕은 이익을 개발해 위아래로 공평하게 나누어주어야 합니다. 신과 인간 그리고 만물이 모두 알맞게 이익을 얻게 하고, 행여 원망이 있지나 않을까 걱정하고 두려워해야 합니다. (중략) 지금 왕께서 이익을 혼자 독차지하려는 것이 과연 옳은 일입니까? 필부가 이익을 독차지해도 도적이라 부르거늘 왕이 그렇게 하면 왕을 따르는 사람이 적어집니다. 영이공을 기용하시면 틀림없이 낭패를 볼 것입니다.

예량부는 현실을 직시하라고 간곡하게 충고했다. 나라와 백성을 위하는 충정에서 우러나온 것이기도 했다. 그러나 여왕은 듣지 않고 끝내 영이공을 경사로 임용해 이권을 장악하게 했다.

영이공이란 소인배를 최측근으로 앉힌 여왕의 행동은 시간이 흐

직언과 충고를 흔쾌히 받아들이는 리더는 정말 드물다. 리더도 감정을 가진 인간이기 때문이다. 그러나 충고를 허심탄회하게 받아들인 리더는 차원이 다른 리더십을 체험하게 된다. 주 여왕은 충고를 받아들이기는커녕 아예 그 입을 막으려 하다가 처참하게 실패한 리더의 전형을 보여준다.

를수록 포악해지고 교만해졌다. 이에 나라 사람들이 왕을 비방하기 시작했다. 이런 민심을 확인한 소공召公은 "백성들은 그런 통치를 견디지 못할" 것이라고 충고했다.

그러자 여왕은 버럭 화를 내며 이웃 위衛나라 무당을 불러다 비방하는 자들을 감시하게 하고는, 비방에 관한 보고가 올라오면 그들을 죽였다. 여왕을 비방하는 사람은 줄어들었지만 민심을 잃은 결과 제후들이 조회하러 오지 않았다.

그러나 비방하는 사람이 줄어든 것에 고무된 여왕은 더욱 엄하게 단속에 박차를 가했고, 나라 사람들은 감히 말은 못하고 길에서 만나면 눈으로 서로의 마음과 뜻을 나누었다. 여기서 '도로이목道路以目'이라는 고사성어가 나왔다.

여왕은 소공을 불러다 자신이 비방하는 자들의 입을 완전히 막았다면서 의기양양해 했다. 그러자 소공은 2차로 다음과 같이 충고했다. 이 대목은 역사상 신하가 통치자에게 행한 가장 유명한 충언의 하나로 기록될 정도로 명문이다.

그것은 말을 못하게 막은 것입니다. 백성의 입을 막는 것은 물을 막는 것보다 심각합니다.('방민지구坊民之口, 심어방수甚於防水') 막힌 물이 터지면 피해자가 엄청난 것처럼 백성들 또한 같습니다. 따라서 물을 다스리는 자는 물길을 터주고, 백성을 다스리는 자는 말을 하도록 이끌어야 합니다. 그러므로 천자가 정무를 처리하면서 공경과 일반 관원들에게 시를 써서 내게 하고, 악관에게는 노래를 지어 올리게 하며, 사관에게는 앞 시대의 정치를 기록한 사서를 바치게 하고, 악사에게는 잠언을 올리게 하며, 장님에게는 낭송하게 하고, 눈먼 자에게는 음악 없는 시를 읊게 하는 것입니다.

백관들은 솔직하게 충고하고, 백성들은 간접적으로 여론을 전달하며, 가까이 있는 시종들은 간언을 살피는 데 힘을 다하고, 종친은 왕의 잘못을 살펴 보완해주고, 악사와 사관은 음악과 역사로 천자를 바르게 이끌며, 원로 대신들은 이런 것들을 취사 종합합니다. 그런 다음 왕이 이를 참작하면 정치는 어긋나지 않고 잘 실행되는 것입니다.

백성에게 있어서 입은 대지에 산천이 있어서 거기서 사용할 재화가 나오는 것과 같고, 대지에 평야·습지·옥토 따위가 있어 거기서 입고 먹는 것이 나오는 것과 같습니다. 백성들로 하여금 실컷 말하게 하면 정치의 잘잘못이 다 드러납니다. 좋은 일을 실행하고 나쁜 일은 방지하는 것, 이것이 바로 재물을 생산해 입고 먹는 것에 쓰는 방법입니다. 백성들은 속으로 생각한 다음 입으로 말하며, 충분히 생각한 다음 행동으로 옮깁니다. 그런 그들의 입을 막는 일이 얼마나 오래 가겠습니까?

하지만 여왕은 듣지 않았다. 그리하여 나라에는 감히 입을 여는 사람이 없어졌고, 3년 후 서로 힘을 합쳐 반란을 일으켜서는 여왕을 습격했다. 여왕은 체彘라는 지역으로 달아났다가 외지에서 쓸쓸히 죽었다.

여론을 탄압해 쫓겨난 최초의 권력자

주 여왕은 중국 역사상 나라 사람들의 저항으로 쫓겨난 최초의 통치자라는 오명을 쓰고 있다. 그는 충직한 신하들의 간절한 충고를 무시했다. 자신을 비방하는 백성들을 폭력적인 방법으로 억압했다. 어느 쪽이든 자신의 그릇된 행동을 바로잡을 수 있는 기회를 놓쳤거나 스스로 거부한 것이다. 기원전 6세기 춘추시대 제나라의 명재상을 지낸 안영은 간신배들에게 둘러싸여 눈과 귀가 차단되어 있는 권력자 경공에게 이렇게 충고했다.

> 나라에 이로움을 주는 자는 아끼고, 해로움을 주는 자는 미워하면 천하가 다스려지고 백성이 화기애애 모여들 것입니다.

또 백성들에 대한 통치자의 자세에 대해서는 다음과 같이 충고했다.

> 과거 훌륭한 임금들은 자신의 배부름을 통해 백성들의 배고픔을 알았고, 자신의 따뜻함을 통해 백성들의 추위를 알았으며, 자신의 편안함을 통해 백성들의 수고로움을 알았습니다.
> — 이상 『안자춘추』

경공은 안영의 충심어린 충고를 어떤 때는 받아들이고, 어떤 때는 받아들이지 않았다. 늘 유익한 우화를 인용해가며 부드러운 방법으로 충고한 안영이었지만 통치자는 어떤 충고가 되었건 불편함을 느낀다. 이는 마치 좋은 약이 입에 쓴 것과 같다. 그러나 좋은 약은 입에 쓰지만 몸에 좋고, 충언은 귀에 거슬리지만 행동에는 이롭다. 이런 이치를 모르는 사람은 없다. 그런데도 충고를 받아들이지 못하는 것은 왜인가?

충고는 언제가 되었건, 어디서가 되었건 듣기에 좋지 않고 마음에 걸리기 때문이다. 그 원인을 파고 들면 결국은 감정의 지배를 쉽게 받는 우리 인성의 약점과 만나게 된다. 마음에 이성적 판단과 인식이 없지는 않지만 충고에 대한 반감의 정서에 더 크게 영향을 받기 때문이다.

따라서 남의 의견과 측근의 충고를 받아들이는 데 용감한 사람이, 또 어떤 일이든 포용력을 가지고 객관적 태도를 유지할 수 있는 사람이 자신의 인생은 물론 사회생활, 나아가 한 조직을 성공적으로 이끌 수 있는 것이다. 아울러 충고를 빙자한 근거 없는 비방이나 모함에 대해서는 정력을 낭비해가면서 다투거나 해명할 것 없이 '침묵이 요란함을 이기며' 무엇이 진정한 자기수양인지를 분명하게 보여주는 것이 현명하다.

좋은 리더는 강력한 심신의 단련을 거쳐야 나온다. 충고와 직언을 허심탄회하게 받아들이는 일도 좋은 리더가 되기 위해 반드시 필요한 단련의 과정이다.

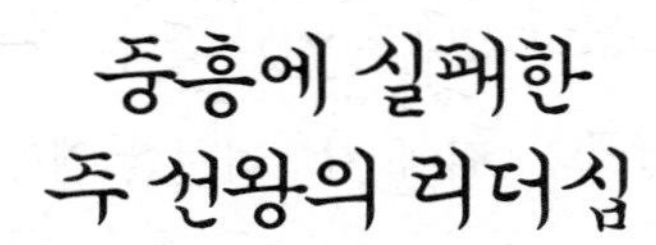

중흥에 실패한 주 선왕의 리더십

리더들은 자기만족인 '자만自滿'을 철저하게 경계해야 한다. '자만'은 십중팔구 '자만自慢'을 불러오고, 끝내는 '자멸自滅'로 이어지기 때문이다. 중흥의 리더십이 그래서 힘든 것이다.

『시경』「소아」편에 보면 '정료庭燎'라는 제목의 다음과 같은 시가 나온다.

벌써 날이 샜는가, 아직 한밤중인데
뜰에서 화톳불이 활활 타오르네
제후들 조정에 드는지 말 방울소리 달랑달랑

벌써 날이 샜는가, 아직 날이 새려면 멀었는데
뜰에는 화톳불이 여전히 타고 있네
제후들 조정에 드는지 말 방울소리 달랑달랑

벌써 날이 샜는가, 이제 막 날이 새려고 하는데
뜰의 화톳불은 깜박 깜박
제후들 조정에 드는지 깃발이 보이네

이 시는 백성들의 언론을 통제하고 충직한 신하들의 충고를 외면하다 결국 국인들에게 쫓겨나 외지를 전전하다 쓸쓸하게 죽은 주 여왕의 아들로 천신만고 끝에 왕으로 옹립되어 주 왕실을 재건한 선왕宣王을 칭송한 노래다.

무거운 짐을 진 권력자

시인은 밤새 나라 일을 걱정하느라 잠을 못 이루고 있는 선왕의 고뇌에 찬 모습을 뜰 앞에 밝혀 놓은 화톳불이 점점 꺼져가는 모습에 투영시키고 있다. 선왕은 안팎의 나라 일 때문에 신하들이 다 퇴근한 뒤에도 집무실에 남아 이 생각 저 생각에 빠져 있다가 날이 새는 줄도 몰랐다. 행여 무슨 소리라도 들리면 혹시 제후들이 출근하는 것은 아닌지 정신을 가다듬길 몇 차례, 결국은 제후들이 출근할 때까지 꼬박 밤을 새운 것이다.

여기서 '뜰에 밝힌 화톳불(또는 횃불)'이란 뜻의 '정료庭燎'라는 유명한 성어가 탄생했고, 이는 훗날 춘추시대 초기 제나라 환공이 자신의 집무실 앞뜰에 24시간 내내 불을 밝혀놓고 인재를 맞이했다는 '정료지광庭燎之光'이라는 고사성어로 발전했다. 이렇듯 선왕은 아버지 여왕과 그 측근 간신배들이 망쳐놓은 주 왕실을 회생시키기 위해 노심초사했다.

국인들의 반정 당시 태자였던 선왕은 아버지가 쫓겨난 뒤 조정의 중신 소공의 집에 숨어 있었다. 이 사실을 안 백성들은 소공의 집을 포위한 채 태자를 내놓으라고 윽박질렀다. 목숨이 위태로운 상황이었다. 소공은 자기 아들을 태자로 속여 내주고, 그 틈에 선왕을 도망치게 했다.

선왕은 그 후 소공과 주공이 공동으로 집권하는 공화共和 시기를 14년이나 겪은 다음 아버지 여왕이 체라는 곳에서 죽자 제후들의 추대로 가까스로 왕위에 오를 수 있었다. 선왕은 쇠퇴해가는 주 왕실을 다시 일으켜야 하는 무거운 짐을 지고 권력자의 자리에 앉았다.

재기를 넘어 중흥으로

선왕은 이런 우여곡절과 역경을 치른 끝에 즉위했다. 특히 아버지 여왕의 폭정이 가져온 엄청난 후유증과 즉위 초 몇 년째 계속된 가뭄으로 인해 아버지의 죄과가 후대에게까지 미치고 있음을 통감했다. 선왕은 주 왕실의 재건과 주나라의 중흥을 위해서는 개혁하지 않으면 안 되겠다고 결심했다. 이에 선왕은 자신의 목숨을 구한 소공을 중심으로 해 유능한 인재들을 끌어 모으는 데 힘을 쏟았다. 그 결과 중산보·윤길보·정백휴보·괵문공·신백·한후·현보·남중·방숙·잉숙·장중 등과 같은 인재들이 대거 조정에 포진해 지치고 불안해하는 백성들을 다독거렸다. 이로써 주나라에는 새로운 기운이 감돌기 시작했다.

국정의 불안과 거듭되는 가뭄은 주변 소수민족들에게는 주나라의 땅을 잠식할 수 있는 절호의 기회나 마찬가지였다. 내우에다 외환까지 겹친 상황에서 선왕은 대거 기용한 인재들을 절절하게 역할 분담을 시키는 한편, 군대 정비에 박차를 가했다. 전투 경험이 풍부한 장수들을 기용하고 작전권을 대폭 위임해 마음 놓고 외부의 적들을 물리치게 했다. 남중과 윤길보는 이렇게 해서 부상한 대표적인 명장들이었다.

군대를 가다듬은 선왕은 서방의 엄윤 부락을 물리치는 것을 시작으로 남방의 강국 초나라, 회하 유역의 회이 등과 같은 주변 강국과 소수민족들을 평정해나갔다. 주변 소수민족에 대한 주도권 장악은 결과적으로 이탈했던 제후들을 다시 끌어 모으는 힘으로 작용했다. 이와 동시에 자신의 외삼촌이나 아들 등 측근들을 사방으로 보내 봉국을 만들어 주 왕실의 든든한 병풍으로 삼았다.

이어 선왕은 주나라의 중흥을 실질적으로 선포하기 위해 제후들을 동도東都로 소집했다. 주나라 초기 성왕이 동도를 건설하고 제후들을 소집한 이후 무려 300년 만이었다. 선왕은 아버지 여왕이 떠넘긴 침통한 교훈을 거울삼아 뼈를 깎는 노력 끝에 마침내 주나라를 재기시켰다. 역사에서는 이를 '선왕 중흥'이라 부른다. 맨 앞에 소개한 『시경』의 노래는 바로 선왕의 중흥을 칭송하기 위한 것이다.

무디어지기 시작한 개혁 의지

집권 중반으로 접어들면서 선왕의 개혁 의지는 무디어지기 시작했다. 그간에 일구어 놓은 성과에 도취되어 향락에 몸을 맡기고 정무를 게을리 했다. 걱정 어린 눈으로 이를 지켜보던 중신들은 결국 한 자리에 모여 왕실과 나라의 앞날에 대해 논의하기 시작했다. 선왕이 어떻게 왕이 되었던가? 소공을 비롯한 제후들의 옹립이 없었더라면 진작 국인들에게 맞아 죽었을 것이다. 하지만 선왕은 중신들의 걱정에는 아랑곳하지 않았다.

보다 못해 나선 사람은 다름 아닌 선왕의 정비인 강후姜后였다. 제나라 국군의 딸로 좋은 자질과 교양으로 평소 중신들의 존경을 받고 있던 강후는 고민 끝에 한 가지 방법을 생각해냈다. 그 날도 선왕은 해가 중천에 걸리도록 잠자리에서 일어나지 않고 있었다. 지난 밤 과음과 미녀들에 홀려 시간 가는 줄 모른 채 잠에 취해 있었다. 강후는 머리에 꽂는 비녀를 뽑아 머리카락을 풀어 헤치고, 몸에 치장한 귀걸이와 반지 등도 모두 떼어낸 채 마치 군왕에게 죄 받기를 기다리는 죄인처럼 하고는 선왕의 침소 앞에 섰다. 그리고는 시종을 선왕에게 보내 왕이 여색에 빠져 있는 모습을 만천하 사람들이 다 보게 만든 것은 비천한 자기 탓이니 벌을 내려주십사 청하게 했다. 깜짝 놀란 선왕은 버선발로 뛰쳐나와 잘못을 빌며 다시 제자리로 돌아갔다.*

* 여기서 '비녀를 뽑아 머리카락을 풀어 헤치고 죄를 청하다'는 '탈잠대죄脫簪待罪'라는 고사성어가 나왔다.

침체된 조직을 다시 일으키는 중흥의 리더십은 대단히 어렵다. 주 선왕은 그러한 실례를 잘 보여준다. 선왕이 두백을 죽이는 실정을 나타낸 그림이다.

강후의 극적인 행동으로 선왕은 다시 정무에 복귀했지만 선왕의 의지는 이미 흔들린 뒤였다. 선왕은 얼마 뒤 다시 향락과 방탕한 생활로 되돌아갔다. 국내 정치가 여의치 않자 무리하게 다른 민족과 제후들을 정벌하러 나섰다. 다른 제후국의 내정에까지 간섭해 그 나라를 혼란에 빠뜨리기까지 했다.

이렇게 천자로서의 위신을 점점 잃어갔다. 괵문공이나 중산보와 같은 중신들의 충고조차 듣지 않았다. 정벌 전쟁에 따른 군비 확장을 위해 세금을 무리하게 거두다보니 백성들의 원성이 크게 높아졌다. 여기에 별 일도 아닌 걸 가지고 대부 두백을 죽이자 조야의 원성은 극에 달했다. 그로부터 3년 뒤 선왕은 어처구니없게 죽은 두백으로 가장한 암살자에게 살해당했다.

더욱 철저해야 할 중흥의 리더십

침체된 국면을 만회하기 위한, 또는 무너진 조직을 다시 일으키고 중흥시키기 위한 리더십은 평범해서는 별 다른 효과를 낼 수 없다. 대개 큰 위기를 겪고 나면 일시적으로 중흥의 기운이 나타난다. 자질이 뛰어난 리더가 아니더라도 그 리더를 중심으로 똘똘 뭉쳐야 한다는 구심점을 향하는 '향심력向心力'이 특별히 강하게 작용하기 때문이다. 리더는 이 점을 똑똑히 알아야 한다.

선왕은 자신의 목숨을 살려준 소공과 자신을 추대한 중신들의 의 중 그리고 백성들의 희망을 정확하게 읽었어야 했다. 그러나 선왕은 중신과 백성들의 강렬한 향심력과 기대치를 자신의 능력으로 오인하는 우를 범했다. 리더로서 자신의 능력을 냉철하게 진단하고, 그것을 뒷받침할 수 있는 지속적인 개혁에 만전을 기했어야만 했다.

여기에 더해 선왕은 별다른 이유도 없이 두백을 살해하는 치명적인 우를 범했다. 이는 못난 리더가 사태를 어떻게 악화시키는가를 잘 보여준 사건이었다. 못난 리더들을 보면, 한순간 작은 실수를 저질러 놓고는 실수를 인정한 다음 이를 수습할 생각은 않고 더 큰 악수를 범하는 경우가 많은데, 이는 자신의 실수나 실패를 인정하지 않거나 인정할 수 없다는 강박관념 때문이다.

리더들은 흔히 빠지는 자기함정 중에서도 가장 쉽게 찾아드는 자기만족인 '자만自滿'을 철저하게 경계하지 않으면 안 된다. '자만'은 십중팔구 '자만自慢'을 불러오고, 끝내는 '자멸自滅'로 이어지기 때문이다. 선왕의 실패한 재기의 리더십 역시 그 뒤 더 큰 재앙을 초래하는 화근으로 작용했다. 중흥의 리더십이 그래서 힘든 것이다.

■ 독자 여러분의 소중한 원고를 기다립니다

메이트북스는 독자 여러분의 소중한 원고를 기다리고 있습니다. 집필을 끝냈거나 집필중인 원고가 있으신 분은 khg0109@hanmail.net으로 원고의 간단한 기획의도와 개요, 연락처 등과 함께 보내주시면 최대한 빨리 검토한 후에 연락드리겠습니다. 머뭇거리지 마시고 언제라도 메이트북스의 문을 두드리시면 반갑게 맞이하겠습니다.

■ 메이트북스 SNS는 보물창고입니다

메이트북스 홈페이지 www.matebooks.co.kr

책에 대한 칼럼 및 신간정보, 베스트셀러 및 스테디셀러 정보뿐만 아니라 저자의 인터뷰 및 책 소개 동영상을 보실 수 있습니다.

메이트북스 유튜브 bit.ly/2qXrcUb

활발하게 업로드되는 저자의 인터뷰, 책 소개 동영상을 통해 책에서는 접할 수 없었던 입체적인 정보들을 경험하실 수 있습니다.

메이트북스 블로그 blog.naver.com/1n1media

1분 전문가 칼럼, 화제의 책, 화제의 동영상 등 독자 여러분을 위해 다양한 콘텐츠를 매일 올리고 있습니다.

메이트북스 네이버 포스트 post.naver.com/1n1media

도서 내용을 재구성해 만든 블로그형, 카드뉴스형 포스트를 통해 유익하고 통찰력 있는 정보들을 경험하실 수 있습니다.

메이트북스 인스타그램 instagram.com/matebooks2

신간정보와 책 내용을 재구성한 카드뉴스, 동영상이 가득합니다. 각종 도서 이벤트들을 진행하니 많은 참여 바랍니다.

메이트북스 페이스북 facebook.com/matebooks

신간정보와 책 내용을 재구성한 카드뉴스, 동영상이 가득합니다. 팔로우를 하시면 편하게 글들을 받으실 수 있습니다.

STEP 1. 네이버 검색창 옆의 카메라 모양 아이콘을 누르세요. STEP 2. 스마트렌즈를 통해 각 QR코드를 스캔하시면 됩니다.
STEP 3. 팝업창을 누르시면 메이트북스의 SNS가 나옵니다.